anonymus

DEEP WEB – Die dunkle Seite des Internets

Blümenbar
bei Aufbau

Anonymus studierte Journalismus und ist spezialisiert auf Reportagen in kriminellen und schwierigen Milieus. Er ist kein Teil des gleichnamigen Hackerkollektivs und braucht den Schutz des Pseudonyms, um gefahrlos und ungehindert seinen Recherchen nachgehen zu können.

Das *Deep Web* ist eine digitale Parallelwelt. Es ist sehr viel größer als das sichtbare Internet, das Meiste ist endlose Datenödnis. Mittendrin aber befindet sich eine digitale Enklave, die denjenigen Schutz bietet, die die Öffentlichkeit scheuen oder fürchten müssen: Hacker, Dissidenten, Verirrte, Leidende und Gefährliche. Menschen, die unerkannt bleiben wollen. Wenn das Internet ein gläserner Kasten ist, dann ist das *Deep Web* ein dunkler Keller. Doch die Anonymität hat ihren Preis. Sie macht verdächtig und weckt das Interesse der Geheimdienste und Cyber-Crime-Polizisten. Denn hier werden auch Kriegswaffen und Drogen verkauft, Kinderpornos getauscht.

Anonymus steigt mit uns hinab ins *Deep Web*, erklärt im Selbstversuch, wie man hineinkommt, er trifft sich mit Insidern wie Bernd Fix, Moritz Bartl, Stephan Urbach, Daniel Domscheit-Berg. Er ist dabei, als das FBI *Silk Road* hochnimmt, den größten illegalen Warenhandelsplatz. Und er gerät unvermeidlich zwischen die Fronten: auf der einen Seite das Streben der westlichen Staaten, ihre Bürger zu schützen, auf der anderen Seite der Kampf der Hacker gegen die totale Überwachung und für den letzten freien Raum unserer Welt, das *Deep Web*. Ein Kampf um unsere Zukunft, der längst öffentlich geführt werden müsste.

»Ich bekomme immer wieder die Frage gestellt: Soll ich meine Notebook-Kamera abkleben? Sie sollten nicht nur Ihre Kamera abkleben. Sie sollten auch Ihr Mikrofon aus dem Rechner ausbauen.«

Florian Walther, IT-Sicherheitsexperte

anonymus

DEEP WEB

Die dunkle Seite des Internets

Blumenbar

Mit 6 Abbildungen

FSC
www.fsc.org
MIX
Papier aus verantwortungsvollen Quellen
FSC® C083411

ISBN 978-3-351-05010-8

Blumenbar ist eine Marke der Aufbau Verlag GmbH & Co. KG

1. Auflage 2014

Einbandgestaltung Tim Jockel, Berlin
Satz LVD GmbH, Berlin
Druck und Binden CPI – Clausen & Bosse, Leck
Printed in Germany

www.aufbau-verlag.de
www.blumenbar.de

»Das Problem mit Quellen aus dem Internet ist,
dass man sie nur schwer nachprüfen kann.«

Otto von Bismarck, 1878

PROLOG

»Eigentlich mag ich solche Bücher«, sagt Frank Puschin und macht ein mitleidvolles Gesicht. Dabei lehnt er sich bequem in seinem Stuhl zurück. »Wenn sie spannend sind, Neues bieten und der ganzen Komplexität gerecht werden. Dann ja.« Er nimmt einen Schluck Kaffee. »Können sie das aber nicht, und versuchen das nur, dann finde ich solche Bücher oberflächlich«, sagt er, während sein Mund für eine Sekunde hinter dem Tassenrand verschwindet. »Und überflüssig.«

Frank Puschin hat dunkles Haar, eine sportliche Statur, ein schmales Gesicht und kräftige Oberarme. Sein Blick ist durchdringend, wenn er spricht. Er fühlt sich an wie der Blick eines Röntgenapparats, den die Krankenschwester einem gerade vors Gesicht zieht und sagt: »Beim Röntgen kann heutzutage überhaupt nichts mehr passieren, das ist absolut ungefährlich.« Dann geht sie sicherheitshalber selbst vor die Tür. Und man möchte eigentlich mitgehen, kann aber nicht.

»Ich glaube, es ist sehr schwer, so ein Buch nur über das Tor-Netzwerk zu schreiben«, sagt Puschin. »Wäre natürlich gut, wenn man das schaffen würde«, fährt er fort und stellt seine Tasse zurück auf die weiße Tischplatte. »Aber wir vom LKA werden den Leuten hier sicher keine Anleitung geben, wie man im Internet unentdeckt bleibt – und dann krumme Dinger dreht. Und wir verraten auch keine Fahndungsgeheimnisse, wie man sich schützt und wie wir vorgehen. Das muss ganz klar rausbleiben aus dem Buch.«

Frank Puschin sieht aus wie Anfang 30, benimmt sich wie Mitte 30 und vermutlich ist er 38 oder so. Für sich und seine Familie baut er ein Haus. Im Grünen, wo es schön ist, nicht in der Stadt. Und vermutlich geistern in seinem Kopf deshalb gerade dringendere Dinge umher als das Tor-Netzwerk und die Arbeit mit einem Journalisten. Vielleicht denkt er in diesem Moment an die richtige Dämmung im Dach, die Badezimmerarmaturen oder die Vorteile einer kreditfinanzierten Solaranlage.

Frank Puschin arbeitet als leitender Ermittler beim Landeskriminalamt Hannover. Zentralstelle für Internetkriminalität. Das Meiste, was er im Büro macht, nennt man »anlassunabhängige Recherche«. Anlassunabhängig meint, dass Frank Puschin und seine Leute keinen konkreten Tat- bzw. Anfangsverdacht brauchen, um tätig zu werden. Wenn eine Polizeistreife jemanden anhält, der in Schlangenlinien fährt, dann ist das ein Anfangsverdacht – dass der Fahrer betrunken ist nämlich. Hält die Streife aber jeden zur turnusmäßigen Routinekontrolle an, dann ist das anlassunabhängig. Wenn Puschin das tut, fährt er aber nicht mit dem Auto raus, sondern er sitzt am Computer, immer eigentlich. Frank Puschin ist so etwas wie ein Hacker in Polizeiuniform.

»Unsere Aufgabe ist die digitale Polizeiarbeit«, sagt er in geschliffenem Beamtendeutsch. »Wir unterstützen unsere Kollegen quasi mit technischen Mitteln, die mit dem Internet oder sozialen Netzwerken zu tun haben. Haben wir eine potenzielle Entführung oder ein Mädchen ist verschwunden, ermitteln wir im Netz: Mit wem hatte sie Kontakt, mit wem hat sie gechattet? Was wissen wir über Freunde, gab es vielleicht Selbstmordgedanken, die sie bei Facebook hinterlassen habe könnte?«, erklärt Puschin und nimmt einen Schluck. »Wozu braucht man da Spezialisten?«, frage ich etwas irritiert. »Sind Ihre Kollegen nicht fit in Sachen Internet, können die nicht auch selbst bei Facebook nachgucken?« Puschin überlegt kurz. »Ja«, sagt er dann. Es ist ein Ja, das ebenso gut auch ein Nein sein könnte.

Denn in Deutschland gibt es nicht viele wie Frank Puschin. Zwar haben heute einige Landeskriminalämter und Staatsanwaltschaften sogenannte »Schwerpunktdezernate« für Internetkriminalität, aber das ist noch nicht lange so; der Bereich Cybercrime ist jung und rückt erst langsam in den Fokus der Politik. Während viele klassische Delikte »auf der Straße« längst stagnieren oder zurückgehen, haben sich Betrügereien, der Handel mit geklauten Kreditkarten und andere Bereiche der digitalen Kriminalität fast explosionsartig entwickelt. Nur – viele Leute, die täglich im Internet surfen, wissen das gar nicht. Oder sie denken nicht darüber nach.

»Dann sitzen bei Ihnen vermutlich die ganzen 30-Jährigen und senken den Altersschnitt, oder?«, versuche ich es erneut. »Wir sind schon alle ein bisschen jünger, ja«, sagt Puschin und grinst. »Eine gewisse Vorkenntnis sollte man auch haben. Es ist ja so, dass im Internet eine andere Sprache, eigentlich sogar mehrere Sprachen gesprochen werden. Es wird viel Insider-Slang benutzt, Abkürzungen aus Computerspielen und Begriffe aus dem Internet«, erklärt Frank Puschin und kramt irgendetwas aus seiner schwarzen Tasche. »Wenn man die nicht kennt und auch intuitiv nicht richtig anwenden kann, dann fällt man auf. Dann spricht man die Sprache nicht. Das merken die Leute und werden ganz schnell hellhörig. Für unsere Ermittlungsarbeit ist es wichtig, dass kein Beamter im Chat fragt, ob es Windows auch auf Diskette gibt. Sie wissen schon, wie ich das meine…«, sagt er, nimmt noch einen Schluck aus der Tasse, lehnt sich im Stuhl zurück und schaut kurz aus dem Fenster. »Schön haben Sie's hier.«

Stille.

»Finden Sie?«, frage ich und tippe meine Adresse in das Bestellfenster des Pizza-Lieferservices, in dessen Warenkorb sich schon eine Pizza Hawaii mit Pilzen (Puschin) und eine Chili-Salami-Pizza befindet, während es sich Frank Puschin auf meinem Sofa bequem macht.

»Gefällt mir ausgesprochen gut, könnte ich mir auch für unser Haus vorstellen, das mit den Wänden«, sagt Puschin und reicht mir einen USB-Stick. »Ist das altes Mauerwerk, das da blank aus der Wand guckt, oder wurde das irgendwie nachträglich gemacht?«

Meine linke Hand schickt die Bestellung ab, während die rechte Puschins leere Kaffeetasse am Henkel packt und über den Tisch zieht. »Alles echt, glaube ich. Aber ich kann unseren Vermieter fragen, der weiß es vermutlich besser«, ergänze ich und deute auf die Tasse. »Noch einen?« Puschin nickt und blickt zurück an die Wand. »Gerne.«

Ich schiebe den USB-Stick in den Computer und betrachte sein Etikett: Ein kleines Tastenfeld ist auf dem Speichermedium angebracht. »Das ist so ein Sicherheitsstick«, sagt Puschin, meine Blicke deutend. »Man kommt nur mit dem Kennwort über das Tastenfeld an den Speicher. Gibt man das Passwort falsch ein, löscht sich der Stick. Gibt es mittlerweile eigentlich in jedem Geschäft zu kaufen«, sagt er noch, während sich auf dem Computer das Fenster mit den Daten öffnet. »Ich hab ihn schon entsperrt, man kann also alles sehen. Aber ganz nett, wenn man Sachen aufheben und unter Verschluss halten möchte. Im normalen E-Mail-Postfach ist das ja heutzutage nicht mehr möglich«, fügt er hinzu. »Die meisten können ja nicht mal richtige Passwörter verwenden, die heißen dann alle Steffi24 und gelten für E-Mail, Bankkonto, Computer und Handy. Das ist in wenigen Minuten geknackt«, seufzt er. »Und wie macht man es besser?«, frage ich und überlasse Puschin den Vortritt an meinem Computer. »Naja, mit Groß- und Kleinschreibung, Zahlen, Buchstaben und Sonderzeichen. Am besten die volle Länge ausnutzen oder es per Maschine kreieren lassen«, sagt Puschin und nimmt noch einen Schluck, während er sich seinen Daten auf meinem Rechner zuwendet. »Meine Mutter hatte mal das Kennwort ›einkaufen‹ für ihr Amazon-Konto«, sagt Puschin und schüttelt den Kopf: »Das ist so gefährlich, und gerade sein E-Mail-Postfach, in dem ja alle anderen Anmeldeinformationen von Diensten wie Amazon und Twitter aufschlagen, sollte man besonders sichern. Dafür gibt es ziemlich gute Internetseiten. Da kommt dann keiner mehr ran und man muss nicht ständig fürchten, dass einer mitliest.«

Im Internet ungesehen zu bleiben, jedenfalls größtenteils, ist dabei denkbar einfach: über das sogenannte Tor-Netzwerk. Dieses Netzwerk funktioniert im Grunde wie ein alternatives Internet. Ein Browser, ein kleines Programm, und man kann fast genauso surfen wie im »normalen« Netz. Man wird dazu Teil eines globalen Netzwerks, des Tor-Netzwerks. Das Programm, der sogenannte Tor-Client, leitet meine Daten, zum Beispiel wenn ich eine Internetseite öffnen will, über viele verschiedene und zufällig ausgewählte Computer, die Teilnehmer dieses Netzwerks sind. Man kann sich das so vorstellen: Sie überfallen ganz traditionell eine Bank, steigen in den davor geparkten Fluchtwagen und fahren geradeaus die Straße runter in Ihr Versteck, stellen den Wagen vor der Tür ab, nehmen sich eine Cola, werfen die Beute lässig aufs Bett und dann klingelt es auch schon und zwei Beamte fragen Sie kopfschüttelnd, ob das gerade Ihr erster Überfall war – schließlich hätte man Sie meilenweit sehen können. Und auch, wo das Versteck ist. Handschellen klicken. Im Tor-Netzwerk funktioniert das anders: Da Ihre Daten mehrfach umgeleitet worden sind, sind Sie mit Ihrem Fluchtwagen Zickzack gefahren, haben hier eine Abkürzung genommen, dort den Wagen umlackiert, und bei Sonnenuntergang, lange nach dem Überfall, sind Sie am Versteck angekommen – lange, nachdem die Beamten die Spur Ihres Wagens im Gewirr verloren haben. Ganz konkret heißt das: Wenn die Polizei am Ende nicht mehr weiß, wer etwas hoch- und runtergeladen hat, dann hat sie auch keinen Täter. Und der Täter selbst hat alle Freiheiten, die man sich vorstellen kann. Bei dem Vergleich gilt es aber zu bedenken: Tor ist nicht nur Tarnung für Straftäter, sondern auch Schutz vor der Polizei, denn nicht immer und nicht überall agiert diese ja nach rechtstaatlichen Prinzipien.

Es gibt Seiten, die nur im Tor-Netzwerk zu erreichen sind. Und Seiten, die man auch im normalen Internet öffnen kann. Wenn wir also normale Seiten wie Amazon oder Facebook öffnen, dann kann der Anbieter uns nicht mehr erkennen. Die IP-Adresse, der Fingerabdruck quasi, den unser Computer ohne Tor überall hinterlassen würde, ist dann nicht mehr zu rekonstruieren. Diese Seiten können unser Verhalten dann nicht mitverfolgen und die von uns gesammelten Daten nicht weiterverkaufen. Nur anmelden sollte man sich natürlich nicht, denn dann ist das ziemlich witzlos. Dann identifizieren wir uns ja mit Namen und E-Mail-Adresse.

»Man sollte sich aber auch im Tor-Netzwerk nicht zu frei fühlen«, sagt Frank Puschin und öffnet auf dem Bildschirm meines Laptops eine Datenbank mit unzähligen briefmarkengroßen Bildern von Mädchen und Jungen in mehr oder weniger eindeutigen Posen – alle nicht zu erkennen wegen der geringen Bildgröße und der vielen Verpixelungen. »Diverse Hintergrundprogramme senden Informationen mit, so dass nur ein blanker Rechner, der von CD bootet, vermutlich halbwegs sicher wäre. Und wenn ich mich damit durchs Netz klicke, dann hinterlasse ich manchmal trotzdem Spuren – gerade wenn man illegale Angebote wahrnimmt, passiert das oft.« Die Bilddateien laden. Es sind unzählige, irgendwas ist merkwürdig, ein Gefühl, auch wenn man wenig erkennen kann. »Diese ganzen Drogensachen dort sind nicht so relevant«, meint der Ermittler und fügt, als die Bilder vollständig geladen sind, seufzend hinzu: »Das Problem sind die Kinderpornos.«

»Das ist ja fürchterlich. Wie viel gibt es von dem Zeug?«, frage ich. Puschin deutet mit dem Mauszeiger auf die untere Ecke des Programms, in der die Anzahl der ausgewählten Bilddateien steht: 27 Gigabyte – das reicht für endlose Stunden Film in bester Auflösung. »Und das ist nur das Material, das wir innerhalb der letzten zwei Tage aus dem Tor-Netzwerk gezogen haben«, meint Puschin und presst die Lippen aufeinander, als wolle er das gar nicht sagen, aber irgendwie auch wieder doch: »Und auf unseren Servern im LKA haben wir mittlerweile Datenmengen, die in den Bereich von Terabyte kommen. Wer diese Seiten auch nur öffnet, egal ob im Tor oder im normalen Internet, der zieht, wenn eindeutige Bilder zu sehen sind, temporäre Kopien dieser Dateien unter Umständen in den Speicher seines Computers.« Puschin löst den Stick wieder vom

Rechner. »Und jeder Besitz kinderpornografischer Bilder ist strafbar. Ich würde daher auch im Tor sehr aufpassen, auf was ich so klicke und wonach ich suche«, erklärt er und schließt die Datenbank auf dem Bildschirm. »Es wäre gut, wenn man das in dem Buch auch mal so schreiben könnte. Dass das ein Problem ist, meine ich. Dass Tor nicht nur Vorteile hat.«

»Das klingt, als müsse man Tor verbieten, weil Kriminelle diese Technik nutzen?«, frage ich und umkreise »Kinderpornografie« in meinem Notizbuch. »Nein, überhaupt nicht«, erwidert Puschin. »Es ist eine gute Technik, die für Leute, die unter Zensur leiden, auch sehr wichtig ist. Für Journalisten zum Beispiel. Ich meine ja nur, man sollte beide Seiten erwähnen.« Dann fügt er hinzu: »Es gibt diese Einstellung im Tor-Programm, dass man nicht am Datenaustausch teilnimmt und keinen Knoten aufmacht. Die schützt einen davor, dass man unwissend solche Bilder mittauscht. Dürfte aber alles eingerichtet sein«, sagt er dann und blickt auf die Uhr. Es ist fast fünf und draußen dunkel geworden. »Ich geh dann mal.«

»Herr Puschin«, sage ich, als mein Gast in den Hausflur tritt, seine Tasche unter dem Arm, und die roten Backsteine in der Wand betrachtet. »Inwieweit muss ich mir Sorgen machen, dass Sie jetzt meinen ganzen Rechner verwanzt haben, statt mich vor dem Begehen von Straftaten zu schützen?«, frage ich. Er zieht seinen Autoschlüssel aus der Tasche.

»Keine Sorge«, sagt er.

»Ich mache mir aber schon Sorgen. Wenn ich nach Wanzen gucke, würde ich welche finden?«, erwidere ich, obwohl mir das etwas hoffnungslos vorkommt.

»Nein.«

»Wieso nicht?«

»Glauben Sie ernsthaft, wir gehen heute noch in eine Wohnung und legen Wanzen mit kleinen Kabeln überall aus?«, fragt Puschin und deutet auf die gegenüberliegende Seite der Straßenschlucht vor meiner Wohnung, in der ein Fenster dunkel wie ein Kariesloch in der Hausfassade klafft. »Sehen Sie die Wohnung da?«, fragt er und kneift die Augen zusammen, als müsse er genau hinsehen. »Ja«, sage ich. »Wieso?«

»Hätten wir Sie abhören wollen, hätte in der Wohnung jetzt vielleicht ein Kollege von mir gesessen, mit einem kleinen Apparat auf der Fensterbank.«

»Und dann?«

Puschin zieht seine Tasche hoch, die ihm unter dem Arm zu entgleiten droht. »Dann hätte dieses Gerät einen feinen Laserstrahl über die Straßen an Ihre Fensterscheibe geschossen, der die Vibrationen der Scheibe registriert hätte, wenn wir hier drinnen sprechen«, erklärt Puschin. »Und das hätte der kleine Apparat dann in Sprache umgewandelt. Das macht man heutzutage eigentlich nicht mehr mit Wanzen.« Dann hebt er kurz die Hand, verabschiedet sich und fährt durch die Dunkelheit davon. Die Scheinwerfer blenden auf, als das Auto sich über die Kreuzung nach rechts in die Straße zieht.

Als ich in meine Wohnung zurückkehre, wartet mein Laptop auf mich. Ich blicke zum Fenster und in die düstere Wohnung gegenüber. Blicke eine Weile.

Es fühlt sich an, als habe jemand soeben die Scheibe ausgetauscht.

DEEP WEB
Die dunkle Seite des Internets

DAS WEISSE KANINCHEN
oder
Der Weg ins dunkle Netz

Am Anfang hat es nur geheißen, es gebe da draußen im Internet einen Ort, den noch kaum jemand kennt: eine Schattenwelt, verborgen hinter digitalen Mauern, die sie – ja, wen eigentlich? – beschützen sollten. Das Deep Web.

Natürlich enden alle Geschichten, die so beginnen, irgendwann mit Drachen, Feuer und Belagerung. Das ist klar. Aber diese Geschichte geht ein bisschen anders. Sie beginnt an einem sehr heißen Augusttag, in einem kleinen Café in Berlin. Und sie endet hier, Anfang 2014 in einer kleinen Wohnung, irgendwo im Osten der Republik. Sie endet, während ich dies hier aufschreibe.

Die Wohnung will ich nicht näher beschreiben, auch nicht szenisch ausmalen. Fakt ist: Ich habe immer wieder aufräumen wollen, es aber im Gewühl der unzähligen neuen Informationen, überraschenden Erkenntnisse und pointierten Meinungen nie geschafft, und darum lasse ich die Beschreibung jetzt mal weg. War insgesamt 'ne harte Zeit für mich.

Ich, das kann im Grunde jeder sein. Zu mir selbst gibt es auch nicht viel zu erzählen, außer dass ich ein treuer Staatsbürger war, der die Gesetze achtete. Der seine Regierung verteidigte und zu Ruhe und Ordnung mahnte, wenn die Kritiker allzu laut wurden. Der dann immer auf die Demokratie und die üblichen Dissonanzen verwies. Und die Kritiker? Das waren in meinem Fall die, die ständig vom Überwachungsstaat sprachen – und das laut, aufgeregt und meist auch sehr anstrengend irgendwie.

Mir selbst, obwohl ich gerne und viel Zeitung las, war die Debatte um Datenschutz lästig geworden. Keine der beiden Seiten –

ob Behörden oder Computeraktivisten – schien noch mit der anderen zu sprechen. Höchstens über sie, aber viel kam dabei nicht rum, außer Anschuldigungen und Anfeindungen von beiden Seiten. Und Snowden sprach wenig bis gar nicht, man hatte den armen Kerl ja in Moskau gelassen. Kurzum: Mir fehlte der Überblick, und ich wollte es auch gar nicht mehr wissen. Und im Grunde genommen hatte auch unsere Regierung nicht mehr zu der Debatte beigetragen als das, was ihr politisch möglich erschien: nämlich gar nichts.

Meine Resignation über die Bundesrepublik Deutschland begann vermutlich irgendwann mit dem Amtsantritt von Hans-Peter Friedrich als Innenminister (ich habe ihm dann auch keine Träne nachgeweint). Von da an habe ich mich von all dem innerlich separiert wie ein Trauma-Patient von einem tragischen Zwischenfall. Ehrlich, es war mir auch zu dumm geworden, der Kampf beider Seiten. Das vermeintliche »Jetzt ist die Ausspähaffäre vorbei« von Pofalla und Friedrichs Rückkehr aus den USA mit leeren Händen. Das ewige Schreien der Aktivisten nach Freiheit. Und wenn man nur ein »Aber« einfügte, war man schon Feind der Bürgerrechte. Und dabei bewunderte ich doch Martin Luther King.

Es war, alles in allem, sehr ermüdend gewesen und ich beschloss, mich ins Zimmer einzusperren und die Behörden so viele Daten über mich sammeln zu lassen, wie sie nur wollten, bis sie nicht mehr wissen würden, ob ich tatsächlich ein echter Mensch war oder eine fiktive, berauschte Attrappe der Facebook-Generation. Nur ein weiterer User eben.

Das Witzige daran: Es hat nicht funktioniert. Überhaupt nicht. Man könnte sogar sagen: im Gegenteil. Meine Geschichte hat sich seit jenem Augusttag im letzten Jahr radikal verändert. Ich habe mich verändert. Am heißesten Tag des vergangenen Jahres begann für mich eine Reise. Alice' Reise, als sie von einem Tag auf den anderen ins Wunderland fällt und fast nicht mehr hinausfindet. Und warum ist das alles passiert? Ganz klar – weil ein weißes Kaninchen, das einen kleinen Anzug und eine viel zu große Uhr trägt, eben verdammt neugierig macht. Ist doch logisch, dass man da hinterherrennt. Das würde jeder machen. Und genau das ist im August passiert. Keine vier Monate ist das jetzt her.

Als Tom mit der Idee kam, ein Buch über das Internet zu schreiben, war das zunächst nicht mehr als eine diffuse Idee: »Komm, lass uns ein Buch über die Schattenseiten des Internets machen – Deep Web und so«, hat er gesagt und seine Krücken im Szene-Laden in Berlin an den Holztisch gelehnt. Angeblich hatte er sich beim Sport verletzt. Aber das sagen ja alle.

Ich jedenfalls hatte zu diesem Zeitpunkt nichts über das Deep Web gehört – Tom hatte etwas darüber in der Zeitung gelesen. »Tom, ich weiß nicht recht«, sagte ich und tauchte etwas Brot in die fade Gemüsesuppe, die der Küchenchef mit grünen Kräutern angerichtet hatte. »Meinst du wirklich, das ist ein Thema?« Er nickte und hob die Hand, bestellte sich einen Espresso. Draußen vor dem Fenster lag die Hauptstadt im Hochsommer, von Fliegen umschwirrt und unter der Hitze begraben. Die meisten hingen wohl gerade am See. »Klar ist das ein Thema«, sagte Tom mit etwas Suppe im Mund. »Überleg doch mal: Waffen, Drogen, Hacker.« Ja, selber Waffen, Drogen, Hacker, dachte ich damals und musste schmunzeln. Aber es schwang dieser kindliche Enthusiasmus mit, aus dem heraus man ein Baumhaus in großer Höhe baut oder einen Kredit für sein erstes Online-Magazin aufnimmt. Aufbruchsstimmung. So etwas endet oft in einem fulminanten Scheitern, an das sich noch Jahre danach alle Beteiligten nur ungerne erinnern. Doch die Idee war sympathisch – und ich mochte Tom. Dann sagte er nur: »So machen wir's.« Und noch: »Du hast vier Monate.« Ich wandte ein, dass das viel zu wenig sei, er wisse das doch. Er murmelte beim Rausgehen etwas von »aktuelles Thema«, und das Gespräch war zu Ende. Keine Ahnung, warum. Als ich Tom nachblickte, wie er den Laden verließ, fühlte ich mich wie der kleine Bruder, dem man gerade gesagt hat, er solle schon mal die zehn Meter den Baum raufklettern, um mit dem Baumhaus anzufangen, um ihm dann die alte Laubsäge und die kaputte Leiter zu geben, während sich die Älteren davonmachen, um »eine zu rauchen«.

Mir blieb: Ein Ausdruck aus der *Zeit*, eine Deadline von etwa drei bis vier Monaten, ein Stück Weißbrot mit einem halben Teller kalter Gartensuppe und die Gewissheit, es würde verdammt eng werden. Ich zerdrückte mein Weißbrot in der Suppe und brach auf.

Vier Monate später denke ich: Mein Gott, ich hätte wirklich mal putzen sollen zwischendurch. Ich blicke kurz an die Decke, aber nur kurz – dann wende ich mich wieder meinem Notebook zu. Auf dem Bildschirm verteilt: verwirrte Notizen aus einer verwirrten Zeit. Das Bild vom weißen Kaninchen an der Backsteinwand. Daneben: Ausdrucke von Drogenseiten aller Art, medizinische Erklärungen dazu, eine seit Tagen kalte Kaffeetasse, Belege über Reisen, die ich offenbar gemacht habe. Ein Notizblock mit Namen und Nummern, einige Fotos. Ein Namensschild von einem Treffen mit dem Bundeskriminalamt, ein Statement vom FBI und eine Anleitung zum Installieren diverser Verschlüsselungsprogramme. Lauter Dinge also, die mehr an Jack the Ripper oder Charles Manson erinnern oder einen Mitarbeiter der Drogenberatungsstelle und weniger an einen Journalisten. Manchmal frage ich mich inzwischen, ob ich selbst noch ganz bei Sinnen bin.

Tom hat mir damals einen Zeitungsartikel mitgegeben. Darin steht, dass es im Schattennetz, wie Tom es nannte, oder auch Darknet, wie manche Medien schreiben, Plattformen gibt, auf denen man alles kaufen kann, was man im normalen Laden nicht bekommt: Waffen, Heroin, LSD, Pilze, Marihuana oder Ketamin – bekannt auch unter dem vollständigen Namen Ketamin S-Isomer, das bei Notoperationen mit starken Schmerzen und bei wild gewordenen Großtieren zur Beruhigung eingesetzt wird. Oder eben, um sich im Club eine satte Dröhnung zu verpassen. *Silk Road* gehört zu den Angeboten, wegen denen mich Tom ins Deep Web geschickt hat;

ein Amazon für Drogen und Illegales. Dann gibt es angeblich, und das macht etwas stutzig, auch Killer und Sexsklaven hier – darunter auch so genannte »Dolls«. Tote Kinderkörper mit ausgebrannten Augen für sexuelles Vergnügen. Und da fragt man sich als Normalsterblicher schon, wer sich so eine kranke Scheiße ausdenkt. Als ich den Artikel gelesen hatte, wollte ich natürlich mit eigenen Augen sehen, ob da was dran ist.

Also habe ich mich zu Hause sofort drangesetzt: Alles, was man als Eintrittskarte für das Schattennetz braucht, ist ein Programm, eine kostenlose Software – den sogenannten Tor-Client. Man kann ihn bequem aus dem Internet runterladen und er ist auch nicht sonderlich groß – 25 Megabyte vielleicht. Keine zwei Minuten mit DSL. Darin enthalten sind ein Browser, mit dem man dann surft, und ein Programm, mit dem man sich einwählen kann. Ich habe gelesen, dass man zuerst auf eine Seite gehen solle, eine Art Telefonbuch für das Deep Web, das *Hidden Wiki*. Von dort gelange man zu den ominösen Shops. In einem der Texte heißt es auch, man mache sich schon mit dem bloßen Nutzen der anonymen Verbindungen für die Geheimdienste und Ermittlungsbehörden verdächtig. Natürlich habe ich darüber gelacht und es in den Wind geschlagen. Was sollte ich auch tun? Als mir vier Monate später ein Fahnder diese Theorie im Gespräch allerdings mehr als bestätigte, war es natürlich schon zu spät. Aber: Da sind wir ja noch nicht.

Die Seite des Tor-Projekts ist schnell gefunden, die Installation kein Problem. Ein Update und fertig. Bis hierhin dachte ich auch: kein großes Ding – Schattennetz finden, ausprobieren, drüber schreiben. Ende der Geschichte.

Bis August letzten Jahres vertraute ich meiner Navigations-App auf dem Handy, wenn ich den Weg nicht fand, hatte mein ganzes Leben in meinem E-Mail-Postfach gespeichert und lächelte nur, wenn mir ein Freund mal wieder riet, meine Mails zu verschlüsseln und Google nicht zu benutzen. Ich war froh über jeden Cookie, den ich kriegen konnte – immerhin sorgte er doch dafür, dass mein

Pizzaservice noch wusste, wo ich wohnte. Es ist doch supernervig, die Adresse jedes Mal neu eintragen zu müssen. Dann kam der August und es klingelte das Telefon. Tom stellte sich vor. Er sei von Blumenbar, das zum Aufbau Verlag gehöre.

Ab da wurde alles anders.

HINAB IN DEN KANINCHENBAU

Die Technik und die Codes des Deep Web

Mechanisch fahren meine Finger über die Tastatur: »Bitte Kennwort und Benutzernamen eingeben«. Klick. »Benutzername oder Kennwort falsch – bitte Support kontaktieren oder neu registrieren.« Eine abwertende Geste Richtung Bildschirm, dann ziehe ich meinen Stuhl zurück und schlurfe in die Küche. Ich habe Tage mit diesem grauen Fenster verbracht, das mich auffordert, Namen und Passwort einzugeben. Aber beides habe ich nicht. Genau wie Alice, als sie in den Kaninchenbau stürzt, denke ich. Man fällt erst eine Weile und tappt lange Zeit im Dunkeln, bis man an den Tisch mit den Keksen kommt.

Immer wieder drücke ich auf die F5-Taste, nie passiert etwas – außer, dass sich das graue Fenster immer wieder neu öffnet und mir den Weg versperrt. »Bitte Passwort und Benutzernamen eingeben« – Klick – »Fehler: Benutzername oder Passwort ungültig.«

Der Grund, warum ich immer wieder auf die Tastatur einhacke, ist *Silk Road.* Die Plattform, um die sich dieses Buch drehen soll – zumindest nach Toms Vorstellung, denke ich. Anlässlich seiner letzten Herbsttagung beschrieb das Bundeskriminalamt in einer Presseerklärung die Plattform folgendermaßen:

»Silk Road war eine Webseite im sogenannten ›Deep Web‹, also jenem Teil des Internets, der nicht über normale Suchmaschinen auffindbar ist. Silk Road stellte eine Art Online-Schwarzmarkt im Stil eines gewöhnlichen Onlineshops dar. Bei Silk Road konnte nahezu alles käuflich erworben werden. Der geschätzte bisherige Umsatz beläuft sich auf 1,2 Milliarden US-Dollar.«

Ob die Zahlen so stimmen, bezweifeln viele: Da man auf *Silk Road* mit Bitcoins, einer rein digitalen Währung, bezahlt und diese zwischenzeitlich von etwa 150 US-Dollar auf über 850 Dollar pro Bitcoin hochgeschossen war, stellt sich die Frage: Wie groß ist der Umsatz über einen Zeitraum von zwei Jahren? So hoch wie der Wechselkurs, den man für diese Rechnung zu Grunde legt. Und *Silk Road* war keine Homepage, sie ist es. Kaum vier Wochen, nachdem das FBI sie geschlossen hat, ist die Seidenstraße wieder da – genauso groß und die Geschäfte laufen genauso gut. Ein nahtloser Übergang von *Silk Road* zu *Silk Road* 2.0 scheinbar. Jedenfalls, wenn hinter diesem Anmeldefenster wirklich eine Seite liegt.

Ich stopfe den Filter in die Kaffeemaschine und höre meine Freundin im Geiste sagen, dass es nur eine Frage der Zeit sei, bis ich das Filterfach ganz in der Hand hätte. Wie hat Tom sich das bitte vorgestellt – wie habe ich mir das vorgestellt? Dass ich ins Deep Web reinmarschiere, sage, dass ich Journalist bin, ein Buch schreibe und mit den Leuten locker-flockig ins Gespräch komme? Über die letzte Fünf-Kilo-Lieferung Kokain vielleicht – und warum der Weg über Afghanistan so beschwerlich ist? Man geht ja auch nicht zum Metzger, sagt: »Wow, ist ja alles voll toter Schweine hier drin« und hofft dann, dass sich daraus schon irgendein substanzielles Gespräch ergibt. Ich gieße Wasser in den Tank und drücke auf »Start«. Dann lehne ich mich gegen den Tisch, verschränke die Arme und schaue zum Fenster. Draußen ist irgendwie auch so ein Scheißtag.

Um in das Forum von *Silk Road* zu gelangen, braucht man ein Passwort und einen Namen. Den wiederum bekommt man nur mit einem Einladungscode, mit dem bestehende Mitglieder der Seite jemanden einladen, dem sie vertrauen. Ohne Code keine Registrierung für Neue. Eine recht wirkungsvolle Sicherheitsmaßnahme. Denn: Für einen solchen Code muss man jemanden im Forum kennen, der quasi für einen bürgt. Aber wenn man keinen kennt, ist es schwer, in vertraulichen Kontakt zu kommen. Noch dazu, wenn man durch seine unwissenden Kommentare überall auffällt wie ein FBI-Agent, der frisch in ein fachfremdes Dezernat versetzt worden ist. Der vorher vielleicht Glücksspielsüchtige dingfest gemacht, aber nie Drogen beschlagnahmt hat. Mir fehlt eindeutig das Vokabular. Denn *Silk Road* ist nicht nur eine Verkaufsplattform, es gibt auch ein Forum dahinter, in das man als Kunde und Händler gelangt und wo diverse Nachfragen gestellt werden können. Ein Hinterzimmer quasi. Aber mir fehlen die richtigen Fragen. Falsche Frage: »Wo bekomme ich hier Drogen?« Richtiger vielleicht: »Ich war gestern zu lange auf Keta – was kann ich zum Runterkommen nehmen?« Aber ich bin weder je auf Keta gewesen, noch will ich auf dieser Seite etwas kaufen, das mich von Keta wieder runterbringen würde. Hinter mir hustet die Kaffeemaschine laut auf, unmissverständliches Zeichen, dass sie fertig ist.

Laut Mediendienst *Heise* soll der Chef des Bundeskriminalamtes, Jörg Ziercke, in seinem Vortrag »Kriminalistik 2.0« auf der Herbsttagung des BKA am 12. und 13. November 2013 in Wiesbaden von Cybercrime mit »grenzenlosem Wachstums- und Schadenspotenzial« gesprochen haben. Weiterhin hat Ziercke laut *Heise* gesagt, dass die Ermittlungen »im Internet durch Bitcoins und Tor-Netzwerke massiv behindert werden«, und die Nutzung von Bitcoins und die in Tor-Netzwerken versteckte *Silk Road* 2.0 als »größte Herausforderungen für die Kriminalistik« beschrieben.

Es ist ja nicht so, als gäbe es Waffenseiten und Homepages, auf denen man Drogen kaufen kann, nicht auch im normalen Netz. Der Weg zu einer Erklärung für diese drastische Aussage des BKA liegt vielleicht weniger darin begründet, um welche Straftaten es sich handelt, als vielmehr in der Art, wie sie begangen werden. Es geht nicht um das *Was*, sondern um das *Wie*: *Silk Road* ist nicht so einfach zu erreichen wie eine normale Seite im Netz. Das liegt nicht mal daran, dass sie die Registrierung nur über einen Vertrauensmann erlaubt. Denn das war, bevor sie das erste Mal abgeschaltet wurde, noch gar nicht Teil des Prozedere – da konnte fast jeder rein, der die Seite und den entsprechenden Link kannte. Die Antwort liegt im Netz selbst; es ist nicht primär das kriminelle Angebot, das die Ermittler nervös macht, sondern die Uneinsehbarkeit des Ortes, an dem gehandelt wird. Es ist ein bisschen wie Afghanistan: Höhlen und Gebirge schmecken weder dem Militär noch den Geheimdiensten, das ist einfach kein gutes Terrain. Und an einem ähnlich unzugänglichen Ort liegt *Silk Road.*

Denn was viele nicht wissen: Das Internet, wie wir es kennen, ist nur die Oberfläche, die Spitze des Eisbergs, ein winziger Teil des Ganzen. Die dem zugrundeliegende Datenmasse hingegen bildet den Großteil des weltweiten Netzes, bildet den Rumpf des Eisbergs. Dieser liegt unter der Wasseroberfläche. Im Dunkeln verborgen und vor Blicken geschützt.

Diesen weit größeren Teil des Internets nennt man Deep Web. Tiefes Netz. Es setzt sich zusammen aus Datenbanken, alten abgeschalteten und neuen Seiten, die noch nicht online sind oder nicht gefunden werden, weil keine Schlagworte auf sie verweisen. Auch Inhalte, die über Anmeldungen geschützt oder kostenpflichtig sind, liegen hier: zum Beispiel Datenbanken von Universitäten und Forschungsinstituten, auf die nur Studenten oder Mitarbeiter mit einem Passwort Zugriff haben. Datenbanken von Versicherungen oder Banken. Kundendateien. Die Datenbestände der NASA. Auch das Archiv des *National Climatic Data Centers*, das größte Wetterarchiv der Welt, liegt hier, die Aufzeichnungen der letzten 150 Jahre sind darin gespeichert. Laut Eigenaussage des Instituts kommen täglich etwa 224 Gigabyte hinzu. Der Gesamtbestand des Archivs beträgt heute rund sechs Petabyte – das sind 6000 Terabyte oder 6 000 000 Gigabyte. Angeblich liegen im Deep Web auch Webseiten von Geheimdiensten und Ermittlungsbehörden, aber das kann auch ein Gerücht sein. Es ist jedenfalls wie der Keller, den man lange aufräumen wollte, in dem sich das ganze alte Zeug staut und die Spinnen in den Ecken damit begonnen haben, alles sorgsam einzupacken. Und wie im Keller stapeln sich hier Raritäten, Zeitzeugnisse, Überflüssiges und Gruseliges, wie die alte Porzellanpuppe von Großmutter, die immer so unheimlich guckt, wenn Licht drauffällt. So in etwa kann man sich auch das Deep Web vorstellen – nur viel größer natürlich.

Schätzungen, die sich aber teils deutlich widersprechen, gehen davon aus, dass das Deep Web etwa vierhundertmal größer ist als das uns bekannte, durch Suchmaschinen erfasste Internet – auch *surface web* (Oberflächenweb) oder *clear net* (sichtbares oder klares Netz) genannt. Andere wiederum sprechen von rund 10 Prozent des Internets, die uns über reguläre Suchmaschinen überhaupt zur Verfügung stehen. Zum Vergleich: Der Datenbestand der gesamten Kongressbibliothek in Washington, einer der größten der Welt, macht mit seinen circa 34,5 Millionen Büchern und anderen Druckerzeugnissen in 470 Sprachen rund 10 Terabyte aus. Das sichtbare Web allein umfasst laut University of California schon etwa 167 Terabyte. Das Deep Web käme demnach auf eine geschätzte Größe von 91 850 Terabyte oder 91 Petabyte – und diese Zahlen sind von 2003! Es ist davon auszugehen, dass es hier immense Verschiebungen gegeben hat, denn der Datenbestand der Welt hat in den letzten zehn Jahren massiv zugenommen. Laut Marktbeobachter IDC und Speichersystem-Hersteller EMC soll die Menge an Daten, die erstellt, vervielfältigt und konsumiert werden, im Jahr 2020, so die Schätzungen, bei etwa 40 Zettabytes liegen, das sind 40 Milliarden Terabyte. Dies entspräche, meinen die Forscher, 57-mal der Menge an Sandkörnern aller Strände der Erde zusammen. Das Volumen des weltweiten Datenbestands verdoppelt sich etwa alle zwei Jahre.

Dass auch die Regierungen ihre Planungen nach dieser Prognose richten, zeigt das gigantische Rechenzentrum, das der amerikanische Geheimdienst NSA gerade in Utah errichtet. Dort soll ein Datenfassungsvermögen in der Größenordnung von Yottabyte entstehen. Zwar ist die genaue Zahl nicht bekannt, aber 1 Yottabyte sind 1000 Zettabyte. Mehr als eine Million Mal die gesamte Menge unserer Daten zum heutigen Zeitpunkt. Soviel zum Datenbestand und den Entwicklungen, von denen Geheimdienste auszugehen scheinen. Soviel auch zu den Unkenrufen der Leute, die sich immer fragen, wie die NSA all diese Daten überhaupt in Zukunft speichern möchte. Die NSA-Superrechner sollen nach Meinung von Aktivisten in der Lage sein, den gesamten Internetverkehr der nächsten hundert Jahre mit allen Daten, Fotos und E-Mails auf eigenen Servern zu speichern. Ob das eine tolle Archivierungsmöglichkeit für unser gesammeltes Weltwissen ist oder doch eher der Anfang eines gigantischen und bösartigen Weltüberwachungssystems, das muss jeder für sich selbst entscheiden.

Ich stelle meine Tasse auf den Schreibtisch, ziehe den Stuhl ran und klappe den Bildschirm meines Notebooks wieder hoch. Ich hoffe, diesmal Glück zu haben und endlich auf einen Zugangscode für *Silk Road* zu stoßen. Der Rechner hat den Neustart geschafft. Ich gebe mein Windows-Passwort ein, dann erscheint der Startbildschirm. Ein Klick mit der Maus und ein Fenster mit verschiedenen Dateien öffnet sich. Das ist das Tor-Browser-Bundle. Inzwischen kommt mir das alles schon relativ vertraut vor. Der Name des Programms, Tor, hat leider keinen Zusammenhang, wie man fälschlicherweise vermuten könnte, mit dem deutschen Wort Tor. Es ist nicht das »Tor zur Unterwelt« oder dergleichen. Der Name **Tor** steht für das Kürzel ***T****he* ***o****nion* ***r****outer*. Ursprünglich wurde das sogenannte *onion routing* vom US Naval Research Laboratory entwickelt, um die Kommunikation der US-Regierung und ihrer (militärischen) Einrichtungen nach außen zu schützen. Der Name *onion* leitet sich von dem Zwiebelprinzip ab, nach dem die Verbindungen im Netzwerk verschlüsselt und umgeleitet werden. Es bedeutet, grob gesagt, dass alle Daten und Verbindungen in mehreren Schichten verschlüsselt werden.

Jeder Computer verfügt ja grundsätzlich über einen persönlichen Fingerabdruck, die so genannte IP-Adresse. Diese weist den Computer jederzeit aus – und über diese ist auch feststellbar, wo man gerade surft, und so auch, wer man ist. Eine IP-Adresse wird dem Computer zugewiesen, wenn er ein Netzwerk betritt. Die IP-Adresse, auch wenn man durchaus mehrere haben kann und diese nicht an einen festen Ort gebunden ist, fungiert dann wie eine Postanschrift. Wenn ich etwas verschicke, zum Beispiel eine Mail oder ein Bild, wird die IP-Adresse mit diesem Datenpaket übermittelt – wie der Absender auf Paketen –, und der Router entscheidet dann, im Prinzip wie die Poststelle, wie er dieses Paket jetzt am schnellsten zum Empfänger bringt. Stempel drauf, und ab damit. Wenn ich also etwas versende, weiß jeder: Dieses Paket ist von mir. So funktioniert das auch, wenn ich eine Anfrage an einen Server stelle – zum Beispiel die Seite eines großen Online-Händlers aufrufen möchte. Es entsteht eine direkte Verbindung von meinem Computer mit meiner Anfrage über den Router zu der betreffenden Seite.

Beim *onion routing* funktioniert das anders: Dieses Verfahren zielt darauf ab, den Absender möglichst anonym zu halten. Man surft dabei ebenso mit einem Browser, z. B. Firefox Version 17, und kann gleichermaßen Dinge, die man sucht, in eine Suchleiste eingeben. Während ich also warte, dass im Forum von *Silk Road* sich jemand breitschlagen lässt, mir den Eintrittscode zu überlassen, kann ich in der Zwischenzeit zum Beispiel die Seite eines großen Online-Händlers aufrufen. Dazu gebe ich den Namen des Händlers in die Suchleiste ein wie im normalen Netz. Jede Suche ist formal eine Anfrage.

Um den Unterschied zwischen dem normalen Surfen im normalen Web und dem Surfen mit Tor im normalen Web zu verdeutlichen, können wir nochmal zum Beispiel des Banküberfalls zurückkehren. Ich fliehe gerade aus der Bank. Tatüü, Tataaa. Links einen schwarzen Beutel mit Bargeld in der Hand, rechts die klemmende Schusswaffe. Und auf der Nase kratzt die Sturmhaube. Ich renne zum Wagen, meinem Fluchtauto, sage dem Fahrer »Fahr los, Mann!«, schmeiße die Beute auf den Rücksitz und er tritt aufs Gas. Hinter uns die Polizei. Wenn ich im normalen Web unterwegs bin, entspräche das dem bereits dargelegten Szenario: Mein Fahrer tritt das Pedal durch, die Reifen blockieren kurz und wir rasen vorwärts, fahren schnurgeradeaus und halten an meinem Versteck. Anders beim *onion routing* mit Tor: Tatüü, Tataaa. Schweiß auf der Stirn. Beute in der Hand. Rein ins Auto. Knall. Tür zu. »Fahr los!«, belle ich und der Fahrer tritt das Gas durch. Im Rückspiegel sehe ich schon die Blaulichter. »Wir können nicht geradeaus fahren«, schreit der Fahrer nervös. »Die sehen uns.« »Bieg ab!«, schreie ich zurück, überfordert mit der Situation. Drei Kreuzungen sind es nur bis ins rettende Versteck. An der ersten Kreuzung biegen wir ab, der Fahrer schießt in eine Seitengasse, dabei touchiert er einen alten Hydranten. Bis zu diesem Punkt hätte jeder, der uns dabei beobachtet hätte, gesehen, wie unser Auto im Original aussieht. Schmutzwasser schießt aus dem Hydranten, färbt das Auto bräunlich. Als wir aus der Straße rauskommen, sieht es so aus, als kämen wir von einer Rallye. Nächste Kreuzung: »Fahr rechts ran«, sage ich, und wir halten an einem Kfz-Betrieb. Dort wird unser Auto umlackiert. Der Mechaniker hat jetzt weder unser Auto in der Originalfarbe gesehen, noch weiß er von unserem Coup. Wir brettern sofort weiter. Dritte Kreuzung. »Ein Freund von mir macht diese Nummernschilder«, schreit mein Fahrer. Polizei nicht mehr zu sehen. »Dann hin!«, antworte ich. Wir halten an der dritten Kreuzung und wechseln die Nummernschilder und, weil es so günstig ist, auch die verräterischen Felgen. »Los, los«, rufe ich und schwinge mich in den Wagen. Der Kumpel meines Fahrers erkennt weder ihn wieder – »Du hast dich aber verändert, Alfred!« – noch mich, noch unsere Vergangenheit, noch den Wagen vor der Lackierung – weder im Originalzustand noch schmutzverschmiert. Als wir unser eigentlich nicht allzu weit entferntes Versteck Stunden später in der Abenddämmerung erreichen, ist die Fahndung der Polizei noch immer ohne Ergebnis. Von unserem Auto fehlt jede Spur, kein Hinweis auf unser Versteck, wir teilen die Beute auf und ich nehme mir eine Coke. So ist das etwa mit Tor.

Leider ist die Methode in Wirklichkeit etwas weniger actiongeladen. Das kleine Programm, den sogenannten Onion-Proxy oder Tor-Client, habe ich vor dem Surfen gestartet. Es kontaktiert für mich den *entry guard*. Ein Klick im geöffneten Tor-Browser-Bundle: *Verbinden*. Das kleine Zwiebelsymbol leuchtet grün. »Herzlichen

Glückwunsch«, steht in hässlichen grünen Lettern auf meinem Bildschirm. »Ihr Browser ist jetzt für Tor konfiguriert.«

Solange ich im Tor-Netzwerk bin, werden meine Anfragen nicht mehr direkt verschickt und somit Empfänger wie Absender nicht mehr zweifelsfrei identifiziert. Meine gesendete Suchanfrage, zum Beispiel an die Seite des Online-Händlers, wird über zufällig ausgewählte andere Teilnehmer und deren Computer im Netzwerk umgeleitet. Es sind immer drei Computer, da die Entwickler mit der Einführung von Tor zwar größtmögliche Anonymität erreichen wollen, aber auch nicht möchten, dass es eine Ewigkeit dauert, bis irgendwann die Seite öffnet. Statt also direkt zur Homepage zu gelangen, die ich öffnen möchte, biege ich auf dem Weg dorthin ab – statt dem direkten Weg wähle ich drei Umwege, um meine Spur zu verwischen.

Diese drei Umwege sind drei Computer – die sogenannte *entry node* (1), die *middle node* (2) und die *exit node* (3). Sie bilden den Tunnel ans Ziel – also zur Seite des Online-Händlers. Mit der *entry node*, dem ersten Computer in der Abfolge, wird noch eine direkte Verbindung aufgebaut – er kennt »mich« also, denn er empfängt meine Anfrage. Die *entry node* leitet meine Anfrage dann an die *middle node* weiter, die mich jetzt aber nicht mehr kennt. Denn sie hat die Anfrage ja lediglich von der *entry node* erhalten, dem ersten Computer der Reihe also, und nicht mehr direkt von mir. Die *middle node* findet nun in den weitergereichten Daten, die sie von der *entry node* bekommt und entschlüsselt, eine Anweisung, mit der *exit node* Kontakt aufzubauen – und so leitet sie meine Anfrage an die dritte und letzte Stelle der Verschlüsselungskette weiter. Sie bekommt dabei aber nur die Daten, wohin sie weiterleiten soll, die Richtungsanweisung, nicht aber die Daten, von wem die Anfrage stammt. Die *exit node*, der letzte Computer also, baut dann für mich die direkte Verbindung zum Server auf – zu unserem Online-Händler. Die Seite öffnet sich. Die *exit node* kennt jetzt aber wiederum nur noch die *middle node*. Sie kennt nicht die *entry node* und damit auch nicht mich. Die Anfrage wird übermittelt, die Seite des Händlers öffnet sich, kann aber keine IP-Adresse von mir feststellen und speichern. Die Homepage des Online-Händlers kennt nur noch die IP-Adresse des letzten Computers – der *exit node*.

Ich als User bin damit anonym. Nicht nur für diesen Moment, sondern auch nachträglich ist mein Besuch nicht mehr feststellbar: Und weil der Händler oder sein Provider meine Adresse in seinen Logdateien nicht mehr findet, kann er auch keine Daten über mich rausgeben – zum Beispiel an die Polizei, Geheim- oder irgendwelche Werbedienste.

Die Seiten laden dabei sehr langsam, so dass man jedes Mal damit rechnet, der Ladevorgang könnte kurz vor Schluss doch noch mit einem Time-out abbrechen. Deshalb sind die Seiten, die nur im Tor-Netz erreichbar sind, visuell spärlich gestaltet, nur aufs Wesentliche beschränkt. Höchstens kleine Bilder mit niedriger Auflösung, kaum Banner. Keine Videos. Alles meist sehr reduziert. Schnell laden sie trotzdem nicht. Und auch die Videos bei YouTube sind jetzt tot, dieses fröhliche Relikt aus der Internetwelt »da oben«, wo wir uns jeden Tag lustige Ausrutscher von Kindern oder verrückte Katzen angeschaut haben, die Beethovens Neunte spielen. Flash-Inhalte sind im Tor-Netz blockiert. Auch die eingebauten Plugins im Browser – denn Flash ist eine potenzielle Gefahr, über Flash finden sie dich.

Obwohl man mit dem Tor-Browser ja auch im *clear web* surfen kann, nur eben anonym, ermöglicht der Tor-Client den Zugriff auf Seiten, die dem normalen Internetnutzer verborgen bleiben, die Google und andere Suchmaschinen nicht finden. Dies ist der mehr oder weniger abgeschlossene Bereich des Netzwerks, der vermutlich mal zur Prägung des Wortes Schattennetz oder Darknet geführt hat. Diese Seiten – also Homepages – heißen hier jedenfalls Onion-Seiten. Sie enden mit *.onion*, statt mit *.de* oder *.com* und sind außerhalb des Tor-Netzwerks vollständig unsichtbar. Das sind die wirklich spannenden Seiten und diese üben auf Journalisten, wie wahrscheinlich auf alle anderen neugierigen Menschen auch, eine nur schwer zu widerstehende Sogkraft aus. Der Weg zu diesen Seiten führt über Verzeichnisse, die wie Telefonbücher funktionieren oder *Die Gelben Seiten* – sie listen die so genannten *hidden services* auf. Spezielle Dienste, die es ermöglichen, Dinge und Dienstleistungen anonym auf Servern anbieten zu können. Das bekannteste Verzeichnis ist zweifellos *Hidden Wiki* – aber es gibt auch noch viele andere. Und daneben auch spezielle Suchmaschinen wie etwa *Torch*.

Die *hidden services* sind per se erstmal dezidiert keine sinistren, subversiven oder ansatzweise kriminellen Dienste, sondern eine Idee der Betreiber des Tor-Projekts, zum Beispiel Dissidenten oder anderweitig Verfolgten eine Plattform für Aktivitäten wie Datenaustausch oder einen Serverplatz für verschlüsselte Kommunikation anbieten zu können. Trotzdem: Genutzt werden die Services, das sieht man schon auf den ersten Blick deutlich, auch von vielen zwielichtigen Dienstleistern und Anbietern verbotener Sachen. Denn: Wo keine Spur, da kein Täter. Und das finden viele hier wohl ziemlich praktisch.

Moritz Bartl ist einer der bekanntesten Tor-Server-Betreiber in Deutschland und eng verbunden mit dem Tor-Netzwerk – und so bekommt er auch häufig Medienanfragen. »Klar«, sagt er, »als erstes fragen mich alle, ob ich ein paar Dissidenten kenne, die ein Interview geben würden – wie sie verfolgt werden und mit Tor die Zensur umgehen. Aber natürlich haben diese Leute ganz andere Probleme, als einem Journalisten zu erklären, was sie genau wie machen. Das preiszugeben, wäre außerdem ziemlich unsinnig«, erklärt Bartl.

Um diesen Verfolgten eine Plattform zu bieten, ist es nötig, dass Leute wie Bartl Tor-Server betreiben. Denn ohne Server kein Netzwerk. »Jeder kann theoretisch einen Knoten, also einen sogenannten *exit relay* betreiben«, sagt Bartl. »Wir bei *torservers.net* stellen aber besonders schnelle und besonders vertrauenswürdige Knoten zur Verfügung und helfen damit eben Leuten, die auf das Netzwerk und seine Anonymität dringend angewiesen sind.«

Beim Start und einmal stündlich lädt Tor die Liste an öffentlichen Tor-Relays und deren öffentliche Schlüssel herunter. »Diese Liste ist von den *Tor Directory Authorities* signiert«, sagt Bartl, »spezielle Tor-Relays, die unabhängig voneinander prüfen, ob alle Relays korrekt funktionieren.« Das Dokument nennt man *consensus,* weil es den Konsens aller Authorities darstellt, jede Authority hat eine Stimme. Diese Authorities sind jeweils unabhängig voneinander und werden von einem Dutzend »vertrauenswürdiger Personen« aus dem Tor-Umkreis betrieben. Momentan sind es neun.

Standardmäßig wird eine Verbindung über Tor-Relays, man spricht dann von einem sogenannten *tor circuit,* für zehn Minuten genutzt. »Bei Chats und dergleichen kann das auch länger als zehn Minuten sein«, erklärt er. »Beim normalen Surfen ist aber jede Surf-aktion wie eine neue Verbindung. Und die wird über diese drei Relays immer neu hergestellt.«

Betreibe ich jetzt aber den letzten Punkt der Kette – die sogenannte *exit node* oder den *exit relay* – kann es ja sein, dass jemand über meinen Ausgangspunkt, der letztlich die Verbindung zur angefragten Homepage herstellt, verbotene Sachen tut. »Rechtlich ist man da aber abgesichert«, sagt Bartl. »Man haftet nicht für weitergeleitete oder zwischengespeicherte Daten.« Dies stehe so in der EU-Richtlinie über den elektronischen Geschäftsverkehr.

Wenn man einen *hidden service* aufruft, gibt es keine *exit relays,* so Bartl. »Es gibt dann sieben sogenannte *hops.*« Das bedeutet, statt der drei Positionen gibt es für jeden drei – drei für mich bis zum Mittelpunkt, drei für den *hidden service* als Schutz bis zur Mitte. Dort trifft man sich am sogenannten *rendezvous point.* »Wenn ich also einen *hidden service* ansteuere«, meint Bartl, »lade ich nie aus Versehen verbotene Inhalte in den Zwischenspeicher. Trotzdem sollte man sich überlegen, da es von Behördenseite häufig Nachfragen gibt, wenn man einen Ausgangspunkt betreibt, ob man sich als Normalnutzer den Stress wirklich machen will«, erklärt Bartl. Daher gebe es in den Optionen zwei Einstellungen, von denen der unbedarfte Normalnutzer besser nur die zweite, die sogenannte Clientvariante benutzt, die von vornherein aktiviert ist.

Silk Road bleibt mir nach wie vor versperrt, die F5-Taste ist nicht das Sesam-öffne-dich. Ich muss mich gedulden. Es bleibt also genug Zeit für einen ausgedehnten Rundgang im Rest des Deep Webs. Ist ja nicht so, dass nur im *Silk-Road*-Einkaufszentrum heiße Ware angeboten würde. Im Gegenteil, auch die »Straßenhändler« drumherum haben interessante Ware zu bieten. Ich kopiere also den *Hidden-Wiki*-Link aus meinem blanken Notepad in die Browserzeile. Merken, wie im herkömmlichen Internet, kann man sich diese Links nämlich nicht:

kpvz7ki2v5agwt35.onion erscheint in der URL-Zeile, und der Browser beginnt zu laden.

IM SCHILDERWALD

Hidden Wiki und *hidden services*

Hidden Wiki ist genau wie der Schilderwald, in den Alice gerät: voller Wegmarken, die wie von einem Wahnsinnigen an die Bäume geschlagen in alle Richtungen gleichzeitig weisen.

Mit einem Klimpern rühre ich den Kaffee um, während sich die Seite, die aussieht wie die hässliche Schwester von Wikipedia, langsam aufbaut. Das Tor-Netzwerk hat seinen eigenen Zeitrhythmus – hier braucht alles eine Ewigkeit, um zu laden. Einige User spotten, dass nur die Seiten schnell sind, die bereits über Server des FBI oder eines anderen Geheimdienstes laufen. Ich weiß nicht, ob das so ist. Fest steht jedenfalls: Das Tor-Netzwerk ist normalerweise wirklich sehr langsam. Das liegt daran, dass jede Verbindung eben über drei weitere Computer geleitet werden muss. Mit drei Computern sei es, so erklärt man mir, einfach die beste Balance zwischen Effektivität von Schutz und allgemeiner Geschwindigkeit.

Der Lüfter meines Computers ächzt.

https://kpvz7ki2v5agwt35.onion/wiki/index.php/Main_Page

Neben der grundsätzlich langsamen Surfgeschwindigkeit wird der Tor-Browser auch alle paar Tage aktualisiert. Dabei installiert sich der Browser neu und löscht alle Lesezeichen. Irgendwann gewöhnt man sich daran, aber für den Neuling heißt das: alles weg, was man sich bei den komplizierten Links mühsam zusammengesammelt hat. Das sorgt vor allem am Anfang, wenn es einen völlig unvorbereitet trifft, für viel Freude. Als es mir das erste Mal passiert, habe ich gerade mit sehr viel Mühe ein langes Verzeichnis der Lesezeichen angelegt – und weil die Seiten oft auf Englisch und manchmal auch sehr kryptisch betitelt sind, habe ich mir sogar die Arbeit gemacht, die Lesezeichen zu sortieren und neu zu betiteln, damit ich sie gut wiederfinde und für die Recherche nachvollziehen kann. Und dann: alles weg. Es ist das Gefühl, das ein kleines Kind hat, wenn der Bauklotzturm, in den es Stunden investiert hat, einfach zusammenkracht. Irgendwann, wenn man sich beruhigt hat, fängt man kleinlaut an, ein manuelles Verzeichnis für die Links in einer Textdatei anzulegen. Bei Alice gibt es das auch: der Hund mit dem Wischmopp-Kopf, der ihr den rotmarkierten Weg aus dem Schilderwald vor der Nase wegfegt.

Ich rühre in meiner Kaffeetasse und merke dann, dass sie leer ist. Verdammt. Der Browser lädt einmal kurz, schließlich erscheinen Buchstaben auf meinem Bildschirm – langsam, von oben nach unten, wie von einem alten Drucker gedruckt: *The Hidden Wiki.*

Neben *Silk Road* finden sich hier auch viele weitere Angebote aus den Bereichen Geld, Erotik, Drogen, Hosting, Blogs und Essays, Bücher, Whistleblowing, Film, Musik und vieles mehr. Als ich das erste Mal auf die Seite komme, habe ich haufenweise Anweisungen im Gepäck. Von den Machern des Tor-Projekts: Man solle keine Dateien oder Anhänge öffnen, regelmäßig Updates ziehen und sich niemals, wirklich niemals, in sein privates E-Mail- oder Bankkonto einwählen. Vom Landeskriminalamt: Ich solle in den Optionen ausstellen, dass ich Daten im Netzwerk teile – denn sonst könnte ich auch Illegales wie »Videos und Bilder, die Kindesmissbrauch zeigen«, teilen. Beides will ich nicht. Und auch, wenn es sich vermutlich um eine reine Sicherheits- und Routineanweisung handelt, und ich den tatsächlichen Nutzen am Anfang nicht nachprüfen kann, befolge ich die Regeln aus Respekt und einer gewissen Furcht zunächst penibel.

Hidden Wiki zum ersten Mal zu betreten, lässt einen kurz innehalten: Es ist ein Gefühl, das langsam in einem hochkrabbelt wie Insekten an der Innenseite des Körpers. Eine gewisse Angst, gepaart mit nahezu euphorischer Neugier. Als Kind hatte ich dieses Gefühl immer, wenn meine Mutter sagte: »Holst du kurz eine Dose Ananas?«, und ich in den Keller musste. Nicht, dass unser Keller besonders gruselig war. Aber ich hatte in meinem Leben einfach zu viele Horrorfilme gesehen, so dass ich insgeheim fast erwartete, ein untotes Kind mit nassem Kleid käme mir auf den Stufen aus der Dunkelheit entgegen. Patsch, patsch. Kalte Füße auf steinernem Boden.

Im Grunde ist *Hidden Wiki* genauso, fast zumindest: Hehlerware, geklaute Kreditkarten, Drogen, Pornos, Seiten über Hacking, Auftragskiller. Das Gefühl, nicht zu wissen, in welche Ecke man zuerst schauen sollte, aus Angst und vor Aufregung.

Da ich bei *Silk Road* nicht reinkomme, versuche ich ein paar andere Seiten und beginne mal bei der Hehlerware. Davon gibt es im Tor-Netzwerk eigentlich alles, schon nach wenigen Minuten finde ich über *Hidden Wiki* Angebote zu iPhones, Computern, kopierten Büchern, Software und Computerspielen. Auch für Drogen gibt es diverse Alternativen zu *Silk Road* – aber die Läden sind allesamt klein, schlecht gemacht und haben oft kaum Feedback. Man erkennt nicht, ob es nicht eher die Seite eines einzelnen Betrügers ist, und lässt lieber gleich die Finger davon. Denn Betrüger sind überall, das ist die Kehrseite der Anonymität bei Dienstleistungen und Warenanbietern. Die User reden darüber. Sie sagen, wo sie schon abgezogen worden sind. Geschäfte unter Wahrung vollständiger Verstecktheit sind nicht so leicht umzusetzen. Man fällt nämlich offenbar auch oft rein. Die Preise sind bei den elektronischen Waren wie iPhones und Computern so niedrig, dass es sich nicht um Originalware handeln kann – auch wenn einige Seitenbetreiber gerne und immer wieder darauf hinweisen, auch »einen legalen Shop« zu betreiben. Allerdings liest man dann nur: »Der Shop ist im schönen Texas«, und es finden sich weder Adresse noch Kontaktdaten. Auch die E-Mail-Adressen, die die Betreiber auf ihren Tor-Seiten ins Netz stellen, sind in der Regel so kryptisch, dass es sich auf gar keinen Fall um seriöse Geschäftsadressen handeln kann. »iPhones würde ich hier nicht kaufen«, schreibt ein User in einem der Hackerboards, das sich auf Fragen rund um den Klau von Kreditkarten spezialisiert hat. »Lass das lieber«, schreibt er weiter. »Habe bisher nur Schlechtes gehört, dass die alle mit dem Geld abhauen und so. Und du hast nur ein Stück Plastik in deinem Paket, damit das Gewicht stimmt. Kann ich nicht empfehlen.« Drogen gingen aber ganz gut, die Leute seien professioneller, fügt er noch an. Und verweist dabei auf *Silk Road*.

Ich: Ist das versteckte Web eher etwas Gutes oder etwas Böses – für welche Seite ist es besser geeignet?
User: Es gibt Engel und Dämonen hier unten. Jeder kann hier ein Engel oder Dämon gleichermaßen sein und dich retten oder betrügen. Aber Engel sind stärker als Dämonen, daher strahlt das Gute mehr bis nach draußen. Ich denke, das sollte die Fragen beantworten. Und: Warten wir nicht alle darauf, hier unten einen Schatz zu finden im Deep Web?
Anderer User: Was redet ihr eigentlich für eine Scheiße hier über Engel und Dämonen? Keiner versteht euch… seid ihr Esoteriker oder was?

Hackintosh, eine Abwandlung des Markennamens *Macintosh*, bietet sämtliche Produkte der Marke *Apple* für jeweils die Hälfte des Preises an – und beim Kauf von zwei iPhones gibt es das dritte sogar für nur 100 US-Dollar mehr dazu. Ein iPhone 5 für 100 US-Dollar, das sind knappe 75 Euro. Im Laden kostet dieses Telefon rund 600 Euro. Ein Schnäppchen also. Stutzig macht, dass die teuren und edlen Telefone mit einem schlechten Bild präsentiert werden, das wie eine lausige Handyfotografie aussieht. Dabei liegen die Produkte lieblos verstreut auf einer geblümten Oma-Decke. Ob das jetzt zum Kauf animiert, weiß ich nicht. *Apple*-Schaufenster sehen jedenfalls anders aus.

Die Erklärung, warum die Betreiber der Seite diese Sachen so günstig anbieten bzw. geklaute Ware verticken, liefern sie prompt mit: »Wir hassen Großkonzerne und Banken. Und wir machen das im Tor-Netzwerk, um unsichtbar zu bleiben und das auch unseren

The Hidden Wiki

page | discussion | view source | history

create account | Log in

navigation
- Main page
- All pages
- Recent changes
- Random page

search

Search

Go | Search

toolbox
- What links here
- Related changes
- Special pages
- Printable version
- Permanent link
- Page information

Main Page

Editor's picks

Bored? Pick a random page from the article index and replace one of the five slots with it.

1. The Matrix - nice to read
2. How to Exit the Matrix - Protect yourself and your rights, online and off
3. Verifying PGP signatures - A quick how-to to get started.

Volunteer TODO

Bored?? Here are five random things to help out with

1. Plunder other hidden service lists for links and place them here
2. File the SnapBBSIndex links wherever they go.
3. Set external links to HTTPS where available, good certificate, and same content.
4. Care to start recording onionland's history? Check out Onionland's Museum.
5. Perform Dead Services Duties.

Contents [hide]

Introduction Points

- Ahmia.fi - Clearnet search engine for Tor Hidden Services (allows you to add new sites to its database)
- Is an onion site down for everyone or just me? - Check if the site is really down for everyone or just you.
- TorSearch Search engine for Tor Hidden Services
- DuckDuckGo - A Hidden Service that searches the clearnet.
- TORCH - Tor Search Engine. Claims to index around 1.1 Million pages.
- Welcome, We've been expecting you! - Links to basic encryption guides.
- Onion Mail - SMTP/IMAP/POP3. ***@onionmail.in address.
- URSSMail - Anonymous and, most important, SECURE! Located in 3 different servers from across the globe.
- Hidden Wiki Mirror - Good mirror of the Hidden Wiki, in the case of downtime.
- Core.onion - Simple onion bootstrapping (DOWN 02.11.13)
- Deepsearch - Another search engine. (DOWN 02.11.13)

Financial Services

Currencies, banks, money markets, clearing houses, exchangers.

- Coinstore Legit anonymous wallet and escrow service.
- The PaypalDome Live Paypal accounts with good balances - buy some, and fix your financial situation for awhile.
- Cloned Cards One of the oldest sellers. Fast shipping. 99.9% safe. Instant cashout!
- Double your Bitcoins - Service that doubles your Bitcoins.
- Coin Laundry - 1% Fee Bitcoin Laundry Service
- The Green Machine Forum type marketplace for CCs, Paypals, etc.... Some very good vendors here!!!!
- BestPal BestPal is your Best Pal, if you need money fast. Sells stolen PP accounts.
- Paypal-Coins - Buy a paypal account and receive the balance in your bitcoin wallet.
- Acrimonious2 - Oldest escrowprovider in onionland.
- The Bitcoin Laundry The Oldest Laundry Service! Don't let people see what you do with your Bitcoin!
- BitBond - 5% return per week on Bitcoin Bonds.
- OnionBC Anonymous Bitcoin eWallet, mixing service and Escrow system. Nice site with many features.
- EasyCoin - Bitcoin Wallet with free Bitcoin Mixer.
- Banker & Co - Provides professional, anonymous, global banking and financial consultancy.
- WeBuyBitcoins - Sell your Bitcoins for Cash (USD), ACH, WU/MG, LR, PayPal and more.
- Cheap Euros - 20€ Counterfeit bills. Unbeatable prices!!
- OnionWallet - Anonymous Bitcoin Wallet and Bitcoin Laundry.
- WHMX Counterfeit - 20 EUR / 20 USD Counterfeit money. High Quality, escrow accepted.
- CC4ALL - CCs and dumps(+pin) from EU/USA! (Bitcoin/PM)
- ccPal - CCs, CVV2s, Ebay, Paypals and more.
- Safecrow - Safe, anonymous, fast, easy escrow service.
- 20 Dollar USD Notes - High quality 20 USD Counterfeit Notes - Fast Shipping
- Cyberia Automated shop with huge assortment of CC info, dumps+pin and different accounts.
- SOL's Euro Counterfeits - 50€ Counterfeit notes. Quality + Best Prices.
- Verified PayPal account supermarket - Top hacked PayPal accounts. Selling 10% of balance.
- Hidden Market - Private market with verified vendors.
- CC Planet - Best Autoshop for CCs,mostly EU/US.New stocks,several sellers with automated Bitcoin system.
- Passport and ID Central Best place for High Quality USA and EU Passports and ID's
- 45 Dirty BTC - Fire Sale 50% Off
- EC-Store - High quality euro counterfeits.
- 100 USD Notes Best prices, means more cash in your hands. We sell 100 dollar notes.
- UK Counterfeits - The Best Quality UK notes, Passes all Pen & UV Light Tests.
- SOL's USD Counterfeits High Quality 20 USD Counterfeit Notes - Trusted Service
- Picasso's Counterfeits - High quality US$100.
- TOP USD Counterfeits - High quality cotton based USD counterfeits with UVI incorporated.
- SecSenSolutions Automated Paypal and CC selling store. Lowest prices!
- Butterfly Labs Jalapeno 5 - Bitcoin miner averaging 5.4 GH/s hashing rate, earn 25 BTC a month!
- Bitcoin Financial - Anonymous visa cards and offshore bank accounts, No ID Required.
- Guttenbergs Print - High quality USA & EUR money counterfeits and fast, stealth shipping.
- USJUD Counterfeits - 20 EUR || 20 USD Counterfeit money. High Quality, any trusted (clearnet) escrow accepted

Commercial Services

- Executive Outcomes - The largest website selling weapons in TOR network.
- Amazon Business - Selling all Amazon products half of the price. Choose any product.
- AppleLand - Longest standing Apple vendor on ToR. Limited supply of PS4 pre-orders now available.
- Drug Market Anonymous marketplace for all kinds of drugs.
- CStore - The original CardedStore Electronics, purchased with carded giftcards. Everything Brand new. Escrow accepted.
- Onix Electronics - iPhone 5s for sale! Pictures on site. Other products available as well!
- HomeHosting Be your own Onion VPS, hire an expert to do this for you! The safest way to host things.
- ToR Electronics - Factory New Brand Name Electronics at a Deepweb Discount!
- Used Tor Guns - Worldwide stealth shipping. Big collection of all type of guns and ammo.
- CardedStore Electronics. Everything Brand new. Escrow accepted.
- UK Guns and Ammo - Selling Guns and Ammo from the UK for Bitcoins.
- New iPhone 5S For Sale Selling boxed iPhone 5S phones, great prices.
- Hidden Apple - Apple Electronics - escrow accepted.
- Onion Identity Services - Selling Passports and ID-Cards for Bitcoins.
- Hidden BetCoin - Proven fair bitcoin game, bet and win, double [illegible]
- [illegible] - Cheap Apple products for Bitcoin.
- IsraelService - Tel Aviv based group providing international smuggling of arms and narcotics.
- Mobile Store - Factory unlocked iphones and other smartphones. **No refund possible once deposited**
- Delta Initiative's Marketplace NEW URL! A marketplace for hacking, carding, intel exchange and all your other illicit needs.
- Bank to BTC You recieve BTC and we cash out the bank accounts
- EuroGuns - Your #1 european arms dealer.
- Rent-A-Hacker - Hacking, DDOS, Social Engeneering, Espionage, Ruining people.
- iPhone 5S - iPhone 5S more piece, immediately delivery, pictures.
- Hackintosh - Apple Products discount from regular prices.The old "Apple's TOR" from 2K10 is back with more products
- United States Citizenship Become a True US Citizen - Selling Citizenship
- Marianic Technology Services - Enterprise darknet IT, web design, CS homework help, OPSEC consulting, sysadmin, linux support
- Old Man Fixer's Fixing Services The internet's one-stop-shop for all things illicit and devious
- Working Bitcoin Exploit Buy the exploit to a working bitcoin exploit + shellcode
- TVman shop - LED TVs from factory. Escrow accepted.
- USD Counterfeits - High quality USD counterfeits.
- HQER - High quality euro bills replicas / counterfeits.

- Working Bitcoin Exploit Buy the exploit to a working bitcoin exploit + shellcode
- TVman shop - LED TVs from factory. Escrow accepted.
- USD Counterfeits - High quality USD counterfeits.
- HQER - High quality euro bills replicas / counterfeits.
- Samsungstore Samsung tablets, smartphones, notebooks. Many positive feedback. Escrow accepted.
- Tor BetCoin - Play Bitcoin proven fair Same or Diff Game.
- Double Your Bitcoins - Service that doubles your bitcoins.
- Tor web developer - Anonymous web developer for hire.
- Buy Twitter Followers - Twitter followers being sold for Bitcoins.
- UK Passports - Original UK Passports.
- USfakeIDs - High quality USA Fake Drivers Licenses.
- USA Citizenship - Become a citizen of the USA, real USA passport.
- PayPal to Bitcoins We sell PayPal accounts and send Bitcoins directly to You.
- Kamagra for Bitcoin - Same as Viagra but cheaper!
- Quick Solution (Hitman) Get rid of your problems.
- Double Your Coins Service that doubles Your Bitcoins.
- Hitman Network - Group of contract killers from the US/Canada and EU.
- European Arms - French supplier of firearms and ammunition to international clients.
- Apple iPhone 5c - Fair Prices! Straight from manufacturer, network unlocked & tested before sent - other models available.
- High Quality Tutorials - Selling hacking ebooks. Make money fast.
- TOP USD Counterfeits - High quality cotton based USD counterfeits with UVI incorporated.
- PremiumTor Apple Discount Store Best prices, safe, fast & reliable since 2011.
- TorGameDepot - Playstation 3, Xbox 360, Wii U Consoles and Games.
- Help Guy - Work in your interests, business partner, friend or whatever else.
- Fake Passport ID sale - Good website selling qualitative EU/US/AUS/CAN fake passports, ID cards, driver's licenses.
- Unfriendlysolution Contract Killer, Assassination service with no limits.
- Portman Cigars - Selling fine cigars from Cuba and other countries.
- Project Evil VPS -- VPS hosting service by Project Evil. (DOWN 02.11.13)
- Electronics / Cameras - New and original products, great supply, verified. Bitcoin accepted. (DOWN 01.11.13)
- itanimulli.com Industrial Espionaige, Class 7 weapon Accounts Cyber operations (DOWN 01.11.13)
- Assassination Market - A market following the "Assassination Politics" (DOWN 01.11.13)
- BitJack21, [clearnet - Bitcoin Blackjack. (DOWN 01.11.13)
- Cheap SWATTING Service - Calls in raids as pranks. (DOWN 01.11.13)
- Buttery Bootlegging - Get expensive items from major stores for a fraction of the price! (DOWN 01.11.13)
- Luxury watches - Chopard, 100% original, stolen watches. (DOWN 01.11.13)
- Contract Killer - Kill your problem (snitch, paparazzo, rich husband, cop, judge, competition, etc). (DOWN 01.11.13)
- Data-Bay - Buy and sell files using digital currency. (DOWN 01.11.13)
- Double Or Nothing Bitcoin gambling with hash-based verification. Kamikaze, Roulette, and more! New games available by request. (DOWN 01.11.13)
- Fixed Match Service - Fixed Match Service. Lets you buy into fixed sporting events. (DOWN 01.11.13)
- Flip the coin, get the money! - A simple coin tossing game with 50-50 chance. (DOWN 01.11.13)
- FoxFire Slots - FoxFire Slot Machine and Casino Game, Bitcoin supported, better odds than Vegas, Takes a minute to load, NEW FREE MODE (DOWN 01.11.13)
- Free Herb Society - Medical marijuana marketplace(no chems allowed), no fees to start selling. Invite only, apply at /signup/apply (DOWN 01.11.13)
- Gun Guys Den (Sell's Firearms to Canada and US) (DOWN 01.11.13)
- How to make a bomb How to make a professional and powerful bomb for less than 100 USD. (DOWN 01.11.13)
- Pay4Views - You need more visits ? Come over here ! (DOWN 01.11.13)
- Prog Services - Deep web programmers for hire. (DOWN 01.11.13)
- Skimmers for SALE and RENT - No more fake CC IDs, make your own!! (DOWN 01.11.13)
- Stat ID's - Selling fake ID's. (DOWN 01.11.13)
- Tor Learn - Learn carding, hacking, drugs cooking, everything! (DOWN 01.11.13)
- Tor Poker - Tor Poker, gamble Bitcoins playing 5 card draw. (DOWN 01.11.13)
- Slash'EM online - Super Lots'A Stuff Hack-Extended Magic tournament server (Bitcoin). (DOWN 01.11.13)
- BacKopy - Sells game, software and movie discs (Bitcoin). (DOWN 01.11.13)
- Tor University (#2nd) - Research and Writing services for the college student. (DOWN 01.11.13)
- BTC mining New mining program. Limited offer! (DOWN 01.11.13)
- Pirax Web DDoS - Take out your enemies in seconds. (DOWN 01.11.13)
- GetItNow! - Similar service to BacKopy, provides DVDs of movies/games/etc. [Bitcoin] (DOWN 01.11.13)
- Underground Market Board 2.0 - New secure and improved UMB. (DOWN 01.11.13)
- Torfl - Bitcoin Raffles and Bonus Draw. (DOWN 01.11.13)
- Terminal Velocity United States Identification Store. (DOWN 01.11.13)
- Downloaditforyou - File Download Service. We download files, burn them to DVD's and send them to you in the mail. (DOWN 01.11.13)
- [1] - system software development for unix systems, design and implementation of fault resilient networks directly to You. (DOWN 01.11.13)
- Torpress - Free blogging platform based on Wordpress (DOWN 01.11.13)
- Tor Girls Worldwide Escort Agency. Choose Your girl today. (DOWN 01.11.13)

Hosting / Web / File / Image

- pad.riseup.net - This is an etherpad service hosted by Riseup.
- bittit, clearnet - Host and sell your original pictures for Bitcoins.
- Liberty's Hackers Service and Hosting Provider in onionland - php5/mysql support - request considered on a case by case
- Liberty's Hackers - new adress for the liberty's hackers hidden service, same conditions that above
- TorShare - Free fast filehosting service. Max 2GB. No illegal files allowed.
- CYRUSERV - Hosting service with an emphasis on security.
- Onionweb filehosting - Filehosting service. 100MB upload limit, no illegal files allowed.
- TorShops - Get your own .onion store with full bitcoin integration.
- TOR-SERV - Professional & Anonymous Hosting. Nginx, PHP5, MySQL, Web FTP.
- TorVPS Shells -- Free torified shell accounts, can be used for .onion hosting, IRC, etc.
- Doxopedia - Profiles and doxes hosting, stalking and more. (DOWN 02.11.13)
- Free Darkweb Sites! - FREE FOR A LIMITED TIME Get your own .onion site fully developed! (DOWN 02.11.13)
- OnionHosting - Hosting Service with PHP/MySQL/SFTP access from the admin of the TorStatusNet (DOWN 02.11.13)
- The Onion Cloud - Tor/ownCloud based cloud. Login/Pass: public/public. (DOWN 02.11.13)
- Mystery File a Day - Want to see something cool? (DOWN 02.11.13)
- CircleServices - Mixie's place. Provides: Circle-Talk, TorPM, ImgZapr, SnapBBS, qPasteBin, AnonyShares, Circle-IRC. (DOWN 02.11.13)
- Anonyshares - File upload up to 10MB. (DOWN 02.11.13)
- qPasteBin - A pastebin. (DOWN 02.11.13)
- Free Darkweb Sites! - FREE FOR A LIMITED TIME Get your own .onion site fully developed! (DOWN 02.11.13)
- SquareBoard - Upload and share high quality images. (Moderated) (DOWN 02.11.13)
- ANONSERVER - Tor Webhosting for Bitcoin. PHP, MySQL, PostgreSQL, Python Web Framework, Ruby on Rails. Also shells. (DOWN 02.11.13)
- anonHTML - anonymous plaintext and (rendered) HTML hosting (DOWN 02.11.13)
- QicPic - Upload any type of file. Caches and compresses uploaded files to decrease loading time. (DOWN 02.11.13)
- PasTOR - Another pastebin like service with optional password protection. (DOWN 02.11.13)
- sTORage - Upload files. Has WebDAV support. (DOWN 02.11.13)
- PasteOnion - Paste and share text, sources, whatever. You can make your paste public or set a password. (DOWN 02.11.13)
- ES Simple Uploader - Upload images, docs and other files. 2 MiB upload limit. (DOWN 02.11.13)
- torhost.onion - Anonymous secure account, Personal .onion address, Unlimited bandwidth, PHP support, SQLite support, SFTP access (DOWN 02.11.13)
- TOR Upload Service - A private place to hold your files with no limits (DOWN 02.11.13)
- IMGuru (More info) - Fast GIF/JPEG host. No images removed. If you get the error Invalid File, retry the upload. (DOWN 02.11.13)
- TorBin - Encrypted JS-based pastebin (DOWN 02.11.13)
- Onion Image Uploader - Image Hosting. 2 MiB upload limit. Generates medium thumbnails. (DOWN 02.11.13)
- Project Evil - Offers cheap, anonymous Virtual Private Servers. Run by a moderator. (DOWN 02.11.13)

Blogs / Essays

- AYPSELA news -- A private minecraft server blog.
- Beneath VT - Information on the steam tunnels at Virginia Tech.
- Deep Wikisaur - New site of information. Please contribute!
- Hushbox -- A news provider.
- Kavkaz -- A Middle East news provider, multiple languages
- Hidden Apple - Apple Electronics
- OnionSphere - Personal site by nachash for sharing tor tips and other silliness

Kunden zu ermöglichen.« Weiter raten sie ihren Kunden: »Ändert eure Adresse oder die Adresse eurer Packstation so oft wie möglich. Das erschwert es, euch irgendwie auf die Schliche zu kommen.« Die Kundenmeinungen auf der Seite sind jedenfalls durchweg positiv: »Super!«, »Sehr professionell!«, steht da, und: »Ich habe mein MacBook bekommen, jetzt gibt es nur ein Problem: Ich habe keine Belege für meinen Chef. Könnt ihr helfen?« Denn in diesem anonymen Modell versuchen die, die halbwegs erfolgreich ein Geschäft betreiben wollen, die Anonymität mit Kundennähe und direkter Ansprache auszugleichen – der Dialog wird gesucht, Fragen zu Produkten sind grundsätzlich erlaubt und der Ton ist offen und freundschaftlich. »Auf Bestellung liefern wir alles, was ihr wollt«, so die Betreiber von *Hackintosh*. Wenn das kein Service ist.

Ich lege mir ein Oma-Decke-iPhone in den Warenkorb, drücke auf »bestellen«. Ein kleines Fenster erscheint, in das ich meine Kontodaten eingeben soll. Allerdings nicht die meiner regulären Bank. Bezahlt wird im Tor-Netzwerk nämlich mit Bitcoins. Jedenfalls ist das gängig bei den meisten *hidden services*, und das ist auch gut so: Durch die vielen Beschriftungen der Seiten, die anmuten wie eine Einkaufsstraße im Slum, die nur dafür erbaut wurde, wohlhabende Touristen abzuzocken, erweckt dieser Ort nicht den Anschein, als wollte man hier unbedingt seine persönlichen Bankdaten oder auch nur seinen richtigen Namen preisgeben. Der Transfer von Geld erfolgt hier nahezu anonym und mit einer rein virtuellen Währung.

Bitcoins sind Internet-Münzen. 12,2 Millionen sollen davon derzeit in Umlauf sein. Und Bitcoins sind auch ganz legal, ein paar Geschäfte in der realen Welt akzeptieren sie schon als Zahlungsmittel. Auch in Deutschland, zum Beispiel in Cafés und Läden im sogenannten Berliner Bitcoinkiez rund um die Graefestraße.

Im Gegensatz zu Münzgeld werden Bitcoins aber nicht geprägt und von einer Bank ausgegeben, sondern technisch erzeugt. Ein Bitcoin-Netzwerk, in das man sich mit einem Clientprogramm einwählt, ähnlich wie Tor, verbindet die Nutzer von Bitcoins rund um den Globus, und diese User beteiligen sich mit der Rechenleistung ihres Computers an dem Erzeugen von neuem Geld. Transaktionen werden mit einer digitalen Signatur ausgeführt, alle Buchungen in einer Datenbank aufgezeichnet. Ein technisches Zurückziehen des Geldes, wie wenn man seiner Bank sagt, sie solle die Transaktion rückgängig machen, ist dabei aber unmöglich. Die digitale Währung gilt als nahezu hundertprozentig fälschungssicher und die Münzen können auf diversen Online-Märkten erworben werden. Ausgeben und handeln kann man Bitcoins nur mit einem privaten Sicherheitsschlüssel – vergisst man den oder geht dieser verloren, kann man auf sein Geld nicht mehr zugreifen. So sind diese Bitcoins dem Kreislauf für immer entzogen. Das digitale Geld wird auch bei Spenden an NGOs akzeptiert – oder von Interessengruppen und anderen Institutionen wie dem Chaos Computer Club oder der Plattform WikiLeaks. Allerdings ist der Kurs starken Schwankungen ausgesetzt. Die Menge an Geld ist begrenzt, um starke Inflationen zu vermeiden: Maximal 21 Millionen Bitcoins können generiert werden.

Auch wenn immer wieder gesagt wird, Bitcoins seien absolut anonym, und deshalb Kritiker der Währung wiederum vorwerfen, sie würde kriminelle Geschäfte begünstigen, meint der Computerspezialist Christian Bahls, dies sei Unsinn: »Natürlich sind Bitcoins nicht anonym. Alle Transfers werden in einem dezentralen Log gespeichert, das für alle öffentlich einsehbar ist. Außerdem muss die Währung auch für bares Geld mit einem echten Konto erworben werden. Hundert Prozent anonym ist sie also nicht.«

Wer nicht nur anonym sein, sondern gleich eine andere Identität annehmen will, scheint auf den Seiten von *Hidden Wiki* ebenfalls gut aufgehoben. Amerikanischer oder britischer Staatsbürger zu werden, wird offeriert – glaubt man den Anbietern solcher gefälschten Papiere, ist das sogar ganz problemlos. Nur wenige Angaben muss man den Fälschern dazu liefern. Vom Führerschein bis zur Geburtsurkunde, alles sei hier zu bekommen, so die Betreiber. Allerdings: Wer je selbst in einer amerikanischen Flughafenkontrolle stand, weiß auch, wie sehr einem der Stift geht. Und wie sehr einem der Stift gehen würde, wenn man wüsste, dass man auch noch gefälschte Papiere von jemandem bei sich hat, den man nicht kennt. Der zwar sagt, das sei alles »hundert Prozent sicher«, das könne er auch garantieren, denn deshalb sei die Machart schließlich auch sein »Berufsgeheimnis«. »Unsere Qualität ist vom Original nicht zu unterscheiden«, liest man auf manchen Seiten. Das ist auch vermutlich das Letzte, was man denkt, während einem ein strenger US-Zöllner so lange in die Augen sieht, bis einem der Angstschweiß von der Stirn tropft, und bevor er seinem Kollegen in schwarzer Uniform auf die Schulter schlägt und beide in schallendes Gelächter ausbrechen. Mich würde das alles nicht beruhigen. Im Gegenteil.

Die Preise hier auf den Seiten reichen jedenfalls von 200 US-Dollar (US-Führerschein) bis hin zu 10 000 US-Dollar (für alle Papiere inklusive Geburtsurkunde und Pass). Ein britischer Pass kostet circa 2500 Pfund. Die meisten werben auch aktiv: »Du findest keinen besseren«, schreiben sie. »Nur die beste Qualität.« Und: »Es ist ein Risiko, geklaute Papiere zu kaufen. Das weißt du. Darum solltest du dich nur auf die besten verlassen – auf uns. Auch wenn es etwas mehr kostet.«

Langsam öffnet sich ein grüner Balken am oberen Rand des Browsers, ein Schriftzug erscheint: Computerspiele aller Art. Willkommen bei *TorGameDepot*, dem laut eigener Aussage »besten Shop für Games im Tor-Netzwerk«. Hier kostet eine *X-Box One* mit vier Spielen 299 und eine *Playstation 4* mit zwei Spielen 199 US-Dollar! Beide Konsolen kosten sonst in der jeweiligen Grundausstattung 499 Euro und sind hierzulande wegen der hohen Nachfrage kaum zu bekommen. Aktuelle Spiele, die im Laden häufig zwischen 50 und 70 Euro kosten, gibt es bei *TorGameDepot* für 25 US-Dollar. »Weitere aktuelle Spiele kann man bei uns jederzeit nachfragen«, heißt es von den Betreibern zu Titeln, die nicht auf der Seite zu finden sind. Darüber hinaus ist die Seite ausnahmsweise sogar recht ansprechend, beinahe hübsch gestaltet. Als »zuverlässiger« Versand-

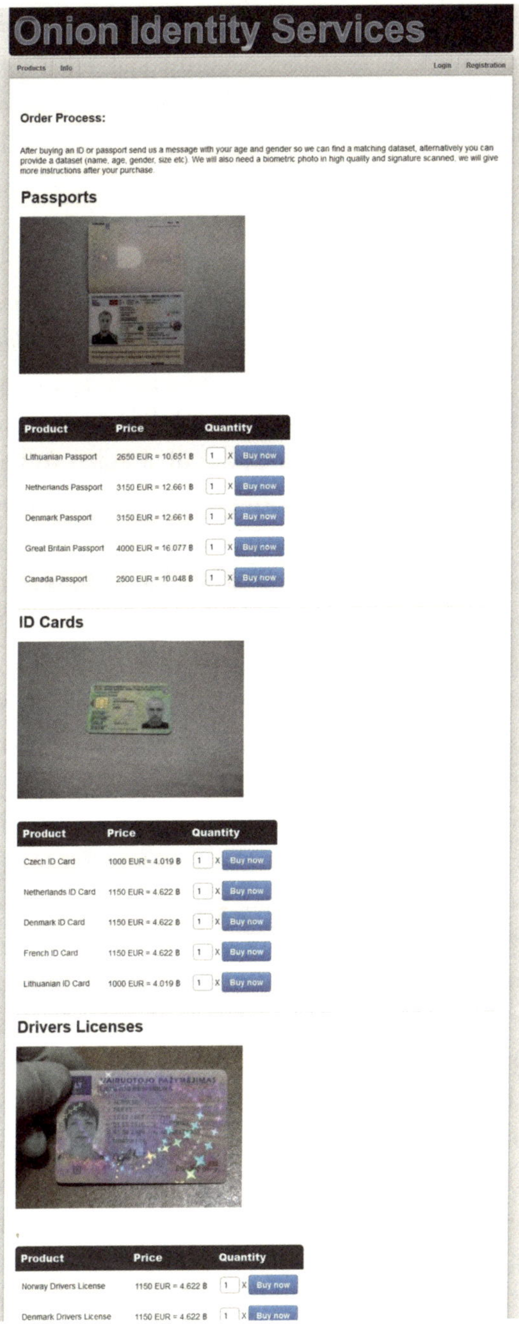
Onion Identity Services
Products
Info
Login
Registration
Order Process:
After buying an ID or passport send us a message with your age and gender so we can find a matching dataset, alternatively you can provide a dataset (name, age, gender, size etc). We will also need a biometric photo in high quality and signature scanned, we will give more instructions after your purchase.
Passports
Product
Price
Quantity
Lithuanian Passport
2650 EUR = 10.651 B
Buy now
Netherlands Passport
3150 EUR = 12.661 B
Buy now
Denmark Passport
3150 EUR = 12.661 B
Buy now
Great Britain Passport
4000 EUR = 16.077 B
Buy now
Canada Passport
2500 EUR = 10.048 B
Buy now
ID Cards
Product
Price
Quantity
Czech ID Card
1000 EUR = 4.019 B
Buy now
Netherlands ID Card
1150 EUR = 4.622 B
Buy now
Denmark ID Card
1150 EUR = 4.622 B
Buy now
French ID Card
1150 EUR = 4.622 B
Buy now
Lithuanian ID Card
1000 EUR = 4.019 B
Buy now
Drivers Licenses
Product
Price
Quantity
Norway Drivers License
1150 EUR = 4.622 B
Buy now
Denmark Drivers License
1150 EUR = 4.622 B
Buy now

partner dient DHL, der Versand dauere normalerweise ein bis zwei Wochen, schreiben die Betreiber. Und merken selbst zum Preis an: »Die Spiele sind gecardet, manchmal gestohlen.« *Gecardet* bedeutet, dass die Ware auf Kosten einer anderen Person, mit fremden Bezahldaten, gekauft wurde. Bei dem Preis irgendwie keine Überraschung.

Nicht ganz so günstig, aber dafür mit wesentlich größerer Auswahl, präsentieren sich die Waffen-Shops *EuroGuns*, *Executive Outcomes* und *UK Guns and Ammo Store*. Gegen *Executive Outcomes* wirken die anderen beiden eher wie lieblose Blogs. *Executive Outcomes* dagegen, eine recht schicke Seite mit Pferdekopf-Logo, scheint ein regulärer Waffenladen zu sein, der über einen Auftritt im Tor-Netzwerk verfügt – jedenfalls klingt das in der Selbstbeschreibung zunächst so. Das Angebot sei sauber, alles ordentlich und seriös. Aber warum dann im Tor-Netz? Ein bisschen Googlen verrät: Einen regulären Shop oder eine eingetragene Firma mit diesem Namen, die Waffen vertreibt, gibt es nicht. *Executive Outcomes* war aber offenbar der Name einer privaten Sicherheitsfirma, die zwischen 1989 und 1998 in Südafrika tätig war. Und auch diese »Firma« trug denselben Pferdekopf im Logo.

Von den Geschäftsbedingungen her geben sich die Shops dabei bewusst seriös: Geld-zurück-Garantie, sichere Zahlungsverfahren. Aber ein Vorschuss muss trotzdem geleistet werden. Das Verschiffen der Ware zum Zielort ist dafür umsonst.

EuroGuns liefert nach eigenen Angaben aus den Niederlanden und Deutschland – wobei eine Lieferung innerhalb der Europäischen Union »zu 100 Prozent gelingt«. Im Angebot ist zum Beispiel die legendäre Desert Eagle, eine Pistole mit großer Durchschlagskraft und variablem Kaliber, für 1250 Euro, die Munition (50 Schuss) für 45 Euro. Der Versand kostenfrei. Es handelt sich offenbar um Neuware, also keine Waffen, die vielleicht nach einer Straftat in Umlauf geraten sind, um die Spuren zu verwischen. Dann gibt es hier natürlich auch größere Waffen: Die Bushmaster M4 Patrolman zum

Beispiel, ein halbautomatisches Gewehr, das laut Herstellerangaben »für Situationen geeignet ist, wenn eine leichte und robuste Waffe gebraucht wird«. Welche Situationen damit jetzt genau gemeint sind, dazu sagt der Hersteller nichts. Die Waffe kostet im Tor zum Zeitpunkt meines Besuchs 1769 Dollar (1300 Euro), 756 Euro mehr als im legalen Handel. An dieser Stelle möchte ich kurz anmerken, dass es schon verstört, wenn man feststellt, dass im US-Handel Schusswaffen aller Art, vom Scharfschützengewehr bis zum Kalaschnikow-Sturmgewehr, insgesamt sehr bezahlbar sind. Sogar richtige Schnäppchen gibt es: Das Sturmgewehr AK-47, eine der wohl meistverkauften und meistgenutzten Waffen in weltweiten Konflikten, kostet im US-Versandhandel um die 500 Euro. Das ist nicht mal ein halbes MacBook von *Apple*!

Um das Angebot besser einschätzen zu können, zeige ich Dr. Hans Scholzen, Präsident des Verbands Deutscher Sportschützen (VDS), meine Ergebnisse – und lasse ihn urteilen. »Also von den Firmen, auch die mit dem Pferdekopf, kenne ich keine. Das Angebot bei den Kurzwaffen, also Pistolen, ist aber größtenteils handelsüblich«, sagt er. »Da ist jedenfalls nichts dabei, bei dem ich jetzt aufschreien würde.«

Neben der Unterscheidung von Lang- und Kurzwaffen (Gewehre bzw. Pistolen, anhand der Länge des Laufs) wird auch hinsichtlich der Funktion unterschieden: »Eine vollautomatische Waffe, die also über einen vollautomatischen Schussmodus verfügt, fällt in Deutschland unter das Kriegswaffenkontrollgesetz«, sagt der Experte. Und die Ausfuhr, Einfuhr sowie das Besitzen und Tragen (in der Öffentlichkeit) sind strikt verboten. Da alle scharfen Waffen in der Bundesrepublik mit einem Jagdschein oder einer Waffenbesitzkarte beantragt und auch registriert werden müssen, kann man nicht einfach so eine Waffe erwerben. Waffen anonym im Tor-Netzwerk zu bestellen, heißt demnach, sich strafbar zu machen und das Risiko einzugehen, sein Geld unter Umständen nie wieder zu sehen. Zu den Preisen meint der Experte, die Waffen im Tor seien recht teuer, aber

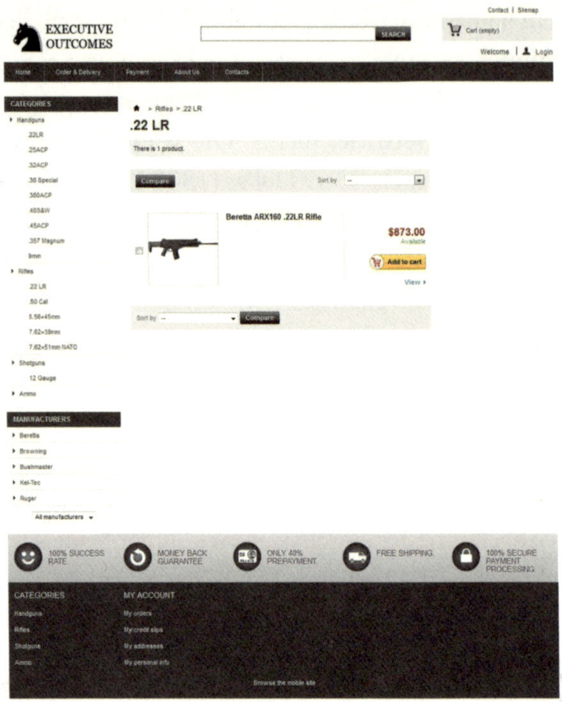

immerhin sei der Versand mit drin. Und der koste ja auch immer ein bisschen.

Aus Versehen schließe ich alle Tabs. Die Fenster verschwinden in Sekunden. Allerdings stelle ich fest, dass ich nicht von allen Seiten Screenshots gemacht habe. Zur Dokumentation. Also ein Klick auf die Lesezeichen, und dann passiert: nichts.

»Problem beim Laden der Seite.«

Wieso kann die bitte nicht geladen werden, sie war doch eben noch da? Neben den Updates, dem IP-Wechsel alle zehn Minuten, der zum Ausloggen bei Webclients für E-Mails führen kann, kommt noch hinzu, dass auch die Seiten manchmal – von einer Sekunde auf die andere – spurlos verschwinden. Und nie mehr wiederkommen.

Ich: Wie findet man eigentlich gute Drogendealer hier unten?
User: Das war bis vor kurzem noch sehr einfach, Kumpel. Einfach

zu *Silk Road*, bisschen recherchieren, wer gutes Zeug verkauft. Und ab damit. Seit das FBI da war und es das neue *SR* gibt, kannst du kaum noch wem trauen, finde ich. Du recherchierst und trotzdem kommen erstmal alle deine Bestellungen nicht an. Bis du jemanden gefunden hast, der gut ist.

Hidden Wiki und seine Links werden ständig aktualisiert, wenn Seiten neu dazukommen oder plötzlich vom Netz gehen. Das passiert öfter, aber nicht jede Seite, die offline geht, ist illegal und von den Ermittlungsbehörden geschlossen worden. Manche geben ihr Angebot auch einfach so auf. Seit die Razzien im Deep Web begonnen haben, sind viele kriminelle Anbieter umgezogen, ins *clear web,* woanders hin, oder ganz verschwunden. Wenn Seiten verschwinden, werden sie in diesem Telefonbuch entweder gelöscht oder mit einem »down« versehen – gefolgt von dem Datum, wann sie vom Netz gegangen sind. Es kommt immer wieder vor, dass man gerade mittendrin ist, etwas Spannendes gefunden hat, und im nächsten Moment ist alles weg.

Es ist der Moment, in dem Alice sich heulend auf ihren Stein setzt vor Enttäuschung, mit der Gewissheit, heute nicht mehr aus dem Schilderwald hinauszufinden. Weil es zu dunkel geworden ist. Der Wischmopp-Hund fegt leise den Weg vor mir aus, bis der rote Pfad verschwindet. Und hinter mir setzen sich die ersten Trompetenvögel auf die Zweige.

ZWIDDELDUM UND ZWIDDELDEI

Zwei Erzähler, zwei Erzählungen: Hacker und Behörden

»Tom, dieses Netzwerk ist der reinste Kampfplatz, und das weißt du«, sage ich und wünsche mir im selben Moment, mein Telefon hätte ein Kabel, das ich wütend um meinen Finger wickeln könnte. »Da kannst du nicht mal eben kommen und sagen: Lass uns mal einen Killer anheuern. Weißt du, wie oft ich meinen Interviewpartnern den tendenziösen Titel erklären muss: die *dunkle* Seite des Internets?«

Stille.

Seit 15 Minuten rede ich schon auf Tom ein. Und Tom ist wahrlich kein Mensch, der sein Handwerk nicht versteht oder ein reißerisches Buch machen will. »Du bist zu neutral«, sagt er dann meistens auf meine Bedenken. »Positionier dich mal!«

»Tom. Ehrlich«, erwidere ich und versuche, mit dem Telefon unter dem Kinn einen Kaffee zu machen. »Ich möchte keinen Killer anheuern. Ich will auch kein Crack oder Ketamin bestellen. Ich würde gerne einfach nur darüber schreiben, was los ist. Warum geht das nicht?« Irgendwie will der Filter nicht in den Schacht. Diese verdammte Kaffeemaschine. Hundert Euro hat sie gekostet und arbeitet so schlecht wie eine für 'nen Zehner.

»Du musst sagen, wo du stehst«, sagt er.

»Und was noch?«, frage ich. »Da ist doch noch was, das höre ich in deiner Stimme, Tom.«

»Hmmm«, murmelt Tom.

»Sag es«, fordere ich ihn auf.

»Es gibt keine Wahl. Wir brauchen einen Knaller!«

»Scheiße. Ich habe keine vier Wochen mehr und du kommst mir schon wieder damit.«

»Was soll ich sagen«, sagt Tom anteilnehmend. Und er hat ja Recht.

Ich sehe zum Fenster und bemitleide mich kurz. Es werden höllische Wochen werden bis zur Abgabe. Ich gucke nochmal zum Fenster: Draußen beschließt mein Nachbar offenbar gerade, am Montagmorgen um neun seinen Scheißbalkon neu zu nageln. Ohrenbetäubende Hammerschläge. Ich ramme den Schacht mit dem Filter in die Maschine und denke an meine Freundin: Bald ist die Maschine wirklich kaputt.

»Aber ich will lieber renommierte Gesprächspartner, die mir nicht gleich die Tür vor der Nase zuschlagen, Tom«, versuche ich vorsichtig. »Sieh mal, ich habe beim LKA angefragt, bei Hackern, wichtigen Szeneleuten vom Chaos Computer Club. Wenn ich jetzt wie John Wayne oder Chuck Norris auf Rinderhormonen durch das Internet pflüge, dann zeigen die mir doch einen Vogel, Mann. Dann ist Ende.« Kurz denke ich, was wohl passiert, wenn Tom sagt: Gut, dann ist Ende, mein Freund. Schreibste halt kein Buch.

Aber er sagt es nicht. »Mach, wie du denkst«, gibt Tom seufzend zurück.

Ich lehne am Küchenboard und spüre plötzlich etwas Nasses am Rücken. Der Kaffee rinnt an der Kanne vorbei über die gesamte Anrichte auf den Boden. Der Schacht mit dem Filter hat nicht mehr richtig geschlossen. »Scheiße«, fluche ich.

»Was denn?«, fragt Tom väterlich.

»Gar nichts«, antworte ich. »Meine Kaffeemaschine ist kaputt. Ich kann dein Buch nicht schreiben.«

»Welcher Name soll eigentlich aufs Cover?«

»Tom, schreib irgendwas drauf, wirklich. Alice vielleicht. Oder Henry Kissinger – Erinnerungen an mein Leben. Ich habe gerade wirklich keine Kapazitäten dafür.«

»Gut«, sagt Tom. »Versuch einfach nur, deine Recherche zu bündeln, okay? Damit wir nicht noch im Sommer hier sitzen.«

»Gut«, sage ich und lege auf.

Ich habe noch knappe vier Wochen. Mit der Hand schiebe ich den Kaffee von der Anrichte in meine Tasse. Den traurigen Restschluck aus der Kanne gieße ich noch dazu, damit es wenigstens lauwarm ist. Dann stelle ich alles gesammelt in die Geschirrspülmaschine und schalte sie an. Aber die Frage geht mir nicht aus dem Kopf: Wo stehst du?

Bisher stehe ich nirgends. Es ist schlichtweg ein Zuviel an Information, ausgesprochen von verschiedenen Leuten, die verschiedene Interessen haben. Es ist nicht so, als hätte ich mich nicht vorbereitet: Ich habe zwei grundsätzliche Fragen. Erstens: Bei all der Kriminalität, die in den *hidden services* angedeutet wird, bei den angeblichen Drogenmengen, die durch *Silk Road* verkauft werden und angesichts der Diagnose des BKA, das Deep Web sei die größte Herausforderung der Zukunft – wie gefährlich für die Gesellschaft ist das alles wirklich? Zweitens: Es muss einen unbestreitbaren Nutzen von Anonymisierungswerkzeugen geben, einen Grund, warum Aktivisten, Reporter und andere sich so dafür aussprechen. Worin besteht der und wo sind diejenigen zu finden, die das Deep Web zum Schutz ihrer Privatsphäre, ihres Firmengeheimnisses oder zum Widerstand gegen diktatorische Regime verwenden?

Eine Spur zu vermeintlichen Dissidenten finde ich nicht. Aber das heißt ja nichts. Immerhin hätte ich, wenn ich von einem Regime verfolgt würde, auch Besseres zu tun, als der Presse seitenlange Interviews darüber zu geben, wie sehr ich gerade verfolgt werde.

Reporter: Benutzen Sie Tor?
Dissident: Ja.
Reporter: Wie sehr werden Sie verfolgt?
Dissident: Im Grunde sehr.

Selbst wenn ich diese Leute nie finden werde: Ein Name steht doch exemplarisch für all jene, die einen potenziellen Nutzen dieser Technik sehen – Edward Snowden, der Ex-Geheimdienst-Mitarbeiter, der im Sommer 2013 über die NSA ausgepackt hat. Der allen mal gründlich den Kopf gewaschen hat.

Ich stelle eine Anfrage an den Chaos Computer Club, in der Hoffnung, man würde mir, dem vermutlich irritierend Unwissenden, helfen: Fehlanzeige. Wenige Tage nach meiner Frage, ob die Mail das größte Hackerkollektiv erreicht hat, folgt die Absage. Verdammt. Trotz allem, und obwohl es mich sehr frustriert: Diese Leute haben auch anderes zu tun, als einem Laien zu helfen. Und sicher werden durch Snowden und die Enthüllungen die Presseanfragen an den CCC nicht gerade weniger. Im Gegenteil. Ich habe also erstmal: nichts. Gar nichts mehr. Tom wäre speiübel, würde er das wissen.

Mein zweiter Versuch, den Nutzen des Netzwerks zu bestätigen, gilt John Goetz. Der gebürtige Amerikaner, der seit 1989 in Berlin lebt, ist nicht nur ein vermutlich sehr guter investigativer Journalist, der sich auf Geheimdienste spezialisiert hat. Er ist auch der Mann, der den Grünen Hans-Christian Ströbele 2013 nach Moskau begleitet hat. Um Edward Snowden zu treffen. Der Vollständigkeit halber sei erwähnt: Auch Ex-Spiegel-Chef Georg Mascolo war dabei.

Wenn also jemand weiß, welche Rolle das Tor-Netzwerk für Whistleblower und Journalisten spielt, dann wohl Goetz. Und so schreibe ich ihn an, über das ARD-Hauptstadtstudio in Berlin. Und dann? Passiert erst einmal gar nichts. Warten.

Zwei oder drei Tage später folgt eine kurze Nachricht, nachdem ich nachgehakt habe: »Sie können mich anrufen«, schreibt Goetz und fügt seine Büronummer an. Daraufhin ergibt sich ein kurzes Gespräch, in dem ich erkläre, woran ich arbeite – und warum ich seine Hilfe brauche.

Ich: Herr Goetz, benutzen Sie Tor?
Goetz: Ja, jeden Tag sogar.
Ich: Meinen Sie, wir könnten uns für ein Interview treffen, in Berlin, über den Nutzen des Netzwerks für Journalisten?

Goetz: *(überlegt)* Grundsätzlich habe ich Interesse. Aber ich möchte gerne vorher sehen, wie Sie dazu stehen. Und Ihren Auftrag vielleicht.
Ich: *(denke an Toms »Wo stehst du?«)* Das ist klar. Ich mache Ihnen das gleich fertig. Aber warum wollen Sie wissen, wo ich stehe?
Goetz: Weil es ein schwieriges Thema ist.

Dies heißt vermutlich so viel wie: Ich habe Kontakte, Renommee und möchte mit meinem Namen in keinem Schmuddelbuch stehen, das das Tor-Netzwerk zerreißt. Irgendwie verständlich. Und obwohl ich immer dachte, unser Job wäre es eigentlich, gerade nirgendwo zu stehen, sage ich ihm, dass ich als Journalist eher auf seiner Seite stehe. Um dies zu untermauern, biete ich ihm an, entsprechende Teile vor der Veröffentlichung zu sehen. Damit er mitmacht.

Er könne es sich gut vorstellen, sagt er schließlich und bittet um Bedenkzeit. Ich solle ihm meine E-Mail mit dem Auftrag und groben Inhalt zuschicken, er wolle sich noch bei einigen Leuten rückversichern. Dann ist das Gespräch zu Ende. Bis zum heutigen Tag hat sich John Goetz nicht mehr bei mir gemeldet.

Ich schreibe ihm Mails, rufe ihn an. Er sagt, er würde mich gleich zurückrufen. Ich melde mich irgendwann wieder, weil ich vergeblich auf seinen Rückruf warte, dann drückt er mich weg und ich beschließe, dem Mann nicht länger auf die Nerven zu gehen. Warum und wie er das Deep Web für seine Recherchen nutzt, werde ich nicht erfahren. Dass er es tut, hat er mir aber bestätigt.

Das Gespräch macht mir klar, dass die Deutungshoheit zum Deep Web und Tor-Netzwerk umkämpft ist. Es ist ein Kampfplatz, weil sich der Kampf um Daten und Bürgerrechte im Internet, den Edward Snowden im Großen ausgelöst hatte, hier scheinbar im Kleinen auf das Tor-Netzwerk übertragen hat. Er wird von denen ausgetragen, die genügend Ahnung von Technik haben, um sich wirklich vorstellen zu können, was die Geheimdienste für unvorstellbare Verletzungen des Datenschutzes und der Privatsphäre zu verantworten haben und den Ermittlungsbehörden und Geheimdiensten selbst, die ihr Vorgehen zu rechtfertigen versuchen oder, im Falle der Geheimdienste, versuchen zu verharmlosen. Es geht hier also um den Kampf einer Technikelite gegen ihre Unterdrücker. Dieser Kampf ist im normalen Internet mit seinen normalen Usern bisher weitestgehend ausgeblieben.

Als ich dies langsam verstehe, verstehe ich auch, warum John Goetz vielleicht nicht plaudern möchte. Warum auch die Ministerien Angst haben, sich mit Aussagen die Finger zu verbrennen. Es macht plötzlich alles Sinn. Keiner will diesen Kampf verlieren oder sich verplappern und von der Gegenseite zerrissen werden.

Mir wird plötzlich klar, warum fast niemand mit mir spricht: Es ist einfach zu heiß. Es war zu heiß, um sich gegenüber jemandem darüber zu äußern, der keinen Namen hat. Der nicht John Goetz oder Georg Mascolo heißt. Oder der augenscheinlich zu wenig Ahnung von der Technik und seiner Bedeutung hat. Und darum wollen alle wissen, wo ich stehe.

Ich erschrecke. Dieses weiße Kaninchen aus dem Aufbau Verlag hat mir nicht nur eine recht schwierige Geschichte in den Rucksack gesteckt, sondern eine kleine Bombe serviert. So wie man jemandem, den man nicht mag, beim Tanzen ein Acid-Ticket in den Nacken legt. Um zu sehen, was dann passiert.

Es ist plötzlich keine nette Geschichte mehr mit ein bisschen Porno und Drogen, die man einfach mal so runterschreiben könnte. Es ist jetzt ein Politikum, der Stich mitten in den Bienenkorb. Der Vorteil für Leute, die die Szene kennen, ist offensichtlich: Sie wissen, was man tun kann und nicht tun darf. Sie kennen all die Probleme, die sich ergeben, und sprechen die Sprache der Kombattanten. Und ich bin wie Alice naiv hineingestolpert – ohne die geringste Ahnung von all dem. Im Geist macht sich mein kleiner Hemingway vor Frust eine billige Flasche Whiskey auf. »Scheiß auf die«, flucht er, »Scheiß auf alle, du brauchst sie nicht!« Doch, ich brauche sie, denke ich.

Ich fühle mich wie Alice, als sie den Keks isst, der sie kleiner macht. Plötzlich kommt sie nicht mehr an den Tisch, um an den Schlüssel zu gelangen, der die sprechende Tür mit der dicken Nase öffnet, hinter der das Kaninchen gerade davonläuft.

Was soll ich tun, denke ich. Was kommt als nächstes? Mir bleibt zunächst nur eine Möglichkeit: zu erfahren, wie »gefährlich« dieses Tor-Netzwerk wirklich ist. Und wie relevant die Straftaten darin.

Ich wende mich an das Bundeskriminalamt. Dort vertröstet man mich rasch und knapp mit »laufenden Ermittlungen«. Das BKA verweist mich an die Generalstaatsanwaltschaft in Frankfurt, die für alle Fälle zuständig sei, die Server im Ausland oder Ähnliches betreffen. Auch dort heißt es auf meine Anfrage: »Laufende Ermittlungen«. Auch bei der Zentralstelle für Internetkriminalität in Gießen habe ich kein Glück. Wenigstens spricht man kurz mit mir, um mir dann zu sagen: Man führe keinerlei Statistiken über Straftaten mit direktem Bezug zum Tor-Netzwerk. Man könne mir auch nicht weiterhelfen. Also versuche ich es, als letztes Mittel, eine Ebene darunter. Ich wende mich an das LKA Niedersachsen. Dann schreibe ich einigen persönlichen Kontakten.

Wenn sich keiner meldet, denke ich, ist das Buch gestorben. Tom und ich werden uns auf einem hippen Kulturfriedhof irgendwo in Berlin treffen und es begraben. Er wird eine Ansprache halten und sagen, dass es ein tolles Buch geworden wäre, jedenfalls mit Sicherheit eine tolle Idee war. Und ich werde sagen, dass es dem Buch jetzt besser geht, wo es ist. Tom wird mir das Blatt mit der Vertragsstrafe zeigen, ich werde mein Honorar zurücküberweisen und meine Wohnung kündigen und er wird sagen, dass es ihm leid täte. Dann werden wir in die Kneipe gehen und uns richtig einen reinladen. Vermutlich getrennt voneinander.

Warten ist nicht meine Stärke. Ich versuche, mit Papierkügelchen meinen Mülleimer zu treffen. Ziele mit einem Auge. Und verfehle.

Ein paar Leute aus »der Szene« kenne ich selbst. Sie sind eher aus den hinteren Reihen, wenn man das so sagen darf – Bastler, Informatiker, Medienpädagogen. Keine bekannten Leute. Sie alle sagen mir: Mach dir nichts daraus. Die melden sich schon noch. Oder, wenn nicht, dann lass es einfach. Ich find es schade, denn ich finde mein Thema wichtig und es wird mir immer wichtiger.

Ich sammle die Papierkügelchen auf und beginne von Neuem. Ein Treffer aus zehn Versuchen. Bittere Bilanz. Vielleicht brauche ich mal so einen Basketballkorb aus Plastik dafür, der immer das Geräusch ausrastender Fans macht, wenn man trifft. Oder den coolen Sound, wenn die Zeit am Brett vom Korb runterzählt.

Was man sagen muss: Hacker und Leute aus der Computerszene sind keinesfalls unfreundliche Menschen. Ein bisschen arrogant, der eine oder andere, manchmal ein bisschen zu viel Attitüde. Und sie bleiben halt gerne unter sich. Denn es nervt natürlich, irgendwelchen Laien dauernd die Basics erklären zu müssen. Journalisten, da sind sich die Hacker offensichtlich einig, haben oft einfach keine Ahnung. »Von Technik und so.« Außer John Goetz, dem man in der Szene sehr vertraut. Er sei »diskret«, sagen sie. Ein »verlässlicher Typ mit guten Zielen.« Er ließ sich sicher auch anfangs in Fragen der Technik belehren. Denn wer das nicht tut, hat eine geringe Halbwertszeit – und muss sich nicht wundern, wenn man ihn nicht ernstnimmt.

Die Enthüllungen von Snowden zeigen: Die Hacker sind eine neue Elite, eine technische Avantgarde, sie haben das Wissen. Und dieses teilt man gerade in Zeiten der »maßlosen Überwachung« (Heiko Maas, Bundesjustizminister) einfach nicht mit jedem. Durch dieses Wissen können sie auch besser vorhersehen, was wahrscheinlich geschehen wird und was nicht, was eine Regierung wirklich für verdeckte Überwachungsmaßnahmen durchführen könnte und würde und was einfach technisch unmöglich oder zu auffällig oder aufwändig wäre. Hacker warnen uns. Das tun sie oft, nicht nur bei Treffen des Chaos Computer Clubs. Hacker sind schwer zu verstehen und daher oft nicht Talkshow-geeignet, weil die meisten Nicht-Hacker einfach nicht wissen, was die Hacker gerade sagen oder was man sie fragen soll. Und die Hacker wiederum betrachten Journalisten kopfschüttelnd für ihr Betteln um verkürzte Antworten und Horrorszenarien. Das finden Hacker ziemlich scheiße, weil sie in der Regel sehr schlau sind und auf verkürzte Darstellungen überhaupt keinen Bock haben. Aber: Auch Hacker brauchen Journalisten. Während die Computerexperten die Infrastruktur für Enthüllungen kennen, wissen Journalisten, wie man diese Infos verbreitet. Eine Symbiose ist möglich, wie Greenwald-Snowden-Poitras zeigen. Hacker sind einfach sehr nützlich. Man versteht sie zwar oft nicht, aber es ist so. Sie sind die technische Elite, sie können uns sagen, wo es lang geht oder wo wir uns gerade befinden.

Hacker sind eben vor allem eines: lustige Bastlertypen. Sie sind die, die man samstagmittags im Baumarkt trifft. Nicht als Kunden, sondern als die Typen mit den Namensschildern. Hacker sind zwar mürrisch, von Unwissenheit schnell genervt, aber durchaus sehr hilfsbereit – wenn man sie nur lange genug anhimmelt oder sich einfach ganz dumm, dafür aber umso interessierter gibt. Zur Verdeutlichung, wie Hacker ticken – nicht alle, aber viele: Man kommt als Unwissender mit einer speziellen Frage in den Baumarkt voller Leute, samstagmittags. Plötzlich taucht ein Mann auf oder eine Frau (der Hacker!), dem man dann eine Frage stellt. Daraufhin sagt der Mann (oder die Frau) schmunzelnd zu einem, das sei doch »alles ganz einfach«. Und: Man müsse das nur so und so machen. Man könne das zwar generell auch so und so machen. Wenn man das und das Programm kenne. Dann wäre das aber meistens nicht so gut. Und daher mache man es eben besser gleich anders – auch, wenn das zunächst etwas aufwendiger sei.

Julian Assange hat mal gesagt, man solle vorsichtig sein mit dem Begriff *Hacker*. Denn Hacking sei heutzutage, im Gegensatz zu früher in den Anfangszeiten, nicht mehr so positiv besetzt. Jedenfalls sagt man mir, es gebe *white hats, grey hats* und *black hats.*

Ein *white hat* ist ein Hacker mit Moral, einer Vorstellung von Ethik und dem, was »gut ist«. Er sorgt sich zum Beispiel um Anliegen von öffentlichem Interesse, deckt Sicherheitslücken auf. Julian Assange und WikiLeaks, das sind vielleicht, von der reinen Vorstellung, Ideen von *white hats*.

Die *black hats* sind die »Bösen«. Die Darth-Vader-Typen. Klar, Schwarz-Weiß-Malerei ist immer Schwarz-Weiß-Malerei, aber jede Definition beginnt mit einer Unterscheidung. *Black hats* sind so etwas wie Netzterroristen. Sie stören die Ordnung, handeln stark nach eigenen Interessen, sabotieren und klauen Kreditkartendaten von Servern.

Dann gibt es noch die *grey hats,* über die manche in der Szene sagen, sie seien vielleicht die besten von allen Hackern. Sie sind für beide Seiten offen. Je nachdem, was gerade ansteht oder wer für was zahlt oder wo es einfach was Cooles zu erleben gibt: Denn *grey hats* machen das auch aus Spaß an der bloßen Herausforderung.

Fakt ist: Es gibt Hacker mit Ethik und Moral. Und welche ganz ohne. Hacker sind für Regierungen aller Länder per se eine potentielle Gefahr. Sie bilden zusammen mit IT-Sicherheitsexperten und irgendwelchen Beratertypen von irgendwelchen Firmen die digitale und technische Elite.

Und Hacker sind gerne unsichtbar. Das heißt nicht, dass jeder Hacker das Tor-Netzwerk nutzt. Viele gehen ganz andere Wege, die schneller sind als das langsame Anonymisierungsnetzwerk. Aber es geht hier ums Prinzip: Und Hacker verteidigen Prinzipien wie Anonymität – entweder, weil sie das gut finden (*white hats*) oder weil es ihnen vielleicht für ihre Aktivitäten nützt (*black hats*).

Das Tor-Netzwerk spiegelt den Wettstreit zwischen Datenschützern und Sicherheitsbehörden wider, den einen ist diese Anonymität zur Verschleierung von Straftaten ein Dorn im Auge, den anderen ist es ein elementares Bürger- und Grundrecht. Das Tor-Netzwerk ist damit das, was der Sherwood Forest in der Erzählung von Robin Hood ist: ein Aufenthaltsort für Kriminelle und Freiheitskämpfer, für Spione und Rechtschaffende. Die Frage ist nun: Was nimmt man in Kauf, brennt man einen Wald voll Krimineller nieder, wenn nur ein Einziger darin ist, der die Gesellschaft vielleicht zum Positiven verändert?

Das Ganze hat zwei Seiten, denke ich, und sammle meine Kugeln wieder zusammen. Es ist Abend geworden und ich treffe im schwachen Licht kaum noch den Mülleimer.

Es gibt diese Szene bei Alice, als Zwiddeldum und Zwiddeldei, die beiden dicken Zwillinge, Alice auf ihrem Weg durch den immer dunkler werdenden Wald zusammen und zeitgleich eine Geschichte erzählen wollen. Alice hat eigentlich keine Zeit, denn sie will ja den Weg nach Hause finden. Aber die beiden lassen nicht locker, ziehen Alice auf einen Baumstamm und sie nimmt widerwillig Platz. »Also«, sagt Zwiddeldum und stößt seinem Bruder in die Seite. »Die Geschichte vom Walross und dem Zimmermann.«

»Ähem.«

In diesem Moment geht es mir wie Alice: Zwei Seiten versuchen, die gleiche Geschichte zu erzählen. »Das ist noch wichtig«, sagen die einen. »Und das auch!«, sagen die anderen. Und gegenseitig werfen sie sich vor, ständig zu lügen oder ignorant zu sein. Irgendwann steht Alice einfach auf und geht heimlich, während Zwiddeldum und Zwiddeldei sich weiter streiten. Der Weg nach Hause läuft sich nicht von allein.

DAS WALROSS UND DER ZIMMERMANN

Der große Coup des FBI

Ich warte immer noch auf einen verfluchten Zugangscode für *Silk Road*. So lange bleibt nur die Möglichkeit, mit den anderen Händlern in Tor direkt in Kontakt zu treten. Dazu bedarf es allerdings technischer Hilfe, denn mit einer Mail mit persönlichem Namen soll man das hier besser nicht versuchen. Jeder E-Mail-Client sendet Metadaten mit. Sogar die Betreffzeilen können ausgelesen werden. Man kann sich also, obwohl man im Tor-Netzwerk unterwegs ist, durchaus schnell verraten. Ich will nicht bei einer Lesung zu diesem Buch erschossen werden. Das wäre zwar ein medienwirksamer Kennedy-Abgang, muss aber nicht sein.

Ich schreibe ein paar Freunden, die selbst Informatiker sind und wende mich an technische Experten mit der Frage: Wie schreibe ich sicher Mails, ob im Tor oder anderswo? Dann werde ich meine Kaffeemaschine zum Kaufhof bringen und sie umtauschen, denke ich noch, während ich gedankenverloren an diesem Morgen das *Silk Road*-Forum öffne. Plötzlich wird alles anders, versehen mit drei Zahlenreihen steht dort:

»hi guys. Just to let you know: some free codes for you. First come, first served.«

Panik ergreift mich. Blitzschnell kopiere ich den ersten Code, um mich damit zu registrieren. Nichts. Code bereits benutzt. Zweiter. Auch nichts. Code benutzt. Dritter. Erfolg! Der Weg ist frei! Ich bin drin. Wahnsinn.

Ein Fenster öffnet sich: Links oben ein Kamel mit Reiter. Rechts oben mein Warenkorb. Zentriert eine Nachricht – *We rise again.*

Obwohl vom FBI geschlossen, kam *Silk Road* nach nur vier Wochen zurück. »Wir sind wieder da«, hieß es. Besser, sicherer, fuck the FBI. Die Leute scheinen recht überzeugt von sich, die Bundespolizei technisch herausfordern zu können. Dabei ist die Unsicherheit überall zu erkennen, verborgen hinter der Maske demonstrativer Selbstsicherheit: »Wir stehen wieder auf«, schreibt Libertas in seinem Vorwort zu *Silk Road.* Zu diesem Zeitpunkt sitzt Libertas, ein Admin von *Silk Road*, allerdings längst in einem US-Gefängnis.

Lange galt Tor als absolut sicher. Das technische Verfahren ist noch genauso gut wie früher, allerdings stehen alle Nutzer aufgrund von Seiten wie *Silk Road* und Server-Providern wie *Freedom Hosting* hier unter besonderer Beobachtung durch die Strafverfolgungsbehörden. Es ist vielleicht auch ein Grund, warum keiner gerne offen spricht – zu viel Aufmerksamkeit, gerade durch die Medien, ist schlecht fürs Geschäft.

Weil sich das FBI-Büro, das mit der Durchführung der Operation »Marco Polo« unter Leitung des renommierten Cyberfahnders Christopher Tarbell, der auch an der Enttarnung des vermeintlichen *Anonymous*-Mitglieds Hector Xavier Monsegur alias Sabu mitgewirkt haben soll, in New York befindet, wurden zunächst nur Lieferungen von *Silk Road*-Kunden durchsucht, die im südlichen Teil der Stadt lebten bzw. dort ihre Anschrift hatten. Alle Drogen, die im Labor getestet wurden, darunter Ecstasy, Heroin, LSD und Kokain, wiesen »eine hohe Konzentration und Reinheit auf«, so die Ermittler. Anhand der Postetiketten stellte man fest: Die Lieferungen kamen aus über zehn verschiedenen Ländern zu den Endkunden und weiterverkaufenden Händlern, insgesamt laut FBI fast eine Million registrierte Nutzer. Allerdings, so die Behörde, sind multiple Accounts möglich. »Daher ist davon auszugehen, dass es sich zumindest um hunderttausende handelt, die *Silk Road* besuchen.«

Ich scrolle mich durch tausend verschiedene Arten von Drogen, viele kenne ich kaum. Eine unglaubliche Vielfalt an Sorten von Marihuana, Haschisch, LSD, Amphetaminen, Kokain und Crack. Heuler und Lacher, Upper und Downer. Für jeden etwas dabei – egal,

Silk Road
anonymous market
messages 0 orders 0 account B0.000
Search
Go
a few words from the Dread Pirate Roberts
Hi, moes_tavern
settings - logout
0
Stimulants 1258
2-DPMP 0
3,4DMMC 0
4-EMC 8
4-MEC 14
5-APB 18
6-APB 8
A-PVP 52
Benzedrine 1
Caffeine 3
Cocaine 426
Methamphetamine 127
Coca leaves 0
MOPPP 0
MDPPP 7
Khat 0
FMC's 0
FMA's 0
FA's 0
Ethylphenidate 13
Ephedrine 9
Dimethocaine 1
D2PM 0
Mephedrone 20
MDPV 29
Pentedrone 25
Speed 230
Alcohol 336
Apparel 361
Art 15
Biotic materials 1
Books 521
Computer equipment 31
Custom Orders 146
Digital goods 666
Drug paraphernalia 132
Drugs 12502
Electronics 26
Erotica 82
Forgeries 90
Hardware 11
Herbs & Supplements 4
Jewelry 43
Lab Supplies 11
Lotteries & games 23
Medical 6
Money 359
Packaging 48
Services 151
Writing 31
browsing stimulants
sort by: bestselling
ships to my region
ships from my region
update
OPENING SPECIAL 3.5 Grams of 86% Pure Cocaine. 20% Free
vendor: BestBuys
ships from: Undeclared
ships to: Worldwide
€82.90
add to cart
1 gram UNCUT Pure Cocaine (FREE NEXT DAY SHIPPING)
vendor: tocoolforschool14
ships from: United States
ships to: United States
€66.89
add to cart
1 gram SUPREME QUALITY Uncut Ultra-Clean Cocaine - TOP SHELF
vendor: SupremeQualityKing
ships from: United States
ships to: Worldwide
€108.01
add to cart
OPENING SPECIAL1 Gram 86% Regeant tested Cocaine 20% FREE!!!!
vendor: BestBuys
ships from: Undeclared
ships to: Worldwide
€35.71
add to cart
1.0 gram PURE COLUMBIAN FLAKE - High Quality Cocaine
vendor: meerkovo
ships from: United Kingdom
ships to: Worldwide except Australia
€125.53
add to cart
1g bolivian cocaine pure FREE SHIPPING WORLD
SMOKING LIFE
vendor: smokinglife
ships from: Spain
ships to: Worldwide
€54.00
add to cart
2g - Amfetamin **Potent 70%+** (Dagen efter leverans)
vendor: CarlBildt
ships from: Sweden
ships to: Sweden
€46.44
add to cart
FULL ESCROW 0.5 Grams of PURE COLOMBIAN FISHSCALE COCAINE from Shine Cartel
vendor: Shine Cartel
ships from: United Kingdom
ships to: European Union
€45.77
add to cart
Coke Mate
5th Nov 2013
Coke Mate: 1g Cocaine. High Heat/ Uncut
vendor: Coke Mate
ships from: Australia
ships to: Australia
€281.56
add to cart
[►2 gram special Mix/Match Blue or clear►[►[NO FE REQ►]►
vendor: tofargone
ships from: United States
ships to: Worldwide except Australia
€88.87
add to cart
1gr - Ultra Fishscale Cocaine
vendor: TeamDenmark
ships from: Germany
ships to: Worldwide
€69.61
add to cart

welchen Gemütszustand man gerade erreichen will. Aufputschen oder runterbringen. Anspornen oder abschalten. Daneben Pfeifenzubehör. Twitterfollower oder Facebookfreunde werden ebenso verkauft wie geklaute Festplatten und Einkaufscodes, Pornos (nur normales Zeug) und diverse Arten von Literatur wie »Zehn Dinge, die Sie im Deep Web noch nie gesehen haben« (will ich auch nicht) und »Der lange Weg, mit dem Rauchen aufzuhören« (brauche ich nicht).

Die Waren werden mit Bildern und kurzen Beschreibungstexten online gestellt sowie mit einer Feedbackfunktion versehen, in die man Fragen zum Händler oder Bewertungen einstellen kann. Die Betreiber weisen bei den Bildern darauf hin, dass viele Digitalkameras oder Handys Informationen zum Standort in die Bilder schreiben. Dies solle man »bitte sorgfältig prüfen und vermeiden«. Die Preise der Waren unterscheiden sich meist kaum – je nachdem, wo man ist – von den Schwarzmarkt- und Straßenpreisen. Ein Gramm Gras kostet bei *Silk Road* etwa sechs bis zehn Euro. Manche Angebote sind teurer, vielleicht, weil der Händler einen Risikoaufschlag ansetzt. Manche sind auch billiger.

Bis auf die immense Auswahl an Drogen ist das Angebot recht unspektakulär. Es gibt Nachahmer von *Silk Road,* und Anbieter, die während der vierwöchigen Abschaltung der Seite durch das FBI ihre Chance witterten: *RoadSilk*, eine Plattform mit vier Nutzern, und andere Anbieter wie *Sheep* oder diverse *blackmarkets*.

Sheep ist mittlerweile offline, soweit ich weiß. Ein Admin soll mit dem ganzen Geld der User abgehauen sein. Daraufhin war das Vertrauen, das für diese Form der Geschäfte dringend nötig ist, zerstört. Also, wenn das stimmt. Man weiß das nie so genau im Tor – was ein Gerücht ist und was Wahrheit. Die unantastbarste und erfolgreichste aller Seiten hier ist nach wie vor *Silk Road* – oder *SR*, wie man sagt. Aber einst liefen die Geschäfte noch prächtiger, da war das Geschäft ohne nervige Zuschauer und vollständig heimlich möglich. Bis das FBI kam.

Die Geschichte der Plattform ist schnell erzählt und beginnt irgendwann zwischen Februar (erste Postings) und Juni 2012 (Gründung des *Silk Road*-Forums laut FBI). Jedenfalls lassen sich die ersten Bekanntmachungen der Seite im Tor-Netz und auf anderen Seiten etwa bis in diesen Zeitraum zurückverfolgen. Sein Betreiber: ein gewisser *Dread Pirate Roberts* – im *Silk Road*-Forum zumeist *DPR* genannt. *Dread Pirate Roberts* heißt im richtigen Leben laut FBI-Ermittlungsprotokollen Ross William Ulbricht. Die Akten dazu waren über ein Tor-Forum ins *clear net* verlinkt, also, einmal drin, leicht zu finden.

Zum Zeitpunkt der Festnahme im Oktober 2013 ist Ulbricht 29 Jahre alt, hat einen Bachelor in Physik und war von 2006 bis 2010 offenbar an der Universität von Pennsylvania für Material- und Ingenieurswissenschaften eingeschrieben.

In einem Interview mit dem Magazin *Forbes* recht kurz vor seiner Verhaftung antwortet *Dread Pirate Roberts* auf die Frage, wer die Idee zu *Silk Road* gehabt habe, folgendes: »Ich habe damit nicht begonnen, ich hatte einen Vorgänger.«

Auch die Ermittler beim FBI sowie einige Medien gehen davon aus, dass Ulbricht *Silk Road* von seinem Entwickler übernahm – ob für Geld oder einfach so, ist nicht geklärt –, nachdem er diesen auf eine Schwachstelle im System aufmerksam gemacht hatte. »Die ursprüngliche Idee war es«, so *DPR* in dem Interview weiter, »einen anonymen Marktplatz, also eine Plattform zu gründen, die die Tor-Technik und Bitcoins kombiniert.« Nachdem der Vorgänger diese Puzzleteile, nämlich Tor und Bitcoins, die es ja bereits gab, kombiniert hatte, übernahm *DPR* die Seite von ihm, um sie zu verbessern. »Es gab ein Problem mit den Bitcoins«, sagte er *Forbes* – dies betraf offenbar die Verwaltung der Digitalwährung auf der Seite mit sogenannten *wallets*, virtuellen Bitcoin-Geldbörsen, in denen das eingenommene Geld zunächst abgelegt werden muss, um weitertransferiert werden zu können.

Stöbert man durch das *Silk Road*-Forum, stößt man sofort auf *Roberts* – jedenfalls auf Posts mit seinem Account. Ob er alle diese

Posts selbst gemacht habe, fragt ihn *Forbes*: »Was ich sagen kann«, antwortet *DPR* im insgesamt fünfstündigen Chat mit dem Magazin, »ist, dass ich nicht der erste und einzige Admin von *Silk Road* bin. Ich bin der, der die letzten Entscheidungen trifft. Aber wir arbeiten im Kollektiv und mit den Usern unserer Seite zusammen.«

In den Dokumenten der Anklageschrift wird detalliert berichtet, wie Ulbricht in die Fänge der Ermittler geriet – im Tor war er weitgehend sicher gewesen, es sind stattdessen diverse Posts, die ihn letztlich verraten. Posts mit seiner Google-Mail-Adresse und unter seinem Namen in anderen Foren. Das war offenbar noch ganz am Anfang, im Rausch der Verwirklichung seiner neuen Plattform. Und dies wurde ihm später zum Verhängnis.

Ulbricht erklärt *Forbes*, dass er es liebe, theoretische Modelle anzuwenden, »um die Welt um mich herum besser zu verstehen. Daher habe ich Physik studiert und auch fünf Jahre in der Forschung gearbeitet.« Er habe ein paar Texte publiziert, so ab und an, aber jetzt hätten sich seine Ziele geändert. So habe das »Experiment« *Silk Road* begonnen.

Die Idee von Ulbricht war es, ein abgeschlossenes System zu erschaffen, das ohne Formen der Herrschaft auskommen könnte. Herrschaft, das meint hier Behörden wie Geheimdienste, Polizei, aber wohl auch andere, z.B. herrschende Eliten. »Ich möchte denjenigen, die an diesem ökonomischen Experiment teilnehmen, Erfahrungen aus erster Hand ermöglichen, wie ein System ohne Herrschaft funktionieren kann«, schreibt er. Dies war letztendlich der Grundstein zu einem Forum, das Ulbricht zunächst in persona und mit seinem Namen ankündigte, um es bekannt zu machen. Dabei hinterließ er seine Adresse: *rossulbricht@gmail.com*.

Auf einigen größeren Tor-Boards finden sich noch Spuren von Ulbrichts Versuch, mit einem Post auf sich aufmerksam zu machen – dabei versucht er es so zu formulieren, als sei er selbst nur zufällig auf die *Silk Road* gestoßen.

Neben seinen persönlichen Bewerbungen und Bekanntmachungen führt ein Eintrag auf der Programmierseite *Stackoverflow* die FBI-Ermittler auf die entscheidende Spur: Unter dem Nickname *altoid* fragt Ulbricht dort nach Möglichkeiten, eine Seite ins Tor einzubetten, gibt explizite Hinweise auf die *Silk Road*-Infrastruktur und lässt am Ende, für potenzielle Antworten, seine Google-Mail-Adresse da. Nun ist für das FBI die Verbindung vom User *altoid* zu Ross Ulbricht und dessen Mail hergestellt.

Bereits kurze Zeit nach diesen Einträgen bemerkt Ulbricht offenbar die Reichweite und mögliche Konsequenz seines Handelns: Hektisch beginnt er, alle Daten zu löschen oder durch falsche zu ersetzen. Seinen Namen *altoid* ersetzt er, mitsamt neuer Mailadresse, durch den Namen *frosty*.

Es dauert etwa von Februar 2012 bis Juni desselben Jahres, bis ein amerikanisches Gossip-und-Sternchen-Blog aus Manhattan von der Sache Wind bekommt und über *Silk Road* berichtet – *Gawker*. Daraufhin entsteht um die größte Deep Web-Plattform ein riesiger Medienhype. Kein Journalist kann sich dieser Story entziehen: ein dunkles Netz, Drogen, Dealer. Die Berichterstattung führt zu einer deutlich gesteigerten Aufmerksamkeit für die Seite und auch zu deutlich mehr Besuchern – und schließlich zum Aufmerksamwerden diverser Behörden. *Silk Road*, die versteckte Seite im Netz, wird plötzlich populär. Und damit eben auch das versteckte Netz selbst. Eine Aufmerksamkeit, über die sich die wenigsten hier freuen.

Auch in Deutschland springen Medien auf, wollen erfahren, was es mit der Drogenseite auf sich hat: Spätestens als das FBI diese im Oktober 2013 hochgehen lässt, wird überall berichtet. Wenn man Nutzer fragt, ist der Tenor – ob *Silk Road*-Nutzer oder nicht – fast immer derselbe: Das Tor-Netzwerk habe durch die Berichterstattung um *Silk Road* viel von dem schlechten Image abbekommen. Das versteckte Netz, es steht von diesem Moment an für exzessiven Drogenhandel ohne jede Kontrolle. Dass das auch den *Silk Road*-Nutzern selbst klar ist, hört man deutlich heraus, wenn sie darüber sprechen: Sie warnen schon bei den ersten Medienanfragen davor, welche Folgen es haben könnte, wenn *Silk Road* zu viel Aufmerksamkeit auf sich zieht. Einige Nutzer monieren, *Roberts* – also Ulbricht – habe zu sehr den Kontakt zur medialen Öffentlichkeit gesucht, sich gar darin gesonnt: als das Genie hinter der Plattform, die allen Behörden den Mittelfinger zeigt. Es ist eine ähnliche Geschichte wie die von Joseph »Joe« Colombo, der als Italo-Amerikaner und Pate der Cosa Nostra in den 70ern in New York die *Italian-American Civil Rights League* gründet, um von seinen Geschäften abzulenken, und die Presse sucht, um das FBI herauszufordern – es ist eigentlich immer die gleiche Story: Mediale Aufmerksamkeit und das Gefühl, unverwundbar zu sein, bewirken meist ein fatales Ende. Und so geht es dann auch Ross William Ulbricht.

Schon Ende des Jahres 2012, vermutlich im November, startet das FBI eine großangelegte Undercover-Fahndung: Hunderte Händler und Bestellungen werden kontrolliert, Agenten auf die Seite angesetzt. Klar, sie ist ziemlich anonym durch die Tor-Technik. Klar ist aber auch: *Dread Pirate Roberts* wird einen Fehler machen. Irgendeinen.

»Du kommst zu *Silk Road*, kaufst Drogen, bekommst die Bestellung zu dir nach Hause. Ich bin sogar recht stolz, diese Website zu betreiben und habe keine Skrupel. (…) Denn es liegt nicht an uns, es liegt in der Verantwortung der Eltern und Erzieher, Kinder über Drogen aufzuklären. Und damit auch daran, ob sie eines Tages welche nehmen oder nicht.« – **Dread Pirate Roberts bei *Forbes***

Um bei *Silk Road* ein Verkäufer *(vendor)* zu werden, muss man eine Gebühr entrichten. Diese bekommt man zurück, wenn von den Kunden für mindestens dreißig Bestellungen positives Feedback abgegeben wurde.

Außerdem verdient auch die Plattform selbst an den Verkäufen mit: Eine weitere Gebühr wird für jede Transaktion fällig, diese ist nach Preis und Menge gestaffelt. Je mehr ein Händler verkauft, desto geringer wird die prozentuale Gewinnbeteiligung für *Silk Road*. Bei einer Bestellung im Wert von bis zu 500 US-Dollar bekommt die

Plattform acht Prozent, bei 500 bis 5000 sechs und bei Handelsvolumen von 10 000 bis 20 000 Dollar 4,5 Prozent. Außerdem verbietet *Silk Road* den Verkauf von Waffen aller Art (Messer bis Sprengstoffe) sowie Material, das Kindesmissbrauch zeigt, oder menschliche Organe. Offenbar ist das Forum darauf bedacht, sich auf Drogen, kleinere Hehlerware, Computerdienstleistungen und Medikamente zu beschränken. Vielleicht, um zusätzlichen Ärger zu vermeiden. Das weitaus größte Geschäft jedenfalls läuft mit Drogen.

Für die Händler finden sich im Forum umfangreiche Tipps, wie sie Probleme vermeiden und Waren versenden sollen: Wechselbare Handschuhe sollen beim Verpacken der Pakete getragen werden, aber »zwei Paar übereinander. Denn eines allein lässt Fingerabdrücke durch«. Außerdem »ausgedruckte Etiketten mit der Adresse« – die persönliche Schrift könne den Händler verraten. Es wird empfohlen, silbrige Verpackungen zu verwenden und sie anschließend mit reinem Alkohol zu säubern, um kleinste Partikel zu entfernen, die vielleicht noch an der Folie haften und Rückschlüsse auf die Herkunft des Paketes zulassen oder der Nase eines Spürhundes auffallen könnten. »Wascht es besser so oft mit Alkohol, wie es geht«, lautet die Anleitung. »Achtet nur darauf, dass ihr keine 16 Stunden an drei Bestellungen sitzt«.

Apropos Pakete: Diese sollen natürlich professionell aussehen, damit auch von außen kein Verdacht auf das Päckchen fällt – als kleines Accessoire werden manchmal Grußkarten beigelegt oder andere Gimmicks, die die Kunden erfreuen. Natürlich aber nichts, das den Händler verrät. Die Meinung der Kunden auf *Silk Road* zu ihren Händlern ist jedenfalls überwiegend positiv. Bleibt nur noch der Gang zur Post: Auch hier, das legen die Erfahrenen nahe, Handschuhe nicht vergessen – sonst gerät das Paket übersät mit Fingerabdrücken in den Umlauf. Bei Postfilialen gilt es darauf zu achten, nicht am selben Tag oder an aufeinanderfolgenden Tagen dieselbe zu nutzen; besser sei es, diese regelmäßig zu wechseln und auch Umwege für die Lieferungen in Kauf zu nehmen. Ich greife kurz zum

Telefon und wähle die Nummer der DHL, allerdings ohne Erfolg. Zu Anfragen, ob und wie Pakete auf illegale Substanzen geprüft werden, und auch, ob dies geschieht, wolle sich der Konzern mit dem Verweis, dass diese Informationen dann auch bei potenziellen Tätern landen würden, nicht äußern. Nur so viel: Das Durchsuchen von Paketen ist in Deutschland aufgrund des Post- und Fernmeldegeheimnisses ausschließlich dem Zoll gestattet. Vermutlich werden also verdächtige Pakete an den Zoll übergeben oder dieser kontrolliert stichprobenartig vor Ort.

Auch das Bezahlen ist bei *Silk Road* gewissermaßen ein Problem: Alle Deals werden in Bitcoin abgewickelt, ein Treuhänder wird eingesetzt – auf Englisch *escrow* genannt –, der das Geld der einen Seite so lange aufbewahrt, bis die Lieferung zugestellt worden ist – auch gegen Gebühr. Dann gibt er das Geld an den Händler frei, wie es auch ganz ähnlich bei *PayPal* passiert. Hier aber sind die Treuhänder keine fremden Firmen, sondern vertrauenswürdige Leute, die sich meist kennen oder öfter diese Geschäfte machen.

Das Problem bei dem Geschäft: Der Wert eines Bitcoin kann innerhalb von Stunden oder Tagen stark variieren, also wird das Geld, das beim Treuhänder auf seinen Besitzer wartet, innerhalb der Zeit, in der es zurückgehalten wird, weniger wert. Oder mehr. Einer von beiden – Händler oder Kunde – macht also ein schlechtes Geschäft. Um dies zu vermeiden, wird der Preis vorher an den Dollarkurs gekoppelt, der sich nicht so stark verändert. Dann werden, je nachdem, wie sich der Kurs entwickelt hat, eben mehr oder weniger Bitcoins bezahlt.

Laut FBI-Akten soll *Dread Pirate Roberts* in den zweieinhalb Jahren, die das FBI ihn beschattete, nahezu 1,2 Milliarden US-Dollar mit *Silk Road* umgesetzt haben. Allerdings ist diese Zahl durch die Schwankungen des Wechselkurses der Bitcoins nicht sehr aussagekräftig. Vor allem im Jahr 2013 wurden Bitcoins laut der größten Bitcoin-Marktplätze *Mt. Gox* und *bitcoin.de* explosionsartig wertvoller: von Anfang 2013 etwa 15 US-Dollar auf 835 US-Dollar Anfang 2014. Experten gehen nicht davon aus, dass es an der Verknappung durch das FBI liegt, welches bei der Festnahme von *Roberts* ein kleines Vermögen beschlagnahmte, sondern daran, dass die neue Währung, die seit 2009 auf dem Markt ist, ihren eigenen Wert erst ermittelt.

Mit seiner Verhaftung am 1.Oktober 2013 in San Francisco wird Ulbricht das Verfahren eröffnet. Neben »konspirativen Aktivitäten« (FBI) und Drogenhandel über eine im Netz versteckte Seite wirft man Ulbricht alias *Dread Pirate Roberts* aber noch ein viel schlimmeres Vergehen vor:

Es ist März 2012. Laut Anklageschrift und Aussagen des FBI-Agenten Tarbell soll ein User namens *FriendlyChemist* dem *Silk Road*-Betreiber im anonymen Chat damit gedroht haben, er habe »eine ganze Liste mit 5000 echten Namen von Kunden und zwei Dutzend Händlern«. Möglicherweise hat *FriendlyChemist* Admin-Rechte besessen, um diese Daten zu stehlen, vermutet das FBI. Wenn diese Daten an die Öffentlichkeit gelangten, müsste *Silk Road* dichtmachen, der Vertrauensverlust wäre irreparabel. Ulbricht weiß das. Ebenso *FriendlyChemist*, weshalb er sich offenbar gut entlohnen lassen möchte.

FriendlyChemist fordert von Ulbricht eine halbe Million Dollar Lösegeld im Austausch gegen die Liste – angeblich, um mit dem Geld seine eigenen Drogenschulden zu bezahlen. Als Garantie schickt er eine Auswahl der beschafften Klarnamen an Ulbricht. Am 20. März 2012 antwortet Ulbricht: »Okay, sag deinen Leuten, denen du Geld schuldest, sie sollen mich kontaktieren …«

Als sich wenige Tage darauf jemand mit dem Namen *redandwhite* meldet, der unmissverständlich klar macht, er sei der entsprechende Gläubiger, denkt Ulbricht aber keineswegs an die Begleichung der Schulden. Die Chats dazu sind minutiös vom FBI aufgezeichnet, das das Forum zu dieser Zeit offenbar bestens im Auge hat. Denn wenn diese Gespräche nicht über den öffentlichen Teil des Forums und das plattformeigene Messaging-System gelaufen sind, bedeutet das a) einen Undercover-Agenten in *Silk Road*, der sich als Händler oder Kunde ausgab, oder b) bereits Zugriff auf die Teile des Systems, die die anonyme Kommunikation ermöglichen sollen. Wie genau die Ermittler an diese vertraulichen Gespräche gekommen sind, ist nicht zu klären.

redandwhite: Wir sind die Leute, denen *FriendlyChemist* Geld schuldet. Wir sollten uns melden. Worüber wolltest du mit uns reden?
Dread Pirate Roberts: Pass auf, ich sehe das so: Wir haben beide ein Problem mit *FriendlyChemist*, und ich wollte mit euch reden, um zu sehen, ob wir nicht irgendwie zu einer Lösung kommen können, die für uns beide gut ist. Ich hab gehört, ihr habt große Mengen Stoff. Falls ihr nicht schon hier auf *Silk Road* verkauft, können wir neben der *FriendlyChemist*-Sache Geschäfte machen. Ihr könntet hier Händler werden.
redandwhite: Wenn du es schaffst, dass sich *FriendlyChemist* mit uns trifft und seine Schulden bezahlt, finden wir sicher einige Leute von uns, die diesem Online-Geschäft eine Chance geben würden.

Einen Tag später schreibt *Dread Pirate Roberts* an *redandwhite*: »In meinen Augen ist *FriendlyChemist* eine Belastung geworden. Ich hätte nichts dagegen, wenn man ihn umbringen würde. Er lebt in White Rock, Columbia. Eine Frau + 3 Kids. Lasst mich wissen, wenn seine genaue Adresse weiterhelfen würde.«

Nachdem er nun selbst lange nichts mehr von Ulbricht gehört hat, meldet sich am 29. März 2012 auch *FriendlyChemist* wieder bei *Dread Pirate Roberts* – ohne zu wissen, was dieser plant.

FriendlyChemist: Du lässt mir keine Wahl. Du hast 72 Stunden Zeit, mir das Geld zu geben. Es tut mir leid, das tun zu müssen, aber ich brauche das Geld. Oder ich veröffentliche die Liste. Denk dran: Es sind 5000 Kunden und zwei Dutzend Händler. Was meinst du, was das anrichten würde?

Keine Antwort.

Wenige Stunden später setzt Ulbricht ein Kopfgeld auf *Friendly-Chemist* aus:

»Was wäre eine adäquate Summe für dich?«, fragt er *redandwhite* und führt aus: »Leider sehe ich mich in meiner Position von Zeit zu Zeit gezwungen, zu solchen Mitteln zu greifen. Es ist absolut notwendig, dass sich die Mitglieder meiner Seite auf Verschwiegenheit und Anonymität verlassen können. Es müsste auch nicht sauber ausgeführt werden … wenn ihr versteht.«

redandwhite: 150 000 bis 300 000 Dollar. Der erste Preis für sauber, der zweite für nicht-sauber.
Dread Pirate Roberts: Ich will ja keine Umstände machen, aber der Preis scheint mir zu hoch. Vor nicht langer Zeit habe ich einen clean hit für 80 000 Dollar bekommen. Ist dies das beste Angebot, das ihr mir machen könnt? Es müsste sofort passieren. Er will die Infos am Montag veröffentlichen.

Es ist ein Hinweis darauf, dass Ulbricht möglicherweise einen weiteren Mord geplant oder durchführen lassen hat, so die Ermittler vom FBI in ihren Untersuchungsberichten. Ob dem so ist oder Ulbricht nur blufft, weiß niemand so genau. Beide sollen sich jedenfalls laut der Ermittlungsakten auf 150 000 Dollar geeinigt haben. Das Geld wird am selben Tag in Bitcoins überwiesen.

»Geld angekommen«, schreibt *redandwhite* wenig später. »Wir wissen jetzt, wo er ist und schnappen ihn. Wir melden uns wieder.«

Rund 24 Stunden später folgt das Update: »Dein Problem ist erledigt. Er wird dir nicht mehr schreiben«, meldet sich *redandwhite* bei Ulbricht. »Nie wieder.«

Als Garantie schickt *redandwhite* ein Bild der Leiche an Ulbricht, neben dem Leichnam einen kleinen Zettel mit einem Zahlencode darauf, den er mit seinem Kunden vorher vereinbart hatte – um vermeintlich jeden Fake auszuschließen.

»Danke«, schreibt Ulbricht am 5. April 2012 zurück. »Habe das Foto erhalten und gelöscht.«

Christopher Tarbell, der leitende Ermittler des FBI, der mit Cyberfahndung bestens vertraut ist, benachrichtigt offenbar daraufhin seine kanadischen Kollegen und fragt nach, ob ein Einwohner mit dem Namen, den Ulbricht genannt hat, in White Rock, British Columbia im betreffenden Zeitraum Opfer eines Verbrechens geworden ist – oder den Anschein erwecke, »Suizid begangen zu haben«. Die kanadischen Behörden verneinen. Einen solchen Toten gebe es nicht.

Das FBI gibt sich alle Mühe: Während man akribisch Daten über Ulbricht sammelt, seine Kommunikation bezüglich des Auftragskillers aufzeichnet, setzen sie einen verdeckten Agenten auf Ulbricht und *Silk Road* an – etwa im Dezember 2012, rund acht Monate nach dem Gespräch zwischen Ulbricht und *redandwhite*. So jedenfalls die offizielle Version. Ein Agent wird in den Akten des FBI auch als *Agent-1* vermerkt, um seine Identität nicht zu verraten. Seine Rolle ist nicht genau bekannt. Ein unscheinbares Detail, das laut *International Business Times* (IBTimes) allerdings durchaus eine Bedeutung im Zusammenhang damit haben könnte, wie das FBI möglicherweise an die Daten und vertraulichen Gespräche von *Silk Road* gekommen ist. Es könnte einen Helfer gegeben haben, einen prominenten sogar, schreibt das Blatt.

Laut der IBTimes soll Christopher Tarbell im Juni 2011 zusammen mit einem weiteren Special Agent vor der Tür eines gewissen Hector Xavier Monsegur gestanden haben. Monsegur wohnte im sechsten Stock eines Apartment-Blocks in New York City, und entgegnete den Ermittlern in Jeans und T-Shirt, er »habe keinen Computer«. Neben den verräterischen Kabeln, die die Agenten hinter ihm in der Wohnung gesehen haben wollen, war Monsegur offenbar im Cyberspace mit einem besonderen Nickname bekannt: Sabu. Ein hochrangiges Mitglied des Hackerkollektivs *Anonymous*. Beteiligt an den ganz großen Aktionen der Gruppe, beispielsweise an dem Angriff auf *PayPal*, als das Portal den Zahlungsverkehr für WikiLeaks einstellte und die Website damit finanziell abschnitt. Sabu wurde festgenommen. Offenbar hat sich einer der weltbekanntesten Hacker beim unverschlüsselten Einloggen in einen Chatroom verraten. Ein dummer, kleiner und sicher sehr ärgerlicher Fehler.

Die Zeitung schlussfolgert daraus, Tarbell habe Sabu einen geheimen Deal vorgeschlagen, weil er doch Kinder habe, und ihn sofort wieder an den Rechner gesetzt. Sabu habe mit seinem Wissen dabei geholfen, vier weitere Mitglieder seines Hackerkollektivs *LulzSec* hinter Gitter zu bringen. Warum allerdings ein ideologisch klar positionierter Hacker, der eindeutige Ziele verfolgte, gleich bei der ersten Gelegenheit mit dem FBI hätte kollaboriert haben sollen, bleibt zumindest fragwürdig. Den Grund liefert die IBTimes allerdings mit: Seine Kinder hätten für Sabu den Ausschlag gegeben. Und bisher habe es keine Verurteilung des Hackers gegeben, der Termin für die Verhandlung sei immer wieder verschoben worden. Und zwar, weil Sabu weiterhin als Tarbells Spezialist am Werke sei, so die IBTimes, und so auch bei *Silk Road* mithelfen konnte. Denn Tarbell hatte beide Fälle auf seinem Schreibtisch.

Interessant daran ist nicht die etwas krude Vermutung, sondern der Fakt, dass die FBI-Unterlagen voll von minutiös aufgezeichneten Gesprächen sind, die bei jemandem, der eine anonyme Seite mit derlei Aufwand betreibt, sicher nicht öffentlich und per Facebook stattgefunden haben. Es darf angenommen werden, dass diese Gespräche aufs Sicherste verschlüsselt waren. Also woher hat das FBI diese Daten – mitsamt geheimer Screenshots von *Silk Roads* Infrastruktur und vielen verstreuten Posts von Ulbricht, die man vermutlich erst wieder herstellen musste, weil der Verdächtige sie ja gelöscht haben soll? Auch die Recherche, dies alles zu finden, deutet auf einen extremen Spezialisten im Team hin. Ob dies aber ein regulärer Agent war oder ein Externer, dazu äußert sich das FBI nicht – mit Verweis auf den bevorstehenden Prozess.

Ulbricht aber weiß von all dem nichts: Er wohnt mittlerweile mit zwei Jungs in San Francisco, die von ihm sagen, er sei »freundlich« und habe »nur einen Laptop und ein paar Klamotten besessen«. Ulbricht soll sich als »Josh« bei ihnen vorgestellt haben. »Ein sauberer und freundlicher Texaner«. Und er hielt sein Versteck und auch das seiner Webseite für absolut sicher.

»Ich fühle mich sicher, solange sie (die NSA) nicht die modernen Methoden der Verschlüsselung geknackt haben, was ich mal sehr bezweifle. Außerdem haben wir bei *Silk Road* noch einige nette Sicherheitsfeatures mehr, über die ich nicht reden kann.« – **Dread Pirate Roberts bei *Forbes***

Der auf der Seite eingeschleuste Undercover-Ermittler tut das, was selbst viele etablierte und erfahrene Drogenhändler auf der Plattform nicht für möglich halten – er nimmt direkten Kontakt zu Ulbricht, dem Chef und Betreiber, auf, und behauptet, er habe kiloweise Drogen, sei Schmuggler und habe sich auf das »Verschieben großer Mengen nicht unter zehn Kilo spezialisiert«. Eine Finte, zunächst ohne jede Droge zu nennen, die die Händler und Kunden hellhörig werden lässt: Wer ist der Typ, den keiner kennt, der hier noch nie etwas geschrieben hat und nur in großen Mengen verkaufen will? Viele ahnen bereits: Der vermeintliche Schmuggler ist ein Agent.

Ulbricht selbst, vielleicht von Geldgier geblendet, scheint keinen Gedanken daran zu verschwenden: »Ich finde jemanden für dich«, schreibt er dem neuen Kunden und beauftragt einen seiner Leute, die die Seite mit ihm verwalten, einen potenziellen Händler zu finden, der mit einem neuen »Großkunden« zusammenarbeiten will. Und er findet einen. Sein Kollege, der den Händler ausfindig macht, fungiert bei dem Deal als Vertrauensmann für die Bitcoins. An seine Adresse soll auch die Ware verschifft werden.

Am 15. Januar 2013 schreibt der Neukunde an Ulbricht: »Ware an die Adresse versendet. Ein Kilo Kokain auf dem Weg.« Ulbricht gratuliert zu dem »großen Deal«, zeitgleich machen sich die FBI-Agenten an die Arbeit; liefern am 17. Januar einen Fake-Stoff aus, der offenbar lediglich nachweisbare Spuren von Kokain in sich trägt. Mehr will das FBI dazu auf Anfrage nicht sagen.

»Ich verstehe Ihre Frage nicht: Wir verkaufen ja nicht alles. Waffen sind nicht erlaubt, Missbrauchsfilme mit Kindern auch nicht. Aber zu der Frage: Wie kann man bitte zu weit gehen, um die Menschheit aus ihrer Knechtschaft zu befreien? Wie kann man zu weit gehen, die Bürgerrechte, allen voran die Freiheit des Einzelnen, vor der Repression des Staates zu schützen?« – **Dread Pirate Roberts bei *Forbes***

Als wäre dies nicht schon unachtsam genug, begeht Ulbricht einen weiteren, schweren Fehler: Sein Kompagnon, der den Deal eingefädelt hat und dessen Adresse als Lieferanschrift fungierte, wird festgenommen. Ob er ebenfalls ein Strohmann ist, lässt sich nicht genau sagen. Ulbricht allerdings, so scheint es, zieht dies gar nicht ernsthaft in Erwägung.

Aus Angst, sein früherer Kompagnon würde nun beim FBI oder der Drogenbehörde DEA aussagen, und in der Annahme, dieser habe ihn mit dem Deal möglicherweise sogar betrogen, entscheidet sich Ulbricht abermals, einen drastischen Weg zu wählen: Er schreibt dem vermeintlichen Drogenlieferanten und tatsächlichen Undercover-Agenten am 26. Januar 2013: »Ich will, dass er zusammengeschlagen wird. Macht ihn fertig, ich will mein Geld zurück.«

Wie er darauf kommt, der FBI-Mann – also sein Neukunde – sei der Richtige für diesen Job, ist nicht zu rekonstruieren. Vielleicht geht Ulbricht aufgrund der großen Kokainmengen davon aus, es mit Leuten von größeren Kartellen zu tun zu haben, oder dass das hier einfach dazugehört. Einen Tag später hat es sich Ulbricht schon anders überlegt: »Könnt ihr den Auftrag in Mord umschreiben, nicht nur Folter?«, fragt er den Undercover-Mann. »Er weiß zu viel, er war zu nahe dran. Ich habe Angst, dass er redet«, so Ulbricht weiter. Dann fügt er noch an: »Ich habe noch nie so etwas gemacht, einen Mann umbringen lassen oder ihn selber gekillt. Aber ich glaube, dies ist jetzt der einzig richtige Schritt.« Wenn die Mitschriften seiner Gespräche mit *redandwhite* stimmen sollten: eine Lüge.

Am 5. Februar fordert Ulbricht ein Update von dem Job: »Wie

ist der Status?«, fragt er den FBI-Mann. »Könnt ihr mir vielleicht einen Beweis seines Todes geben – ein Video machen oder, wenn das nicht geht, Bilder schicken? Setzt ihn an den Computer, lasst ihn mein Geld zurückzahlen, und dann tötet ihn«, schreibt der *Silk Road*-Chef. Und: »Es ist mir übrigens auch wichtiger, ihn zum Schweigen zu bringen, als das Geld zurückzubekommen.«

Ulbricht vermutet also, dass der Ex-Mitarbeiter nicht verhaftet worden, sondern vielmehr mit seinem Geld durchgebrannt ist. Wäre Ulbricht ernsthaft davon ausgegangen, dieser sei verhaftet worden, hätte er wohl keinen Mord an ihm in Auftrag gegeben. Denn dann wäre sein Ex-Kompagnon im Knast oder auf Kaution frei. Jedenfalls unter Beobachtung. Der FBI-Agent antwortet Ulbricht: »Er ist da, aber Frau und Tochter dabei. Wir warten, bis er alleine ist. Dann gehen wir rein und foltern ihn.«

Dread Pirate Roberts: Lasst mich einfach wissen, wenn es mit ihm zu Ende geht.

Vier Tage später, was in Anbetracht der geforderten Folter eine ziemlich lange Zeit ist, meldet sich der Undercover-Agent wieder bei Ulbricht.

Agent: Wir sind noch dabei. Er ist noch am Leben, aber wird gefoltert. Unsere Leute sind gut, echte Profis. Sie werden ihn brechen.
Dread Pirate Roberts: Das sollte nicht schwer sein.

Am 16. Februar übersendet der FBI-Agent Ulbricht ein Foto, dass die Folter dokumentieren soll. Es ist von den Behörden gestellt. Ein Fake.

Dread Pirate Roberts: Okay, das macht mich ganz schön fertig, aber ich komme klar. Für mich ist so ein Auftrag neu. Aber ich glaube, ich hatte keine Wahl und habe das Richtige getan. Guter

Job! Ich werde auf euch zurückkommen, auch wenn ich hoffe, dies nie wieder tun zu müssen.

Dann ist der Deal abgeschlossen. Unter kompletter Mitschrift des FBI. Am 1. Oktober 2013 wird Ulbricht in der Uni-Bibliothek von San Francisco festgenommen.

Kaum vier Wochen, nachdem *Silk Road* vom Netz ist, dann die Meldung: *Silk Road ist wieder da – Silk Road* 2.0 sozusagen. Ein User namens *Libertas* verkündet das vollmundig. Das zweite *Silk Road* sei anders. Man habe aus den Fehlern gelernt, schreibt er. Er benutzt für diese Ansagen auch wahlweise den Account von Ulbricht, *Dread Pirate Roberts*. Es werde jetzt mehr auf Vertraulichkeit Wert gelegt, man komme nur noch mit Einladungscodes rein und neue Verkäufer müssten eine Gebühr entrichten. Die Macher von *Silk Road* 2.0 ziehen offenbar die Zäune hoch. Medienanfragen werden im Forum ignoriert, Gespräche weitestgehend schnell abgebrochen. Die Leute sind extrem vorsichtig, seit das FBI hier war und die erste Seite zerschlagen hat. Der Nimbus der vollständigen Anonymität, er ist in den Augen vieler hier gebrochen. Mit konkreten Anliegen, die den Verkauf und Handel betreffen, bleibt man unter sich und setzt auf Vertrauenspersonen – gefragt werden will man dazu schon gar nicht. Viele meiner Anfragen verlaufen nach wenigen Sätzen im Sand. Keine Antwort. *Silk Road* ist jedenfalls wieder online und macht Geschäfte. Allerdings – das darf angemerkt werden – dürfte es sich trotz allem um einen begrenzten Kundenkreis handeln, gerade, weil das Tor-Netzwerk nicht so stark frequentiert ist wie das normale Internet. Und nicht jeder findet den Weg hierher.

»Was meine persönliche Lieblingsdroge ist? Ich bevorzuge eine Schale voll mit dicken Cannabisblüten, *sticky indica*, am Ende eines langen Tages …« – **Dread Pirate Roberts bei *Forbes***

Im Dezember 2013 folgt der vorerst letzte Schlag gegen die Seidenstraße. Bei einer Operation seien drei Führungsmitglieder der Plattform inhaftiert worden und warten jetzt auf ihren Prozess. Unter ihnen offenbar: *Libertas*, der Admin, der sich angeschickt hatte, Ulbrichts Platz zu übernehmen. Zu laufenden Verfahren möchte sich die amerikanische Bundespolizei nicht äußern. Man übersendet auf insgesamt etwa zehn Fragen zu vielen ungeklärten Details nur eine Stellungnahme, die man mit der entsprechenden Vorbemerkung abgedruckt wissen will. Obwohl die Fragen explizit Fragen zu *Silk Road* sind, meldet sich nicht Tarbell, sondern ein vermutlich ähnlich betrauter Kollege. Wirklich Konkretes findet sich in der Antwort leider nicht.

»Die Meinung, die in diesem Text geäußert wird, ist die persönliche Meinung von Sonderermittler Herrick. Obwohl sie mit Genehmigung des FBI veröffentlicht wurde, ist dies keine offizielle Stellungnahme des FBI oder des US-Justizministeriums.«

»Das FBI und seine Sonderermittler sind mit der Wahrung der Werte betraut, die in der amerikanischen Verfassung festgeschrieben sind. Zu den grundlegenden Werten der amerikanischen Demokratie zählen die Rede-, Presse- und Religionsfreiheit sowie das Recht auf friedliche Versammlungen.

Wir nehmen diese grundlegenden Werte sehr ernst und setzen weltweit Maßstäbe bei der Wahrung dieser Werte […].

Allerdings gibt es auch Personen, die Programme wie Tor verwenden, um anonym zu bleiben, dies jedoch aus kriminellen Beweggründen tun. Viele Kriminelle nutzen die Anonymität von Tor, um Verbrechen zu begehen, die sie ansonsten möglicherweise nicht begehen würden. Dazu zählen Stalker, Pädophile, Erpresser und die Nutzer von Diensten wie Silk Road, die den illegalen Verkauf von Drogen und Waffen zum Ziel haben. Die Strafverfolgungsbehörden werden weiter hart gegen Personen vorgehen, die sich hinter der relativen Anonymität des Internets verstecken, wobei sie sich auf klassische Detektivarbeit in Kombination mit komplexer, neuartiger Technik verlassen. Niemand sollte je denken, dass das Internet ihn vor der Strafverfolgung krimineller Onlineaktivitäten schützen wird.«

So nichtssagend wie diese Erklärungen daherkommen, lässt sich doch festhalten: Das FBI scheint mit seiner Ermittlungsarbeit trotz Tor große Erfolge zu feiern. Aller Anonymität zum Trotz. Dies wird auch in deutschen Behördenkreisen so gesehen. Inwieweit all diese Erfolge tatsächlich auf klassische Ermittlungsarbeit zurückgehen oder doch eher durch korrumpierte Ex-Hacker, wie es der Fall Sabu zeigt, zustande kommen, bleibt fraglich. Fest steht, die Behörden haben sehr schnell aufgeholt und sehen sich gerüstet. Man werde es, so das Credo der Amerikaner, mit jeder technischen Hürde aufnehmen. Ideen, wie sie das umsetzen können, haben sie offensichtlich bereits.

BLEISTIFTVÖGEL

PGP: Wie man im Deep Web Kontakte knüpft

»Hallo«, schreibt *HelpGuy*. »Ich bin hier, um dir zu helfen.«

Seine Seite ist schmucklos, hässlich, aber durchaus effektiv. Aber wobei will mir *HelpGuy* helfen?

HelpGuy: Bei allem. Ich helfe dir, damit du im Tor-Netzwerk nicht abgezogen und übers Ohr gehauen wirst. Frag einfach mich, wenn du hier etwas machen willst. Und keine Sorge: Ich mag alle deine Interessen, Aktivitäten und Ideen. Wichtig ist nur, dass sie illegal sind oder halb-illegal. Hauptsache irgendwie verboten. Schmuggel, Handy- und Kreditkarten, Transaktionen, alles kein Problem.

Ich würde *HelpGuy* gerne schreiben und ihn fragen, ob er nicht mein Tor-Freund werden will. Ob wir zusammen nicht mal eine Postkutsche überfallen wollen. Aber das geht nicht. Ein großer Block aus lauter Zahlen und Buchstaben am Ende der Seite verhindert, dass wir in Kontakt treten können: der PGP-Schlüssel.

PGP steht für »pretty good privacy« und das wiederum ist eine Verschlüsselungsmethode für E-Mails. Die PGP-Verschlüsselung richtet man über eine einfache Software in seinem Mailprogramm ein. Das Programm dazu ist kostenlos.

Am Anfang ist es für Laien nicht ganz leicht zu verstehen, und die meisten von uns werden dabei Hilfe benötigen. Sogar Glenn Greenwald, der Snowden-Enthüller, soll anfangs keine Lust gehabt haben, sich das Programm einzurichten, als ihm ein merkwürdiger Unbekannter im Dezember 2012 eine unscheinbare Mail schrieb.

Unbekannter: Ich habe da etwas, das Sie interessieren könnte.

»Sehr vage«, fand Greenwald diese Ankündigung, wie er später dem Guardian-Kollegen Luke Harding erzählte. Der unbekannte Schreiber hatte nur eine Bedingung: Sein Adressat solle sich bitte PGP installieren. Greenwald sagte zu, unternahm dann aber erstmal nichts. »Es war einfach nicht auf meiner Agenda«, so der spätere Enthüller über das Verschlüsselungswerkzeug, das WikiLeaks und andere Investigative längst nutzten. »Und ich bin technisch leider auch nicht sonderlich versiert.« Wenige Tage später meldete sich der Unbekannte erneut.

Unbekannter: Haben Sie es eingerichtet?
Greenwald: Nein, ich brauche etwas mehr Zeit.

Greenwald soll zudem den Verdacht gehabt haben, schreibt Harding in *The Snowden Files*, dass der merkwürdige Unbekannte schlichtweg verrückt sei – irgendein Verirrter also.

Kontakte im Tor, aber auch in der Computerszene generell, werden meist über die mitgesendeten PGP-Schlüssel geknüpft: Wie man sich vorstellen kann, verschickt niemand im Tor-Netzwerk und gerade auf Seiten im *Hidden Wiki* Mails von seinem Privatkonto. Erstens möchte man in einem anonymen Netzwerk ja nicht seinen Namen oder Hinweise auf seine Adresse rausgeben und vor allem dann nicht, wenn einem einer bei allem hilft, egal was. Hauptsache illegal. Zweitens sind unverschlüsselte E-Mails bei diesen Geschäften und Gesprächen absolut unüblich und man fällt vermutlich sofort auf. Die Nerds und Hacker reagieren zudem oft gleichermaßen skeptisch und verschlossen auf Presseanfragen: Journalisten sind nicht ihre Welt. Weil Journalisten verkürzen müssen, Zeitdruck haben. Hacker sind aber an der umfassenden Antwort interessiert, an der sachlich richtigen. Nicht an pauschal verkürzten Statements, die griffig sind. Insofern unterscheidet sich die Welt von Journalisten auch sehr von der der Hacker. Dabei geht es auch darum, dass der potenzielle Gesprächspartner nicht unbedingt mit einem Journalisten »gesehen« werden möchte. Man schützt nicht nur sich, man schützt auch den anderen.

Unbekannter: Haben Sie es jetzt eingerichtet?
Greenwald: Noch nicht.

Daraufhin soll Snowden, da mittlerweile Wochen vergangen waren, vermutlich gleichermaßen über die Inkompetenz und Hinhaltetaktik so frustriert gewesen sein, schreibt Harding, dass er Greenwald eine Videoanleitung anfertigte. Die wiederum stellte er bei YouTube ein und schickte dem Journalisten den Link. Snowden selbst war auf dem Video natürlich nicht zu sehen: »Ich sah nur Grafiken und den Bildschirm. Er war sehr vorsichtig«, erinnert sich Greenwald später.

Ich versuche, mit einer Hand den Tesafilm und das Stück braune Pappe vom Schrank zu greifen. Aber ich komme kaum mit den Fingerspitzen dran. Ein Stück noch. Komm schon. Als ich es erreiche, ziehe ich einen langen Streifen Tesa ab, setze die Pappe mittig darauf und klebe beides über die Kamera meines Laptops. Schluss mit der Überwachung, Freunde, denke ich.

»Ich wollte es wirklich einrichten«, erklärt Greenwald, »ich arbeite ja auch viel mit Hackertypen zusammen. Aber irgendwie ist es nicht ganz oben auf meiner Prioritätenliste gelandet.« Denn es war natürlich nicht die einzige Aufgabe, die Greenwald auf dem Schreibtisch hatte.

Monate später, in Hongkong, merkte der Journalist dann: Es muss Edward Snowden gewesen sein, der mit ihm in Kontakt hatte treten wollen. »Ich kann nicht verstehen, dass Sie es nicht installiert haben«, sagte dieser frustriert. Snowden empfand dies als respektlos, wollte er doch sein Leben riskieren, seine Familie in Gefahr bringen, sich als Whistleblower für die Sache opfern. Und der Typ, dem er sich anvertrauen wollte, installierte nicht mal ein dämliches Programm. Seinem Frust hatte er zuvor, als Greenwald wieder nicht reagierte, Ausdruck verliehen.

Unbekannter: Ich bin ein erfahrener Mitarbeiter des Geheimdienstes. Ich glaube nicht, dass es Zeitverschwendung ist, mit mir zu sprechen und sich die Verschlüsselung einzurichten …

Im Grunde ist das Einrichten einer Software, die Mails verschlüsselt, gar nicht so schwer: Das PGP-Programm wird installiert und heftet sich an das externe Mail-Programm an. Dann steht oben in der Leiste beim Mailclient so etwas wie »Open PGP«. Dann habe ich die Wahl, ob ich ein bestimmtes oder gleich mehrere meiner Postfächer verschlüsseln möchte.

Wenn ich jetzt eine Mail schreibe, öffnet sich das Programm vor dem Abschicken und fragt, ob ich diese Mail verschlüsseln möchte – oder jetzt gerade nicht. Denn Verschlüsseln geht nur mit jemandem, der auch verschlüsselt. Das Programm generiert anfangs, beim ersten Ausführen, zwei Schlüssel – das sogenannte PGP-Schlüsselpaar. Einen für mich (den privaten Schlüssel) und einen für meinen Empfänger (den öffentlichen Schlüssel).

Während mein Schlüssel geheim bleibt, nämlich bei mir auf dem Rechner, versende ich den anderen, den öffentlichen Schlüssel, an den Empfänger meiner Mail oder hinterlege ihn da, wo dieser ihn findet. Zum Beispiel auf Servern für öffentliche PGP-Schlüssel. Digitale Telefonbücher quasi. Dort findet man dann auch die Schlüssel anderer Personen, wenn sie hinterlegt sind. Ich gebe in einen Schlüsselserver den Namen meines Kontaktes ein, ist dieser dort hinterlegt, zeigt er mir den dazugehörigen Schlüssel. Diesen Schlüssel importiere ich in mein Mailprogramm. Er ist der offene Schlüssel, den man an seine Kontakte rausgibt, etwa wenn man jemandem seine Adresse verrät. Den geheimen Schlüssel meines Kontaktes hat nur er. Nachdem ich fertig geschrieben habe, verschlüssele ich die

Mail mit dem Schlüssel, den ich von ihm habe – der zum Wiederöffnen der Mail nicht geeignet ist. Dafür braucht er seinen geheimen Schlüssel. Nun kann mein Adressat die Nachricht öffnen und außerdem überprüfen, ob wirklich ich diese Mail geschrieben habe. Es ist nämlich meine Kennung darin. Er öffnet die Nachricht mit seinem privaten Schlüssel, schreibt zurück, verschlüsselt sie vorher mit meinem öffentlichen Schlüssel – den ich ihm entweder geschickt habe oder den er auch vom Schlüsselserver hat –, und nur ich kann dann diese Mail wiederum öffnen.

Jetzt bleiben die Inhalte der Mail unter uns. Allerdings nicht die Metadaten: also das, was im Betreff steht – daher sollte dort nichts von Relevanz stehen –, und auch die Verbindungsdaten nicht. Die Mail ist von mir, das kann man an der Kennung sehen, und an wen sie geht auch. Aber: Kommt mir das Passwort zu meinem Schlüssel abhanden, kann jemand meine gesamte E-Mail-Vergangenheit damit öffnen – und so im Nachhinein alles entschlüsseln.

Aber der Inhalt ist erstmal geschützt: Das ist nicht nur praktisch, es sieht auch ziemlich cool aus, wenn sich die Mail vor dem Versenden in wirre Zahlen und Buchstaben verwandelt.

Beim Adressaten öffnet sich dann ein Fenster, das besagt, er solle das Passwort, das wiederum seinen privaten Schlüssel schützt, eingeben. Weiß er dies, öffnet er die Mail damit – und so wird aus matrixhaftem Zahlensalat wieder Reinschrift. Man fühlt sich schon beim ersten Öffnen einer solchen Mail so, als sei man britischer Funker, alles um einen herum wäre schwarz-weiß und man habe soeben die Enigma geknackt und eine geheime Depesche der Wehrmacht abgefangen. Man sollte das einfach mal ausprobiert haben. Ich habe erst für die Arbeit an diesem Buch damit angefangen und seitdem auch nicht mehr aufgehört. Auch wenn es anfangs etwas kompliziert war.

Zu dem Zeitpunkt, als ich dieses Buch schreibe und hier am Schreibtisch sitze, hat der amerikanische Geheimdienst NSA diese Verschlüsselung offenbar noch nicht geknackt. Oder nicht vollständig. Oder vielleicht doch? Jedenfalls: Wie dies in Zukunft aussieht, ist wegen der raschen Entwicklung schwer zu sagen. Aber die Schlüssel werden von den Kombinationsmöglichkeiten der Verschlüsselung auch immer größer, komplexer und damit besser: Reichten vor Jahren noch Schlüssel im dreistelligen Bit-Bereich, sind es heute vierstellige Schlüssel. Die Schlüssel wachsen also mit. Je höher die Bit-Anzahl des Schlüssels, desto sicherer ist er. Man sollte also ein Auge darauf haben, was für einen Schlüssel man benutzt. Mit einem uralten Schlüssel zu verschlüsseln, ist wie mit schlammigen Schuhen in die schicke neue Designer-Wohnung mit Echtholzparkett zu stampfen und zu sagen: »Moin!«.

Weil Greenwald nicht in die Gänge kam, wandte sich Snowden an Laura Poitras, eine bekannte und renommierte Filmjournalistin, die gleichzeitig eine Freundin von Greenwald war. »Ich wusste zuerst gar nicht«, erinnert sie sich, »ob das jetzt echt oder eine Falle war.« Sie stand vor der Wahl, so Poitras. »Aber es fühlte sich echt an.«

Poitras: Ich weiß nicht, ob Sie echt sind, verrückt oder mir eine Falle stellen…
Unbekannter: Ich werde Sie nichts fragen. Ich werde Ihnen nur Dinge erzählen.

Sein Ton sei immer sehr sachlich gewesen, meint Poitras. »Seine Ausführungen lasen sich wie ein Thriller. Dann gab es aber auch Momente mit viel Humor.« Einmal habe Snowden gesagt, Poitras solle ihr Mobiltelefon in das Gefrierfach stecken – das sei schalldicht.

Möglicherweise war das nie als Witz gemeint.

Poitras, die bereits viele sehr kritische Arbeiten über die US-Regierung angefertigt und veröffentlicht hatte, schreibt Harding, sei damals schon »sehr paranoid« gewesen. Sie vermutete einen Plot, den die US-Regierung gegen sie schmiedete.

Vieles verändert sich, wenn man sich lange in dieser Szene aufhält, über die Leute hier liest und recherchiert. Vor Kurzem habe ich ein Video-Interview mit einem externen Geheimdienstler gesehen. Im Hintergrund, auf einem schrecklich konventionellen amerikanischen Bürotisch, stand sein Arbeitslaptop. Die Kamera war abgeklebt.

Ich habe beschlossen, das Gleiche zu tun. Es ist erstens kein großer Aufwand und zweitens sind auch meine Mails verschlüsselt. Also warum diesen Schritt nicht mitgehen? Aber mit jedem Schritt, den ich gehe, nimmt auch meine Verfolgungsangst zu.

Seit der Geschichte mit *Silk Road* und dem FBI denke ich ständig an die Stelle aus *Alice im Wunderland* mit dem Walross und dem Zimmermann. Beide waren gut befreundet. Das Walross fischte, weil es schwimmen konnte, dem Zimmermann händeweise Austern aus dem Wasser. Dabei hatte die Mama ihre kleinen Austern vor dem fremden Tier gewarnt. »Geht nicht weg«, hatte sie gesagt. Aber das dicke Walross hatte den kleinen Austern derart geschmeichelt und von der großen, weiten Welt erzählt, dass sie am Schluss natürlich alle mitgegangen und auf dem Teller gelandet waren.

Der Zimmermann, fleißig wie er war, baute für sich und das Walross schnell einen hölzernen Unterstand, der wie ein maritimes Café aussah. Dann holte er aus der Küche Salz und Pfeffer, köpfte eine Weinflasche, schnitt etwas Brot und bereitete leckere Kräuterbutter zu. Als er zurückkam, fand er das Walross weinend vor. Und vor ihm nur noch leere Austernschalen. »Ich bin untröstlich«, seufzte das braune Tier und schnäuzte in sein Taschentuch. Der Zimmermann rieb sich die Augen: Hatte sein Freund die ganzen Austern gefuttert – alleine, während er in der Küche gestanden hatte? Das Walross wollte alles erklären, sagte es noch, aber der Zimmermann glaubte seinem alten Freund nicht mehr, nahm den Hammer vom Tisch und ging auf ihn los. Vor Wut, Frust und tiefer Enttäuschung.

Die Geschichte von Walross und Zimmermann passt perfekt zum Tor-Netzwerk: Du weißt nicht, wer hier wer ist, wem du vertrauen kannst. Du weißt nicht, wer vielleicht ein Agent ist. Oder ob es die hier wirklich gibt. Die FBI-Geschichte legt den Verdacht jedenfalls sehr nahe. Aber man weiß es nicht. Auch bei einem versuchten Drogenhandel weißt du nicht, wer dich hier gerade betrügt und wer gleich mit deinen Austern abhaut. Das FBI hat eindrucksvoll gezeigt, dass es mit technischen Mitteln zu Ermittlungsarbeiten im anonymen Netz in der Lage ist. Spätestens seit das FBI mit dem BKA den anonymen Speicherplatzanbieter *Freedom Hosting* wegen massenhafter Speicherung und der Zurverfügungstellung von Kinderpornografie gesprengt hat, ist es leicht, den Glauben an die Möglichkeit eines sicheren anonymen Netzes zu verlieren. Das Problem: Mit dem Vertrauen, das tatsächlich bei vielen verloren ging, kamen Zweifel an der Technik auf. Dies führte dazu, dass viele (illegale) Händler das Deep Web erstmal wieder verließen. Dissidenten und Oppositionelle aber hatten Ansprechpartner, standen mit Tor-*exit node*-Betreibern oder Computerspezialisten in Kontakt, die ihnen sagen konnten: Mach dir keine Sorgen, das Netz ist noch sicher. Glaub nicht, was in der Zeitung steht. Die Taktik der US-Behörden, sie schien aufzugehen.

Besonders deutlich machte dies die Beschlagnahmung bei *Silk Road*: Nahezu alles an kriminellen Angeboten im *Hidden Wiki* verschwand innerhalb kürzester Zeit oder tauchte zunächst für einige Tage ab – einschließlich des *Hidden Wikis* selbst. Man konnte dabei zugucken, wie die Seiten im Rhythmus weniger Tage aus dem Tor-Netz verschwanden. Wie sich die Reihen lichteten. Das FBI hatte seinen Achtungserfolg. Die Nutzer waren tief verunsichert und hielten das gesamte Netz für korrumpiert. Die Amerikaner freuten sich sicher diebisch: Immerhin war die Strategie, plötzlich wie aus dem Nichts aufzutauchen, die Polizeisirenen bis in die untersten Höhlen des Deep Web schrillen zu lassen und die Leute dann sich selbst zu überlassen, aufgegangen. Niemand konnte jetzt mehr wissen, wo die Agenten waren und wo sie zuschlagen würden. Keine Seite war per se mehr sicher. Eine perfekte Strategie der Tarnung und Täuschung.

Obwohl ich in weniger brisanten Gefilden unterwegs bin als Edward Snowden, beginnt, sobald Wahrheit und Täuschung nicht mehr auseinanderzuhalten sind, irgendwann die Paranoia. Tiefe Paranoia. Auch mein Umfeld wird zunehmend nervös.

Das Deep Web ist ein merkwürdiger Ort, der diejenigen, die ihn aufsuchen, so schnell nicht mehr loslässt. Das Deep Web ist durchaus ein dunkler Ort, den man geheim halten möchte und muss, ein Ort, der einem selbst nicht ganz geheuer ist. Er hat etwas Magisches. Und das liegt nicht einmal daran, dass dort Drogen, Waffen und geklaute Computerspiele angeboten werden, Killer und Kreditkartenbetrüger ihre Dienste veräußern, nein, das Deep Web ist so unheimlich, weil man nie weiß, was gerade wirklich passiert, sich nie sicher sein kann, mit wem man gerade spricht. Irgendwie hat man immer diesen Konflikt im Nacken: Für jeden abgewickelten, kriminellen Deal sprach vielleicht ein Dissident mit Journalisten. Wenn man das Deep Web mit dem normalen Internet vergleicht, ist es ein ausgestorbener Ort. Kaum Betriebsamkeit, keine Hektik, keine bunten Farben und Bildchen, nirgendwo die sonst ständig aufploppenden Pop-ups, lange Ladezeiten. Das gefällt mir gut. Aber wie in einer Geisterstadt stellt sich schnell das Gefühl ein, beobachtet zu werden. Bis eines Tages klar wird, dass es genau umgekehrt ist. Dass gerade das Deep Web der einzige digitale Raum ist, in dem man für sich sein kann. Im World Wide Web hingegen, da sieht immer jemand zu, sei es nun Google, Facebook, die Geheimdienste, irgendjemand sammelt immer die eigenen Daten und versucht sie möglichst gewinnbringend einzusetzen. Jaron Lanier hat es in *Wem gehört die Zukunft* allzu deutlich gezeigt. Wir sind nicht allein – und wir sollten das wissen. Wir tragen alle unsere Bewegungen und Wünsche, unsere Interessen, Handlungs- und Denkweisen an einer großen, für jedermann sichtbaren weißen Wand ein. In riesigen Buchstaben.

Auch, wenn ich versuche, diesen Gedanken immer wieder abzutun, ihn lächerlich und relativ erscheinen zu lassen, die Erkenntnis dahinter ist mindestens so bedrückend wie Orwells Szenario. Vor allem deshalb, weil es keinen zu interessieren scheint, der nicht Computerexperte ist. Die dunkle Seite des Internets ist das World Wide Web, aber man muss offenbar zuerst ins Deep Web gehen, um das als Laie auch zu erkennen.

Wenn ich über die Recherche spreche, stelle ich inzwischen mein Mobiltelefon ab. Ich versuche, die Verwendung meiner EC- und Kreditkarte zu vermeiden, und ich schreibe kaum noch unverschlüsselte Mails, auch WhatsApp liegt verwaist im Speicher meines Smartphones.

Dazu ruft mich Tom zwischendrin aufgeregt an und berichtet, nachdem ich ihn über das FBI und die *Silk Road* informiert habe, fehle ihm eine Mail. Es ginge um ein Cover, das er per Mail an die Autorin habe versenden wollen, ein Buch über die RAF, das im Herbst erscheinen soll. Der Titel: »Schweinesystem«. Es ist weg, sagt Tom. Einfach so. »Wenn ich der Autorin schreibe, kommt alles an. Aber jedes Mal, wenn ich das Cover zu diesem Titel anhänge, dann verschwindet es irgendwo zwischendrin. Es kommt einfach nicht bei ihr an. Die denken vielleicht, ich versuche, Codes in Bildern zu verstecken, damit sie nicht so einfach auszulesen sind, was weiß ich.« Die Paranoia hat auch ihn angesteckt, wenngleich auch mit der für ihn typischen Begeisterung über jede Art von sich anbahnender Sensation.

Die Hacker, die ich kenne, lächeln nur, wenn ich ihnen von meiner Gemütslage erzähle; dass ich dabei zusehen kann, wie es mit mir steil bergab geht. Sie lachen und sagen aufbauend: »Siehst du. Jetzt wirst du sehend. Du wachst auf. Es ist aber keine Paranoia, es ist wie über die Straße zu gehen: Wenn du weißt, was alles passieren kann, wenn du zum Beispiel angefahren wurdest, dann wirst du vorsichtiger. Das ist alles.« Einer berichtet mir, sein Professor habe mal zu ihm gesagt: »Wenn ich nur Sie kennen würde, würde ich Sie für paranoid halten. Da ich aber weiß, dass es viele von Ihnen gibt, die genauso denken, bin ich es, der paranoid wird.«

Aber ich will eigentlich auf keine der beiden Seiten wechseln, weder möchte ich paranoid, noch sehender Aktivist werden. Denn, und das ist der Unterschied, ich bin trotz allem noch längst kein Hacker, der sich mit Fallstricken auskennt und weiß, was im Falle des Falles zu tun wäre. Der die Lage einschätzen kann. Ich, so viel ist sicher, bin nur ein gewöhnlicher Benutzer mit erkennbar unzureichendem technischen Verständnis. Immerhin bin ich mir über meine Unzulänglichkeiten inzwischen im Klaren.

Und ich kämpfe jeden Tag dagegen an. Ich sage mir: Du wirst nicht mehr paranoid sein, hörst du? Und im nächsten Moment höre ich mich zu einem meiner besten Freunde sagen, während er gerade Musik vom Laptop laufen lässt, er möge bitte »den Bildschirm runterklappen«, damit »uns die Kamera nicht sieht«. Dann lächle ich nervös, irgendwie ertappt und schiebe ein »Warnureinscherz, Mann« hinterher. Aber es ist kein Scherz. Und das merkt man mir an.

In den Blicken meiner Freunde sehe ich, was sie denken: Was ist mit dir passiert, Alice? Ich habe mich entfremdet, meine Welt, die Dinge, mit denen ich mich beschäftige, sind in den Augen meiner Freunde schon so paranoid, dass es ihnen oft gar nicht möglich ist, meine Lage irgendwie nachzuvollziehen. »Mach dir doch nicht immer so einen Kopf, wer interessiert sich schon für deine Daten?«, sagen sie. »Du bist doch gar nicht wichtig genug.« Aber ich kann das nicht mehr glauben, ich kann nicht mehr einfach so zurück.

Es geht mir wie Alice auf dem Stein: Alleine im Wald, ohne den Weg zu kennen. Umringt von merkwürdigen Geschöpfen und Orten, die auf keiner Karte verzeichnet sind. Ich weiß: Gehe ich weiter und bleibe hier nicht sitzen, werde ich mich wahrscheinlich im Wald verirren und bereuen, jemals aufgebrochen zu sein.

Aber gleichzeitig quält mich die Sorge: Gehe ich nicht weiter, werde ich nie eine Antwort darauf bekommen, wie die Dinge nun tatsächlich aussehen in der anonymen Welt, nie einschätzen können, wie viel davon aufgebauschte Legenden sind und woraus der wahre Kern besteht. Außerdem ist klar: Wenn ich hier sitzenbleibe, werde ich auf ewig im Wald festsitzen, und keiner wird mich holen kommen. Das ist auch keine Alternative.

Ich erstelle mir also eine Mailadresse bei einem Anbieter, der E-Mails nur im Tor-Netzwerk verschickt, und schreibe *HelpGuy*: »Wollen wir vielleicht mal eine Postkutsche überfallen?« Aber keine Antwort. Mir dämmert: Wenn ich wissen will, was die Wesen mir hier unten im Wunderland mitzuteilen haben, muss ich Verschlüsselung lernen. Richtige Verschlüsselung. Von einem Experten. Ich muss lernen, ihre Sprache zu sprechen. Denn *HelpGuy* und die anderen melden sich nicht. Ich bin noch zu erkennbar der Tourist, der inmitten vorbeigehender Passanten mit ausgebreiteter Karte und Fotoapparat dasteht und nach dem Weg fragt.

Wenn ich Verschlüsselung kann, da bin ich sicher, werde ich eines Tages auch zurückfinden in die normale Welt. Nach Hause, zurück auf die grüne Wiese. Ich stehe auf, putze den Schmutz von meinem weiß-blauen Wunderlandkleid ab und gehe, einen Schritt vor den anderen, weiter in den Zauberwald.

Vor mir steigen aufgeregt schnatternd kleine Bleistiftvögel ins schwarze Wasser.

IN DER WOHNUNG DES KANINCHENS

Waffenhändler und Totengräber: Wie Killer und Schmuggler Geschäfte machen

Unter der Hand hat man mir gesagt, hier würde niemand mit mir sprechen, solange meine Mails nicht verschlüsselt seien. Und über Mails werde sowieso wenig kommuniziert.

Daher installiere ich mir noch einen kleinen Kommunikator-Client, mit dem ich Nachrichten in Echtzeit verschlüsselt austauschen kann. Dann schreibe ich meine Kontakte an. Und siehe da: Die Verschlüsselung wird sehr begrüßt, nach und nach öffnen sich langsam Türen, die zuvor verschlossen waren. Es ist ungefähr die Situation, als Alice den zweiten Keks isst, zehn Meter groß wird und mit dem Kopf durch das Dach der Baumwipfel schlägt. Vögel flattern auf, ein Überblick stellt sich ein.

One pill makes you larger,
And one pill makes you small,
And the ones that mother gives you,
Don't do anything at all,
Go ask Alice,
When she's ten feet tall. – **Jefferson Airplane, White Rabbit**

Ein Mail-Webclient ist das Ding, mit dem man sich im Web in die Mails einloggt, kein auf dem Computer installiertes Programm, damit schreibe ich dem Tor-Waffenlieferanten *Executive Outcomes* nun eine verschlüsselte Mail.

Ich: Hallo. Ich bin Walter. Kann ich euch eine Frage stellen, auch wenn ich keine Waffe kaufen möchte?

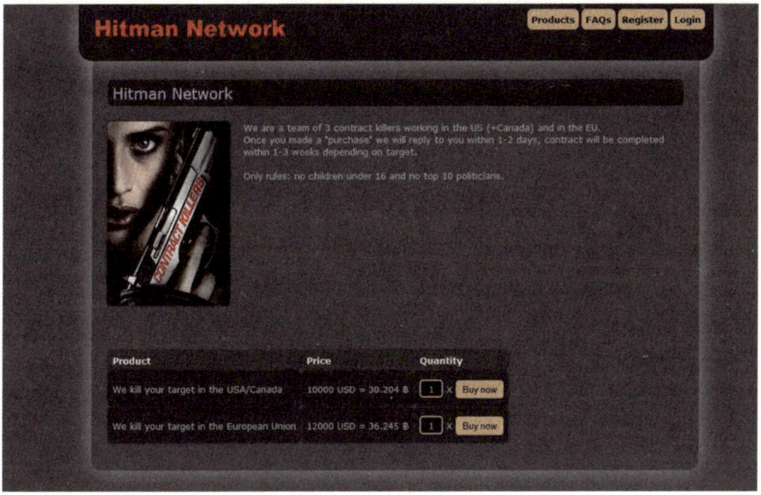

Executive Outcomes: Klar doch. Ich bin übrigens John.
Ich: Hi John. Ich überlege, selbst einen *hidden service* aufzumachen. Lohnt sich das Geschäft – ich meine, ihr habt ja auch einen richtigen Laden?

Keine Antwort.

So lief es bisher fast immer ab: Eine Frage, egal ob zu einer »Dienstleistung« oder zu Tor im Allgemeinen, dann Schweigen.

Ein weiterer Versuch.

Ich gehe auf die Seite von *Old Man Fixing Fixer's Service*. Eine graue, hässliche Seite mit unendlich viel Text. Nun meint *fixing* in diesem Fall offenbar nicht, sich eine Nadel in den Arm zu schieben, sondern das Reparieren und in Ordnung Bringen von Dingen, allen möglichen Dingen.

Old Man scheint ein komischer Kauz zu sein. Wie die Typen, die man nachts vor Rotlichtbars sieht und daraufhin rasch seine Schritte beschleunigt. Mir aber ist in meiner Situation jede Gesellschaft recht. Schon als ich die krude und dunkle Seite öffne, kommt es mir so vor, als wäre ich aus Versehen in das Hinterzimmer eines Cafés gestolpert und hätte zwei Typen, die im Schein einer niedrighängenden Lampe am Tisch sitzen, beim Pokern gestört. Im Hintergrund wetzt einer sein Messer, bevor er seiner mannshohen Dogge einen Apfel schneidet.

»Ich biete folgende Dinge an«, schreibt *Old Man* auf seiner Seite.

- Geldwäsche (Bitcoin und Bank-Transfers)
- Offshore-Bankkonten
- Insider-Handel (Aktien etc.)
- Steuerhinterziehung
- Geldfälschungen
- Drogen (sowie Samen)
- Laborequipment (Herstellung von chemischen Drogen)
- Alle Formen von Unterlagen und Dokumenten (Führerscheine, Geburts- und Heiratsurkunden, Universitätsabschlüsse)
- Illegale Scans sehr seltener Bücher
- Hacking
- Malware (Entwickeln von Trojanern und anderer Software zum Ausspähen von Computern)
- Exotische Haustiere
- Korrupte Agenten, Steuerfahnder und andere »Offizielle«
- Snuff-Filme (Videos, in denen Leute live vor der Kamera gequält und getötet werden)
- Sklaven

Old Man muss ein ziemlicher Crack sein, handwerklich begabt, einschlägig bekannt – oder er hat einfach viele gute Kontakte. Vielleicht ist er auch mehrere Typen gleichzeitig? Ich schreibe ihm, dass ich an Sklaven und exotischen Haustieren interessiert sei. Ich wolle wissen, welche er mir bieten könne. Vor allem interessiere mich, ob es Sex- oder Arbeitssklaven sind, die er vermitteln kann. Ich warte Wochen auf eine Antwort. Aber es kommt keine – vielleicht, weil es zu gefährlich ist, mit Leuten »über Geschäfte zu sprechen«, die man nicht kennt. Oder die sich anhand ihrer Wortwahl von den anderen Wesen hier zu deutlich unterscheiden.

Die Bleistiftvögel an sich sind merkwürdige Geschöpfe wie alle

Geschöpfe, die sich hier unten im Wunderland tummeln. Viele von ihnen wirken, als hätte sie jemand auf Beta-Blockern gezeichnet: Sie sind schwammig, kaum fassbar, seltsame Kreaturen mit noch seltsameren Formen.

Eine der seltsamsten und damit zugleich bemerkenswertesten Geschöpfe hier nennt sich nicht beim Namen – aber der Ort, wo dieses Etwas wohnt, nennt sich *Unfriendly Solutions*. Unfreundliche Lösungen. Eine Seite bei *Hidden Wiki*, die schon zigmal durch sämtliche Medien gegeistert ist. Die Seite eines Killers im Tor-Netzwerk. Nicht die einzige, es gibt noch zwei bis drei weitere (siehe Abb.), allerdings lässt keine davon annähernd so tief blicken.

Wenn man diesen Ort besucht, wäre es schön für ein Buch, schreiben zu können, dass Nacht ist und »der Regen gegen das Fenster peitscht«. Das wäre schön dramatisch. Denn in der Tat ist für jemanden, der diese Seite zum ersten Mal sieht, plötzlich ein grauer Schatten da. Etwas zutiefst Beunruhigendes, auf das man völlig unverhofft stößt. Kurzum: Das Ding, das nicht sein durfte.

Unfriendly Solutions beschreibt seine Dienstleistungen so: »Zum Ablauf: Du sendest uns einen Kontakt von jemandem, den du aus dem Weg geschafft haben willst. Wir brauchen eine Adresse, ein Foto der Zielperson, persönliche Infos wie Name, Alter und wann die Person zu Hause bzw. nicht zu Hause ist, als was sie arbeitet (und wann) und ob sie alleine lebt oder mit anderen. Dann schreibst du, wie du die Person neutralisiert wissen möchtest: Wir können da eine Menge diskutieren, ich mache fast alles – von einem simplen Schuss zwischen die Augen bis zum Töten mit bloßen Händen. Das ist natürlich eine Preisfrage.« Der Preis könne vorab kalkuliert werden, damit ein unnötiges Risiko vermieden wird, schreibt der vermeintliche Killer. »Ich möchte mein Geld haben und du die Sicherheit. Als Anhaltspunkt sage ich mal: Der Preis für das Neutralisieren einer nicht behördennahen Person, also keines Polizisten oder Richters, sondern normalen Bürgers liegt pro Kopf bei 7000 bis 15 000 US-Dollar.« Man habe dafür eine vollständige Preisliste, die man auf

Anfrage versenden könne. Zusatzkosten entstünden durch Visa-Unterlagen bei der Reise, Hotelkosten für Übernachtungen, Munition sowie den Kauf von speziellen Waffen, falls nötig.

»Wir machen nichts mit *escrow*, akzeptieren also keine Mittelsmänner, die das Geld aufbewahren. Die Hälfte gleich, die andere nach Beendigung des Jobs. Keine Dritten. Wenn du das Opfer persönlich kennst, wirst du von einem Unfall hören und wissen, dass wir zu Ende gebracht haben, womit du uns beauftragt hast. Kennst du das Opfer persönlich nicht, und auch keine seiner Angehörigen, so können wir vereinbaren, dir ein Foto der Leiche zu schicken. Das kostet aber 500 Dollar extra. Ich filme meine Taten grundsätzlich nicht, auch nicht auf Anfrage. Die Praxis hat gezeigt, dass schon ein kleiner Fehler ein hohes Risiko für mich darstellen kann, erkannt zu werden.«

Ein recht bekannter Blogger (*All things Vice*), der auch viel zum Deep Web arbeitet, hat ein vermeintliches Interview mit einem Killer geführt. Dabei, schreibt er, sei aber nie klar geworden, ob es sich um einen echten Killer, einen FBI-Agenten oder einfach einen Betrüger handelte.

Blogger: Könnt ihr jemanden in Australien für mich umlegen, meinen Ex-Mann? Er ist ein Pädophiler und darf unser gemeinsames Kind noch sehen, weil das Gericht es nicht verboten hat. Nun habe ich Angst.
Killer: Wir würden den Job sehr gerne übernehmen. Dazu brauchen wir eine Halb-Halb-Vereinbarung – die Hälfte jetzt, die andere am Ende. Wir können uns dafür treffen oder du zahlst in Bitcoins.
Blogger: Woher weiß ich, dass ihr nicht einfach mit der ersten Hälfte abhaut – können wir vielleicht *escrow* machen?
Killer: Ja, können wir auch. Aber nur für die erste Hälfte. Wir brauchen Geld für Hotel, neue Pässe und sonstige Kosten. Wir können die erste Anzahlung auf die Reise reduzieren. Aber die zweite Hälfte wird dann face-to-face fällig. Bei einem persönlichen Treffen.

Blogger: Sind Pässe und Hotel in den 20000 Dollar schon drin, oder kostet das extra? Und wieso eigentlich ein persönliches Treffen? Ich dachte, das laufe anonym?
Killer: Reise und Pässe kosten dich etwa 2000 Dollar. Wir können auch eine erste Anzahlung vereinbaren, die direkt an uns geht. Und den Rest hinterlegt in *escrow* akzeptieren.
Blogger: Wie geht es dann für mich weiter?
Killer: Du schickst uns ein Foto und die letzte gültige Adresse, damit wir die Zielperson finden können. Alles Weitere dann danach, falls wir noch Fragen haben sollten.
Blogger: Das scheint mir riskant. Ich brauche eine Fake-ID, einen Fake-Account für die Überweisung. Dann habt ihr das Geld und ich später das Nachsehen, wenn ihr damit abhaut.
Killer: So ist das Leben. Das ist dein Risiko, wenn du eine solche Lösung haben möchtest. Wir können nur sagen, dass wir viel Erfahrung damit haben.

Um mit *Unfriendly Solutions* in Kontakt zu treten, bedarf es nicht nur einer Verschlüsselung, einer Tor-Mail, eines falschen Namens oder sonst wie anderer Vorkehrungen. Ich brauche einen Experten – jemanden, der mir sagen kann, wie ich mein System lückenlos anonym bekomme. Nicht, dass mein Virenprogramm oder ein laufender Hintergrundprozess meine Identität preisgibt. Eine sehr gruselige Vorstellung.

Als Alice im Haus des Kaninchens feststeckt, weil sie den Keks gegessen hat und so groß geworden ist, dass ihre Arme durch die Fenster und ihre Füße durch die Türen des kleinen Gebäudes reichen, gerät der Hauseigentümer, das weiße Kaninchen, als es nach Hause zurückkehrt, in Panik. Es schreit, gestikuliert wild und ruft den Dodo, der gerade mit seiner Pfeife spazieren geht. Er solle »den Riesen aus dem Haus treiben«. Weil der Dodo es aber alleine nicht kann – und sich vermutlich auch nicht traut –, ruft er die Eidechse mit der Leiter zu Hilfe. Warum ich das schreibe? Meine Eidechse wohnt in Berlin und kann mir vermutlich helfen mit meinem Problem: Simon ist ein guter Freund, selbst Hacker und Bastler sowie ausgebildeter Informatiker. Außerdem hat er Bock auf solche Sachen, ohne mich anschließend schief anzugucken. Und er weiß durch die Thematik auch, als einer der wenigen, dass meine Paranoia nicht einfach eine Geistesstörung ist, sondern einen nachvollziehbaren und gerechtfertigten Ursprung hat.

DIE EIDECHSE MIT DER LEITER

Tails – (fast) so anonym wie Edward Snowden

»Was machst du da eigentlich die ganze Zeit?«, fragt Simon und reicht mir ein Stück Pizza. Seine Wohnung ist kalt. Keine 18 Grad. Simon sagt, die Heizung sei vor Kurzem ausgefallen. Von einem Tag auf den anderen. Ich lehne dankend ab. Aber die angebotenen Hausschuhe nehme ich gern.

»Ich versuche, Leute anzuschreiben«, sage ich. »Und danke, Simon«, sage ich und zeige auf meine Füße. »Das ist wirklich zu liebenswürdig von dir!«

»Keine Ursache«, gibt er nickend zurück und trägt den Teller mit Pizzastücken an seinen Platz. Sein Platz, das ist vor dem Computer. Umringt von Fachbüchern und Zetteln, einem alten Notebook und etwas Krimskrams. Simon ist Hacker. Ein Freund von mir ist er auch, aber für dieses Buch: Hacker. Er würde sich selbst garantiert nie so bezeichnen, aber das tun die meisten nicht oder nur ungern. Simon ist gelernter Informatiker und seine neueste Errungenschaft ist ein Regal aus Skateboards, das er sich an die Wand montiert hat. Jemand sagte mal: »Ein Hacker ist jemand, der versucht, einen Weg zu finden, wie man mit einer Kaffeemaschine Toast zubereiten kann«. Simon hat das sicher schon mal versucht. Und damit ist er in diesem Fall auch meine Eidechse mit Leiter. Er kann mir helfen, hat er gesagt. Und dann zu einem umständlichen Monolog über Betriebssysteme ausgeholt.

Kehren wir noch mal zu den Ereignissen um Edward Snowdens Enthüllungen zurück. Laura Poitras war vor Snowden schon in Kontakt mit Julian Assange gewesen, der Gallionsfigur von WikiLeaks. Als Snowden sie aufforderte, ihren Freund Glenn Greenwald endlich zu der Einsicht zu bringen, dass es in diesem Fall sehr ratsam wäre, auf seine Quelle zu hören und seinen E-Mail-Verkehr zu verschlüsseln, wusste Poitras laut Harding zunächst gar nicht, wie sie am besten mit Greenwald Kontakt aufnehmen könnte.

Durch ihre Recherchen sah sie sich bereits im Fadenkreuz der Überwachung durch US-Behörden. Telefon und E-Mail waren potenziell unsicher geworden. Und sie war mittlerweile in Berlin, im Gepäck einen Vorgeschmack auf Snowdens brisante Dokumente. Also schrieb sie eine Nachricht an Greenwald, er solle sich mit ihr treffen – face-to-face, ohne elektronische Geräte. Dabei tauschten sie die ersten Infos aus. Laut Harding habe Snowden erst sogar überlegt, das Material Assange zu geben: Aber der saß ja bereits in der ecuadorianischen Botschaft in London fest, im Scheinwerferlicht der Geheimdienste und der Weltöffentlichkeit. Die Zulieferung von Dokumenten auf der WikiLeaks-Seite über das Tor-Netzwerk und andere Mirror setzte bis auf Weiteres aus.

Poitras kam zu dem Entschluss, ein gemeinsames Treffen zwischen ihr, Greenwald und der unbekannten Quelle zu organisieren – weil sie dies für wichtig hielt, um die Quelle zu identifizieren. »Ich brauche sechs bis acht Wochen«, antwortete dieser.

Greenwald: Ich habe natürlich nicht die ganze Zeit rumgesessen und darüber fantasiert, was passiert. Ich hatte auch andere Dinge zu tun. Daher war ich wirklich nicht so auf das Treffen fokussiert.

»Warum sind wir nochmal hier?«, frage ich Simon, der dem Rechner zugewandt sitzt, und umklammere meinen dampfenden Kaffee.

»Weil du einen Killer anschreiben willst«, sagt er und tippt etwas in ein schwarzes Fenster, die sogenannte Konsole – dann rinnt ein sich fortlaufend verändernder Text sekundenlang über den Bildschirm. »Das solltest du besser nicht von Zuhause aus und auch nicht mit deinem Rechner machen«, fügt er an.

Der Computer sendet nämlich immer Daten mit – nahezu unentwegt. Durch Hintergrundprogramme wie den Viren-Scanner, das Update-Programm vom Fax-Gerät, *PeerBlock*, Grafikkarten- und Systemupdates, auch mein E-Mail-Client mit meiner Mailadresse, die zwar verschlüsselt ist, aber auch der sendet Metadaten mit. Alles kann einen verraten. Mein Rechner ist also eine Maschine, die sich unentwegt mit der Außenwelt unterhält. Für mein Vorhaben, einen Killer zu kontaktieren, demnach ebenso ungeeignet wie für einen Whistleblower, der nicht im amerikanischen Sicherheitsgefängnis landen will.

»Simon, warum dauert das so lange?«, maule ich. »Es dauert halt. Und es ist wichtig«, antwortet er in die Konsole vertieft. »Ich überprüfe gerade die Echtheit eines Downloads, um zu sehen, ob vielleicht jemand anderes die Dateien auf der Seite platziert hat, um mir zum Beispiel einen Trojaner unterzuschieben.« Es handelt sich um ein Betriebssystem, das wir angeblich brauchen, um mit dem Killer Kontakt aufzunehmen.

Ich versuche, mich an das Lied der Eidechse zu erinnern, das sie mit dem Dodo pfeift, als sie Feuer an das Haus legen wollen, in dem Alice festsitzt. »Das klingt aber interessant«, sage ich leicht ironisch. »Und wie macht man das?« Simon beugt sich vor, lässt die Augen aber nicht von dem über den Bildschirm fließenden Text. Offenbar klappt irgendetwas nicht. »Ähm«, sagt er dann. »Das mache ich mit den Keys. Du erinnerst dich an deine Mail-Schlüssel, die PGP-Keys?« Ich nicke. »Genauso überprüfe ich jetzt den Download, ob die Keys zu der Datei passen.« Ich versuche, sein wirres Fachvokabular mitzuschreiben. Aber wenn jemand die Seite austauscht, einen falschen Download unterschiebt – verändert er dann nicht auch die Schlüssel? Vermutlich. Wie dem auch sei: Simon wird schon wissen, was er tut. Wenn man etwas überprüfen kann, macht er das immer. Grundsätzlich.

»Das hast du doch eben schon gemacht?«, frage ich. Simon nickt und schiebt den Pizzateller zur Seite, damit die Tastatur ganz frei ist. »Ich mache das auf mehrere Weisen, damit ich ganz sicher sein kann«, antwortet er dann. »Warum?«, frage ich. »Eine reicht doch?«

Er dreht sich zu mir und schaut mich lange und recht verständnislos an. »Bei sowas muss man gründlich sein, das sind die Grundlagen. Das ist wie nach Einbruchsspuren an der Haustür suchen«, sagt Simon. »Wenn man sich verfolgt fühlt oder so.«

»Machst du das?«, frage ich.

Simon zuckt mit den Schultern.

»Manchmal.«

Mitte April schrieb Poitras an Greenwald, er solle Ausschau nach einem FedEx-Kurier halten. In der Lieferung: Ein Lebenszeichen der ominösen Quelle. Greenwald hatte immer noch keine Verschlüsselung, gab aber wenig später an Poitras zurück: »Eagle has landed.«

Im Paket befanden sich zwei Speichermedien: Eventuell Festplatten, vermutlich aber, laut Harding, zwei USB-Sticks. Auf diesen vermutete Greenwald die geheimen Dokumente »eingehüllt in Linux-Programme und Bücher über Verschlüsselung«. Ein Irrtum, wie sich herausstellte. Auf den USB-Sticks befand sich ein Chatprogramm, mit dem sich verschlüsselt kommunizieren ließ: vermutlich ein *Jabber-Client* mit *OTR* (Off-the-Record-Messaging), einer speziellen Verschlüsselung. Ein Programm, das ich mir auf Anraten der Hacker auch auf meinem Rechner installiert habe. Ein kleines Fenster, in dem Gespräche wie bei WhatsApp oder ICQ geführt werden, in das sich allerdings eine Verschlüsselung schaltet. Nach einigem Hin und Her kam es zu einem verbindlichen Treffpunkt: »Your destination is Hong Kong«, schrieb die Quelle und fügte an, dass es riskant würde. Dann nannte er zum ersten Mal seinen Namen: Edward Snowden.

Poitras sagte der Name gar nichts. Sie wusste, schrieb Harding, dass jede Suche nach brisanten Namen über Google einen potenziellen Alarm bei der NSA auslösen könnte. Währenddessen wandte sich Snowden an Greenwald, weil alles bisher fast ausschließlich über Laura Poitras gelaufen war. Er schrieb ihm über den neuen, verschlüsselten Chat-Kanal, den Greenwald mit dem FedEx-Paket und der Installation des Inhalts geöffnet hatte.

Snowden: Können Sie nach Hongkong kommen?

Greenwald wusste nicht, was Hongkong jetzt mit dem amerikanischen Geheimdienst zu tun haben sollte, der doch in Fort Meade in Maryland saß. Sein Instinkt sagte ihm, er solle lieber abwarten. Er hatte zudem gerade eine Geschichte laufen und auch die Deadline für sein Buch rückte näher.

Greenwald: Ich bin hier gerade etwas eingebunden … und eigentlich würde ich gerne wissen, was es damit auf sich hat. Warum ich nach Hongkong kommen soll.

Die nächsten zwei Stunden erklärte Snowden Greenwald Schritt für Schritt einen bestimmten Download, den er sich zuerst besorgen müsse, bevor er auf seine Frage antworten würde. Snowden zeigte ihm, wo es die Datei gab und wie man sie präparierte – und der Journalist machte sich mit einem speziellen Betriebssystem bekannt, das wohl zu den sichersten und besten der Welt gehört: *Tails*.

Genau dieses System installiert Simon gerade. Um dem Problem zu entgehen, ungewollt als Laie mit diversen Hintergrundprogrammen und Diensten verräterische Daten mitzusenden, booten wir unser System jetzt genauso wie Greenwald. Normalerweise bootet das System nämlich beim Start sein Hauptbetriebssystem – zum Beispiel Windows, eine Linux-Variante oder OS X. Unser Betriebssystem, das wir benutzen, weil wir so tun, als wären wir ein sehr gefährdeter Whistleblower, ist auf einem kleinen USB-Stick. Es ist damit nicht nur portabel, sondern auch sehr anonym. Es bootet nämlich beim Start des Rechners direkt vom Stick, nicht von der Festplatte. Darum hinterlässt es keine Daten oder andere verräterische Spuren auf dem Computer.

Der Download ist überprüft, unser *Tails* ist fast einsatzbereit. Simon brennt das Live-System auf eine DVD, um es einzufrieren quasi. Eine Datei auf einem nicht wiederbeschreibbaren Speichermedium kann nämlich von einem potenziellen Verfolger, anders als ein wiederbeschreibbarer USB-Stick, nicht mehr verändert werden. So haben wir eine Garantie auf CD – ein nicht korrumpiertes System zum Wiederherstellen, falls wir unserem Stick misstrauen sollten.

Auf unserem Stick liegt jetzt das Live-Betriebssystem *Tails*, ein auf Debian-Linux basierendes System, das auch den Tor-Client bereits enthält. Ebenfalls mobil: Man kann es einfach mit dem Stick abziehen und für einen anderen Computer benutzen. Man kann es sogar agentenmäßig am Schlüsselbund mit sich rumtragen.

»Debian ist richtig gut«, sagt Simon. »Schreib es bitte richtig: Debian, Freizeichen, GNU in Großbuchstaben und dann Linux«, ergänzt er. »Mal sehen«, antworte ich. Aber okay, der Form halber sei es hiermit erwähnt.

»Und Pizza ist sogar noch besser als *Tails*«, ergänzt Simon kauend. »Nur, mit Pizza kann man nicht verschlüsselt kommunizieren.«

»Noch nicht«, erwidere ich und versuche die Fachworte mitzuschreiben, die er dauernd ausspuckt und »die ich bitte noch erwähnen soll«.

Tails wird jetzt von unserem Computer erkannt – denn sobald er startet, bestätigen wir dem Rechner mit einer Tastenkombination über das BIOS, das Basisprogramm und Grundgerüst, das ihn betreibt, was er booten soll. Wir haben jetzt die Auswahl zwischen unserem vorinstallierten Windows und dem Stick. Wir sagen dem System: Boote den Stick. Und ein Ladebildschirm erscheint. Kurz darauf öffnet sich der Startbildschirm. Er sieht natürlich etwas anders aus als das Windows, an das man vielleicht gewöhnt ist, lässt sich aber auch optisch anpassen, falls man es tatsächlich so vermisst. Dann stellen wir unsere Tastatursprache noch auf Deutsch ein – das muss man aber nicht –, und klicken auf die Zwiebel. Sie wird grün.

Jetzt sind wir vermutlich ebenso sicher wie Greenwald und Snowden.

Übrigens: Es ist durchaus ratsam, Sprachen voreingestellt zu lassen. Auch den Tor-Browser benutze ich auf Englisch, damit er nicht mit meiner Muttersprache in Verbindung kommt. Sicher ist sicher.

Der IT-Spezialist Florian Walther rät Whistleblowern und Journalisten, für die er auch Schulungskurse anbietet, nicht nur zu Live-Systemen wie *Tails.* »Ich empfehle meinen Kursteilnehmern auch immer, Hotelzimmer verdeckt oder nicht im Voraus zu buchen. Das erschwert es Gegnern, die Zimmer vorab entsprechend vorbereiten zu können. Und versteckte Abhör-Infrastruktur findet sich nicht nur in Hotels sogenannter Schurkenstaaten, sondern in vielen westlichen auch«, erklärt Walther. »Man würde sich wundern, wer da so ein- und ausgeht, nachdem man das eigene Zimmer verlassen hat«, so der IT-Experte. Und fügt an: »Ich bekomme ja auch immer wieder die Frage gestellt: Soll ich meine Notebook-Kamera abkleben? Gerade für Journalisten, die investigativ in bestimmten Ländern unterwegs sind, gilt: Sie sollten nicht nur Ihre Kamera abkleben. Sie sollten auch Ihr Mikrofon aus dem Rechner ausbauen.«

Wer in Ländern, in denen freie Presse nicht gerade gern gesehen wird, unterwegs ist, sollte seine Hardware nicht aus den Augen lassen: »Es ist zum Beispiel wichtig, das Telefon nicht mit der Jacke an der Garderobe abzugeben – das kann sonst hinterher nämlich ganz neue Sachen. Auch für den Computer gilt das, den man gutgläubig im Hotelzimmer lässt, während man anderweitig unterwegs ist. Man sollte sein System vor der Reise entsprechend sichern und gut präparieren«, rät Walther. »Damit man nach der Reise nachvollziehen kann, wer einem da was drauf gespielt hat. Macht man das nämlich nicht, und glaubt man, das wird schon keiner machen, sitzt man hinterher nie wieder alleine vor seinem Rechner.« Die technischen Möglichkeiten, von denen alle Welt gerade spricht, tun, so Walther, vor allem eines nicht: schlafen.

»Alter«, sagt Simon.

»Was'n«, frage ich und komme mit einem frischen Kaffee aus der Küche.

»Hast du dir mal durchgelesen, was dein durchgeknallter Killer hier schreibt«, fragt Simon und reißt die Augen auf. »Ich entsorge die lästige Ex-Frau, den Mobber oder Polizeibeamten, der dir immer Ärger macht«, zitiert Simon. »So etwas über das Tor-Netzwerk zu machen, ist der wohl beste und sicherste Weg, es überhaupt zu tun.« Simon stockt. »Ist das dein Ernst?«

Ich nicke.

»Das geht noch weiter«, sagt Simon.

»Ich weiß«, antworte ich.

»Ich will nichts über dich wissen, du wirst nichts über mich wissen. Ich bin in diesem Geschäft seit über sieben Jahren tätig, habe viel Erfahrung und unter vielen verschiedenen Namen gearbeitet. Und dieser Beruf hat mich sehr verändert.« »Das glaube ich«, sagt Simon, dann beißt er in seine Pizza und liest weiter laut vor, mit einem Gesichtsausdruck, als würde er gerade eine spannende Kosmos-Doku gucken: »Ich meine es absolut ERNST, schreibt er. Und er hat ernst großgeschrieben!«, liest Simon und legt sein Pizzastück ab. »Er sagt, man solle sich vorher genau überlegen, ob man ihn kontaktiert oder nicht. Das Problem sei nämlich dann in der Welt.«

Simon guckt mich an und schüttelt den Kopf. »Also ich kontaktier den bestimmt nicht«, sagt er dann. »Nachher bringt der mich wirklich um. Woher weiß ich das denn? Und außerdem muss man den doch mit einem Namen kontaktieren. Kannst dich ja nicht nach dem Preis erkundigen, und wenn er die Person wissen will, die du töten möchtest, dann sagste halt: Puh, du. Weiß noch gar nicht. Unverbindliches Vorgespräch!« Ich kratze mich am Bart. »Einen Menschen ausdenken vielleicht?«

»Einen ausdenken«, sagt Simon und zieht eine Augenbraue hoch. »Tickst du noch ganz sauber? Und was machst du, wenn es deine fiktive Person tatsächlich irgendwo gibt – und der findet die auf Facebook? Und was ist eigentlich mit der Bezahlung?«

Ich zucke die Achseln, mein Handy klingelt. »Tom«, sage ich. »Na prima«, sagt Simon. »Frag ihn gleich mal wegen dem Killer.«

»Gut, dass du anrufst, Tom«, sage ich und halte mir das Telefon ans Ohr. »Wir haben just von dir gesprochen.«

Simon starrt mich an, kaut hochkonzentriert sein Pizzastück.

»Ja, wir haben gerade deinen Killer kontaktiert«, sage ich. »Haben gesagt, es ginge um einen Tom Müller vom Aufbau Verlag.« Simon grinst, Tom wirkt nervös. »Das ist schon witzig, Tom«, sage ich. »Immerhin war es doch deine Idee. Und wir hatten keinen passenden Namen.«

»Also, ich mach es nicht«, flüstert Simon von hinten.

»Simon sagt, er macht es nicht«, leite ich weiter. »Ich mache es übrigens auch nicht, Tom.«

Tom: Aber der Sinn des Buches ist doch, dahin vorzudringen, wohin der »normale« Bürger nicht gelangt.
Simon: *(von hinten mit Pizza)* Tom kann meinen Computer haben.
Ich: Tom, du kannst Simons Computer haben, sagt er.
Tom: Wie?
Simon: Er soll einfach herkommen und Bier mitbringen. Dann kann er den Killer kontaktieren und wir gucken zu!
Ich: Du sollst den Killer kontaktieren und Bier mitbringen.
Tom: Okay.
Ich: Wie, okay?

Letztendlich will es Tom dann aber doch nicht machen. Wir legen auf. »Der Killer schreibt, er komme innerhalb von einer bis drei Wochen in die EU, um jemanden zu killen«, sagt Simon. »Ich glaub, der wohnt hier. Woandershin braucht der nämlich viel länger.«

Aber ich glaube, dass das eine Betrugsseite ist. Außerdem: Wenn wir uns ein Bitcoin-Konto anlegen, produzieren wir im Zweifel auch Daten. »Also ganz ehrlich: Wenn ich einen Killer bräuchte, bei dem Aufwand, würde ich Leute auf der Straße ansprechen.« Simon grinst.

»Ich auch«, sage ich. »Wir können es zwar nicht nachprüfen, das könnten wir aber auch mit einer Anfrage nicht. Außer er bringt wirklich jemanden für uns um. Dann kann ich mich gleich beim LKA stellen«, sage ich. »Wegen Anstiftung zum Mord.« Simon nickt. »Ich glaube, das lassen wir lieber.« Ja, denke ich.

Eidechse und Dodo haben aber auch Schiss – vor allem natürlich die Eidechse, die mit ihrer Leiter zum Riesen hinaufkrabbeln soll. »Du wirst ein Held sein«, sagt der Dodo süffisant grinsend und klopft der Eidechse auf die Schulter, die sich panisch um die Leiter wickelt. »Ich geh da nicht hoch«, sagt sie. Der Dodo sagt: »Das musst du. Denk dran, wie dich alle verehren werden für deinen Mut.« Die Eidechse zeigt ihm den Vogel, der Dodo könne selbst hochgehen, statt in sicherem Abstand zu warten. Dann beschließen beide, aus Sicherheitsgründen lieber ein Feuer zu legen, um »den Riesen hinauszutreiben«. Als der Rauch aufsteigt, muss Alice husten. Sie probiert einen weiteren Keks und schrumpft auf Mäusegröße, so wie Simon und ich gerade. Während Dodo und die Eidechse das Feuer betrachten, schleicht Alice davon. Manchmal ist es besser, zu gehen. Sich klein zu machen und auch mal zu kneifen. Denn warum sollte ich auch mutiger sein müssen als die Eidechse und mir die Finger verbrennen, denkt Alice noch. Dann schiebt sie sich leise ins Unterholz und rennt davon.

DIE TEEGESELLSCHAFT

Ermittlung und Cyber-Fahndung: Das Deep Web und die Behörden

Das Behördenhaus am Waterlooplatz in Hannover ist betongrau und die Fassaden haben schon bessere Zeiten erlebt. Ich passiere den ausladenden Parkplatz, eine 46 Meter hohe Siegessäule und schiebe die Glastür auf. Sie ist schwergängig und macht ein Geräusch, als würde jemand seufzen. Dann Stille. Unterbrochen von fernen Schritten auf langen Fluren. Ich habe mich entschieden, dass es Zeit ist, das Deep Web einmal von der anderen Seite zu betrachten. Irgendwann, während ich auf die Antwort des Waffenhändlers oder von *HelpGuy* wartete, habe ich mich gefragt, wie die Polizei wohl so im Deep Web zurechtkommt, mit welchen Methoden die vorgehen, was für Geschichten sie wohl erlebt haben. Ich meine, das FBI ist eine Sache, aber wie bewegen sich die Cyber-Fahnder beim Landeskriminalamt, wenn sich das BKA schon nicht äußern will?

»Was kann ich für Sie tun«, sagt ein Mann mit grauem Schnurrbart und guckt streng über seine Brillengläser. Seine Augen sehen aber sehr freundlich aus. »Ich habe einen Termin«, sage ich und nenne meinen Namen. »Nehmen Sie bitte im Foyer Platz, jemand wird Sie abholen.« Ich nicke. »Darf ich Ihre Toilette benutzen?«, frage ich, es ist ein Vorwand. Ich möchte mich ein bisschen umsehen an diesem Ort, bevor ich nicht mehr dazu komme und Gesellschaft habe. »Da hinten«, sagt der Mann. »Einfach den Gang runter.«

Der Anschein von Modernität, den der Eingang erweckt, täuscht: Offenbar werden in Niedersachsen Justiz- und Strafverfolgungsbehörden von demselben Raumausstatter beraten, denke ich, während ich links und rechts in die Büros gucke. Lackierte Schränke aus den Siebzigern und Holztische, die an die erste Klassenarbeit erinnern.

Dunkler Teppichboden, der die Schritte ganz leise macht. Ich finde, auch Polizisten sollten stylische Büros haben und nicht in Umgebungen arbeiten, die an »Der Alte« erinnern. Ich stelle mich auf der Toilette zwei Minuten vor den Spiegel, ziehe mein Sakko zurecht, kontrolliere es auf Fussel, und kehre ins Foyer zurück.

»Sind Sie der Journalist?«, fragt eine freundliche Stimme. Ich drehe mich um und sehe einen Mann in Kapuzenpullover und Turnschuhen.

»Mein Name ist Frank Puschin, das ist mein Kollege Steffen Rösemann«, sagt der junge Mann mit dem Kurzhaarschnitt. Ein zweiter, ebenfalls junger Mann im Hintergrund nickt. Kapuzenpullover, Sportschuhe. »Würden Sie uns bitte folgen?« Ich stehe auf und lege die Infobroschüre auf den kleinen Tisch.

Links und rechts in den Büros neben dem Gang sitzen weitere streng wirkende Menschen mit freundlichen Gesichtern, tippen in ihre Tastaturen. Die Sonne fällt einen Moment lang durch die Fenster und wirft breite goldene Streifen vor uns in den Gang. Dann verschwindet sie wieder.

»Bitte, hier hinein«, sagt Puschin und hält mir die Tür zu einem Zimmer mit Tisch und Kochnische auf. »Suchen Sie sich einen Platz aus.« Es stehen acht zur Verfügung. Ich überlege kurz, wie ich gerne sitzen möchte, kann mich aber nicht entscheiden. Daher nehme ich den Stuhl, der am nächsten bei der Tür steht. Falls ich fliehen möchte – oder muss.

»Sie wollen also ein Buch über das Tor-Netzwerk schreiben?«, fragt Puschin, als er Platz genommen hat und legt seine Hände zusammen.

»Ja«, antworte ich. »Wieso, wollen Sie mich verhaften?«

»Nein«, sagt er lachend. Sein Kollege lacht nicht und mustert mich genau. »Es ist nur ungewöhnlich, irgendwie speziell«, sagt er.

»Haben Sie viel mit dem Tor-Netzwerk zu tun?«, frage ich und lege Block und Stift als Abstandswahrer vor mir hin.

»Nein, überhaupt nicht«, antwortet Frank Puschin. »Wir arbeiten hauptsächlich in Hacker- und Carder-Foren. Das sind die Boards, auf denen geklaute Kreditkarten verkauft werden.« Ich nicke und mache eine Notiz.

»Und wie kommt man an solche Daten?«, frage ich nach.

»Phishing-Formulare, zum Beispiel«, sagt sein Kollege und setzt sich aufrecht hin. »Man kann eine Mail schicken, die auf ein Formular verweist, das zum Beispiel aussieht wie ein bekannter Online-Shop oder die eigene Bank. Das wird dann per Mail verschickt, mit dem Hinweis, dass etwas ganz Schreckliches passiert ist, was den Empfänger der E-Mail dazu bewegen soll, seine Konten- oder Log-in-Daten einzugeben.« Darüber hinaus werden solche Daten auch durch Hacks von Servern gestohlen, wenn sich jemand in die Datenbank einer Bank oder eines Onlineshops hackt.

Polizeikommissar Steffen Rösemann und Polizeihauptkommissar Frank Puschin arbeiten beim Landeskriminalamt Hannover im Dezernat 38, der »Anlassunabhängigen Recherche«. Puschin ist Rösemanns Chef. Beide sind Cyber-Fahnder, ausgebildete Computerprofis und auch Hacker, die als Polizisten im Netz unterwegs sind. Weil sich mit der sogenannten *underground economy* sehr viel Geld verdienen lässt, haben sich Spezialabteilungen bei Kriminalpolizei und Staatsanwaltschaft gegründet, um der rasanten Explosion von Betrugsfällen mit »dem Tatmittel Internet«, wie es heißt, zu begegnen. Um Hackern und Betrügern im Netz das Handwerk zu legen, bedarf es eines tiefen Verständnisses der Materie – Informatik und Programmieren vorausgesetzt – und bestimmter Slang- und Sprachkenntnisse des Milieus, in dem sich die Ermittler bewegen. Neben dem, was ein Kriminalpolizist sonst noch können muss.

»Wenn wir in diesen Boards recherchieren und nicht wissen, was da gesprochen wird, dann sind wir raus«, so Rösemann. »Man muss den Slang derjenigen beherrschen, die man beobachtet. Das bedeutet: Wir programmieren auch mal einen Trojaner selbst, um zu sehen, wie das funktioniert. Was man dafür braucht, wie die Programmierung geht. Wenn uns nämlich einer dort fragt, und wir haben keinen blassen Schimmer, dann fallen wir als Ermittler natürlich schnell auf«, erklärt er. »Und das wollen wir nicht.«

»Mit dieser Schwierigkeit war ich auch konfrontiert«, sage ich. »Bei *Silk Road* und diversen anderen Foren.«

»Und«, fragt Puschin interessiert, »hat es geklappt?«

»Nicht so gut«, antworte ich und fühle mich kurz wie ein sehr schlechter Ermittler, der seinem Chef die schlechte Faktenlage beichten muss. »Ich habe kaum Leute an die Angel gekriegt. Entweder dachten die, etwas ist faul. Oder ich habe die falschen Fragen gestellt…«

Es klopft an der Tür. Ein älterer Beamter betritt den Raum, lächelt und deutet auf die schmale Küchenzeile.

Älterer Beamter: Kann ich mir kurz meine Suppe warm machen?
Rösemann: Klar, komm rein. Stört doch keinen.

»Sie sollten zuerst beobachten, wie Ihr Klientel spricht«, rät Rösemann, während im Hintergrund der Wasserkocher anspringt. »Das dauert meist etwas länger. Gucken Sie sich an, worüber man sich austauscht, finden Sie Abkürzungen heraus, die gebraucht werden. Und zur Not einfach mal fragen«, sagt er. »Aber nicht zu ungestüm. Bei der falschen Frage merken alle sofort, dass etwas nicht stimmt, und dann sind die Türen zu«, sagt Rösemann. Puschin ergänzt: »Und der Name, also Ihr Nickname, ist verbrannt.«

»Und wenn man lange Zeit nichts postet?«, frage ich.

»Dann auch«, sagt Rösemann und greift nach seiner Wasserflasche, die er auf den Tisch gestellt hat. »Dann wird der Admin, also der Betreiber der Seite, misstrauisch und sagt: Ich habe hier so viele inaktive Accounts, die brauche ich nicht. Und dann wird man gelöscht oder gebannt.«

»Aber Sie melden sich dann sofort wieder an, oder?«

»Klar«, entgegnet Rösemann. »Nur gibt es ein Problem, wenn man den Zugang nicht einfach so herstellen kann. Es gibt Foren, in denen muss man erst illegales Material hochladen, bevor man beitreten kann. Um zu beweisen, dass man vertrauenswürdig ist quasi. Das können wir beim LKA zum Beispiel nicht machen. Das verbieten uns die Gesetze. Es gibt auch Foren, in die man nur kommt, wenn man eine bestimmte Anzahl Posts vorzuweisen hat, sich also an der Community beteiligt«, sagt Puschin. »Aber das klappt oft nicht gut, weil die Leute dann einfach fünfzigmal irgendwas posten.«

»Es gab auch mal ein amerikanisches Hackerforum, da schickten einem die Admins Hausaufgaben«, meint Rösemann. »Die hatte man zu beantworten und nachzuweisen, dass man was kann. Da ist es schon ärgerlich, wenn man da wieder rausfliegt.«

»Und was musste man da so machen?«, frage ich.

»Zum Beispiel sich in ein System hacken …«, antwortet Rösemann.

»… aber das dürfen Sie auch nicht«, nehme ich an.

»Nein, genau.«

»Tschüss dann«, sagt der Beamte mit der Suppe und entfernt sich mit betont langsamen Schritten. Die dampfende Suppe, die er behutsam vor sich her trägt, riecht nach Fertigbrühe mit Nudeln. Er hebt vorsichtig die Hand, um nichts zu verschütten, und öffnet die Tür. »Wohl bekomms«, sagt Rösemann noch, dreht den Kopf und spielt an den Bändern seiner Kapuze.

»Was ist eigentlich mit *Silk Road* und Co. – ist das von der Größenordnung relevant?«, frage ich.

»Nein«, sagt Puschin. »Auch wenn Seiten wie *Silk Road* groß wirken, die herkömmlichen Kriminalitätsschwerpunkte liegen eindeutig woanders – und zwar im normalen Internet. Solange die Zahlen der Straftaten im herkömmlichen und offen zugänglichen Netz so sind, wie sie sind, beschäftigten wir uns nicht damit. Das heißt nicht, dass wir nicht im Tor-Netzwerk unterwegs sind, aber eben meist zur Ergänzung unserer Recherchen über einzelne Leute und um speziellen Hinweisen nachzugehen.«

»Wir haben mit den Boards, auf denen Kreditkarten gehandelt werden, genug zu tun. Die haben tausend Nutzer am Tag und mehr. Und auch da werden Drogen angeboten«, sagt Puschin. »Aber die technische Hemmschwelle ist ungleich kleiner – dort treffen sich eben sehr viele Leute, auch die technisch nicht so versierten. Und das ist das Gros der Kriminellen.«

»Man muss keineswegs vollständig anonym sein, um gute Deals abzuschließen. Im normalen Netz brummt das Geschäft, ganz ohne Tor«, ergänzt der Polizeihauptkommissar und zeigt mir eine Seite auf seinem mitgebrachten Notebook. Unter *zurzeit online* werden hunderte Nutzer aufgelistet. »Dieses Board ist rein kriminell«, sagt Puschin dann und fügt an: »Und es ist auch nicht das einzige.«

»Die Kriminalität, gerade im Betrugsbereich, verlagert sich deutlich ins Netz«, sagt Rösemann. »Das erleben wir jeden Tag. Es ist aber nicht so, dass das in Tor jetzt deutlich schlimmer wäre. Die meisten nutzen das normale Netz – dort kann man sich einen Account machen, kann mit normalem Geld handeln oder mit Bitcoins und gibt sich irgendeinen Fake-Namen.«

»Ist es denn nicht deutlich schwieriger, in Tor zu ermitteln?«, frage ich.

Puschin überlegt kurz: »Sagen wir so: Es ist schon schwieriger als im normalen Internet, das auf jeden Fall. Aber wenn es wichtig werden würde, weil die Nachfrage dort steigt und unsere Täter ins Tor-Netzwerk abwandern, dann würden wir reagieren – und müssten das auch. Bisher bevorzugen Täter aber andere Wege«, sagt er dann. »Lassen wir das vielleicht einfach mal so stehen.«

Ich weiß, dass Puschin nicht sagen kann, dass es sehr schwer ist mit dem Tor-Netzwerk. Die Strafverfolgungsbehörden stehen unter dem Druck – gerade auch dem politischen – immer funktionieren zu müssen. Ohne Ausnahme. Ich weiß seit dem FBI aber auch: Es gibt Mittel und Wege. Auch im Tor-Netzwerk, und auch, wenn diese mitunter weniger aus Cyber-Fahndung als aus klassischer Polizeiarbeit resultieren. Auch das LKA Bayern hat dies schon gezeigt, als man einen Drogendealer aus dem Tor-Netzwerk geschnappt hat – indem man ihn lange im Netz und seine sonstigen Aktivitäten beobachtet und dann seine Sendung abgefangen hat.

»Dürfen Sie selbst eigentlich Keylogger, die beispielsweise Tastaturbefehle in Echtzeit aufzeichnen, aufspielen, um Tätern das Handwerk zu legen?«, frage ich. Denn das ginge in Tor ja vielleicht auch.

»Nein«, sagt Puschin, »dürfen wir vom Gesetz her nicht. Und wir müssen uns, anders als unsere Gegenüber, auch daran halten. Deshalb sind die Testtrojaner, die wir hier beispielsweise schreiben, meist nicht so gut wie die, die die Täter programmieren.«

»Nicht, weil wir schlechter sind«, sagt Rösemann, offenbar bei seinem Stolz gepackt. »Sondern weil unsere Programme von Gesetzes wegen nicht *fully undetectable* sein dürfen – also technisch nicht vollkommen unentdeckt bleiben können und dürfen. Wenn wir uns nicht an Spielregeln halten würden, wären wir ja auch nicht besser als diejenigen, die diese eben nicht befolgen, sich dafür aber noch köstlich über uns ausschütten vor Lachen. Daher ermitteln wir Täter in den Boards hauptsächlich nach Sprache und konkretem Delikt.«

»Da macht Ihnen die Arbeit grundsätzlich sicher nicht leichter, oder?«, versuche ich vorsichtig.

»Nein«, sagt Rösemann. »Stimmt schon. Aber wir haben auch unseren Ehrgeiz. Und die kriminellen Hacker und Carder denken oft, sie seien der Polizei ja um ach wie viele Lichtjahre voraus. Dann arbeiten wir hart, um ihnen das Gegenteil zu beweisen. Das ist auch ein sportlicher Ehrgeiz, der da geweckt wird.«

Generell, fügt Puschin hinzu, stimme das mit der Ermittlung schon. »Aber wir haben eben auch unsere Tricks.«

»… über die Sie im Rahmen eines Buches nicht sprechen wollen …«, vervollständige ich mit feierlicher Stimme.

»… nicht wollen und nicht können«, beendet Puschin.

»Das klingt immer so …«

»Wie?«

»Naja, geheimniskrämerisch …«

Puschin: Wir machen das doch nicht, um der Presse nichts zu sagen.
Ich: Ich weiß. Aber es klingt halt immer so.
Puschin: Wenn wir Insider-Tipps verraten, kauft sich ein potenzieller Täter das Buch und weiß genau: So und so mach ich das in Zukunft besser. Wir sind in unserem Beruf nun mal drauf angewiesen, dass wir bestimmte Tricks in petto haben, die unser Gegenüber nach Möglichkeit nicht kennt. Was sollen wir denn machen?
Ich: Okay. Verstehe ich ja.
Puschin: Wir können Ihnen mal ein bisschen was für Ihren persönlichen Hintergrund sagen, damit Sie uns vielleicht besser verstehen …
Ich: Das finde ich gut. Ich klau auch nix.

»Ist Tor jetzt gut oder schlecht?«, stelle ich die Gretchenfrage, die ich mir aufgehoben habe.

»Ich bin der Meinung, das Spielfeld Internet gibt uns allen die Regeln und Grenzen vor«, sagt Rösemann. »In diesen Grenzen bewegen wir uns, als Teilnehmer der digitalen Kommunikation. Dazu zählen auch Methoden und Möglichkeiten, seine technische Identität zu verschleiern, wie das Tor-Netzwerk oder VPN-Server. Aber nicht jeder Mensch, der seine Identität auf diese Art und Weise schützt, tut per se Schlechtes«, fährt er fort. »Tor wird auch von Leuten genutzt, die in ihren jeweiligen Ländern keine Möglichkeit haben, am freien Internetverkehr teilzunehmen und ihre Meinung zu äußern, ohne dass sie Repressalien zu fürchten hätten. Im schlimmsten Fall droht denen Freiheitsentzug oder Tod.« Puschin nickt zustimmend.

»Ich bin schon für eine zeitlich begrenzte Vorratsdatenspeicherung, weil ich als Praktiker denke, dass man viele Straftaten hätte aufklären können«, sagt Rösemann. »Das Argument, das immer vorgebracht wird, dass derartige Datensammlungen Begehrlichkeiten des Staates wecken würden, kann ich aus polizeilicher Sicht nicht nachvollziehen. Meine polizeilichen Begehrlichkeiten werden nur geweckt, wenn ich Personen identifizieren will, die Straftaten begehen. Wenn mir nicht gefällt, dass mein Provider zur Speicherung der Daten verpflichtet wird, habe ich als Internetteilnehmer eben genau diese Möglichkeiten: mich auf dem Spielfeld zu bewegen und Tor zu nutzen oder einen VPN-Server, der nicht in Europa oder Deutschland steht.«

»Würden Sie eine Backdoor begrüßen – eine Lücke, die das Tor-Netzwerk Ihnen lässt, um doch, wenn es sehr wichtig werden würde, leichter an Täter zu kommen?«, frage ich.

»Eine Backdoor für Tor, also ein Hintereingang mit Exklusivzugriff durch die Polizei, ist ein ganz schwieriges Thema«, seufzt Rösemann. »Wenn ich an Missbrauchsfilme denke, bei denen kleine Kinder in Käfigen gehalten und brutal misshandelt werden, dann wünsche ich mir das manchmal insgeheim schon. Aber diese Exklusivzugriffe würden auch von Strafverfolgungsbehörden anderer Länder genutzt, die es mit demokratischen Prinzipien und der freien Meinungsäußerung nicht so genau nehmen.«

Er pausiert, setzt seinen letzten Schluck Wasser an. »Und dann würden die guten Leute, die ihre Meinung über Tor äußern, in die Gefahr geraten, doch Repressalien zu erfahren, weil sie dann nämlich auch identifizierbar wären. Deshalb halte ich das nicht für sinnvoll.«

Puschin guckt auf die Uhr.

»Zeit vorbei?«, frage ich. »Zeit vorbei«, sagt Puschin und lächelt milde. »Sie sollten nochmal mit meinem Kollegen Ralf Buhmann sprechen«, fügt er dann an. »Ich warne ihn schon mal vor, dass Sie kommen. Wir haben, gerade was das Tor-Netzwerk angeht, eher Probleme mit Kinderpornografie als mit Drogen«, erklärt er.

Denn ein zweiter wichtiger Fahndungsbereich der beiden sind Missbrauchsfilme. Puschin hat sich in der Computer-Szene einen Namen gemacht, weil er ein Programm geschrieben hat, das Videos, die sexuellen Missbrauch an Kindern zeigen, nach Parametern auswertet. Missbrauchsvideos werden umgangssprachlich Kinderpornos genannt, was allerdings Tätersprache ist: Ein Porno ist durchaus positiv konnotiert. Daher werden sie von Opfern Missbrauchsvideos genannt.

»Herr Buhmann ist Ermittler in diesem Bereich, hauptamtlich. Der kann Ihnen sicher noch einiges mehr erzählen«, sagt Puschin zum Abschluss und gibt mir die Hand.

Auf dem Weg nach draußen begleitet mich Steffen Rösemann bis zur Tür im Foyer. Seine Sneaker beginnen leise zu quietschen, als der Teppich endet und der Steinboden wieder beginnt.

»Ist man eigentlich sehr aufgeregt, wenn man an so einem Forum sitzt und weiß, ich nehme da gerade Kontakt zu einem dicken Fisch auf?«, frage ich.

Rösemann lächelt verlegen. »Also, ich war am Anfang schon aufgeregt. Ich habe, bevor ich den Job hier bekommen habe, mir immer gewünscht, in diesem Bereich tätig zu sein. Ich habe privat viel in den öffentlichen Foren gelesen, mir Wissen angeeignet, das einem so einfach keiner beibringt. Diese Szene ist sehr verschlossen, aber auch unendlich spannend und facettenreich.«

»Was ich noch sagen wollte«, beginnt er zögernd, nachdem er den für sich passenden Zeitpunkt gefunden hat: »Ich selbst benutze doch privat auch das ganze Zeug. Frank doch auch. Verschlüsselungen für Mails, Server. Die ganze Palette eben«, erklärt Rösemann. »In der Debatte stehen wir immer da, als wären wir die Bösen. Die Aktivisten und Hacker sagen dann: Ihr wollt das eh alles am liebsten abschaffen. Aber wir sind zur Polizei gegangen, weil wir das gerade nicht wollen. Wir sind nicht der Geheimdienst, wir ermitteln nur gegen Kriminelle und überwachen nicht alle völlig grundlos. Ich finde es persönlich manchmal schade, dass wir immer im Verdacht stehen.«

»Meinen Sie denn, das ist so?«, frage ich.

»Es fühlt sich jedenfalls so an.« Er macht eine kurze Pause. Ringt mit sich. »Frank und ich, wir sind auch Privatleute. Und Computerliebhaber wie die Leute aus dem CCC. Ich als Privatmensch möchte auch nicht, dass wir grundlos überwacht werden. Ich möchte meine Rechte und Freiheiten auch gewahrt wissen. Wie alle, die sich öffentlich darum bemühen. Darum bin ich zur Polizei gegangen, weil mir das wichtig ist. Und das wollte ich einfach bei dieser ganzen Debatte mal loswerden.«

Tor ist also, dies sagen die Ermittlungsbehörden selbst, generell kein Problem. Es ist nicht stark frequentiert und kriminelle Angebote finden sich ebenso im normalen Netz. Fälle wie *Silk Road* haben gezeigt, dass Ermittlungsbehörden selbst Hacker und IT-Experten mit teils enormem Erfahrungsschatz beschäftigen. Nur, dass sie in der Regel nicht gerne darüber reden. Fakt ist auch: Ermittlungsarbeit klappt – entweder ganz klassisch, wie beim LKA Bayern mit Observation oder kriminalistischem Puzzle-Spiel, oder technisch anspruchsvoll, wie das FBI im Fall der Drogenplattform gezeigt hat. Es kommt, so scheint es, auf die Ermittler und ihre dienstliche Ausstattung an. Dabei muss Polizeiarbeit klar von Geheimdienstaktivitäten getrennt werden. Während, so der allgemeine Vorwurf, nur die Geheimdienste massenhaft und dabei unkontrolliert ausspähen und speichern, tun dies die Polizeibehörden nicht. Jedenfalls die deutschen. Fakt ist aber auch: Polizeihandeln wird in Deutschland kontrolliert, jedenfalls stärker als jeder Geheimdienst.

»Naja«, sagt Rösemann dann und zuckt mit den Schultern. »Dann… tschüss erstmal. Und bis bald. Ach ja«, fügt er noch an. »Und viel Erfolg übrigens!« Dann öffnet sich die Tür und kalter Wind weht herein.

GUTER RAT VON EINER RAUPE

Wie Staat und Staatsanwälte mit Anonymität umgehen

Als Alice die Teegesellschaft verlässt, ist sie verwirrt. Hase und Hutmacher sind überaus freundlich gewesen und haben Tee ausgeschenkt. Sie haben sogar Nicht-Geburtstag gefeiert – und das, obwohl Alice nicht einmal gewusst hatte, überhaupt Nicht-Geburtstag zu haben!

Trotzdem blieb da ein Gefühl. Und eine Frage. War die Nettigkeit nur vorgetäuscht? Haben sie sie austricksen wollen, gehofft, sie würde naiv genug sein? War sie naiv genug?

So fühlte ich mich nach meinem Besuch beim LKA. Warum haben die das Tor-Netzwerk nicht verteufelt, sondern sogar in Schutz genommen? War es Taktik?

Auch die Hacker, mit denen ich darüber spreche, öffnen ungläubig die Augen, sind überrascht. So grundsätzlich Argumente dafür zu hören, von Beamten, sagen sie, das haben sie kaum erwartet. Genauso wenig wie ich.

Seit Snowdens Enthüllungen ist bekannt, dass die NSA Tor als eine Bedrohung wahrnimmt. Zwar hat der amerikanische Geheimdienst die Entwicklung von immer besser verschleierten Tor-Verbindungen auch mitfinanziert, um so zum Beispiel Regimegegner in Syrien zu unterstützen und dem Militär und der Marine abhörsichere Kommunikation zu ermöglichen. Gleichzeitig soll die NSA versucht haben, *exit nodes* von Tor unter Kontrolle zu bringen. Das geht aus internen Unterlagen hervor, die der Ex-Geheimdienstmitarbeiter geleakt hat.

Für taktische Gründe der LKA-Beamten, Tor so positiv darzustellen, finde ich kaum eine Begründung. Klar sind diese Leute Profis, psychologisch bestens geschult und clever. Aber Alice ist nicht dumm und weiß sehr wohl zu unterscheiden, wer dreist lügt und wer hingegen ein echtes Anliegen vorbringt. Das LKA hat nicht wie das BKA verbal auf *Silk Road* eingeschlagen. Da das BKA eine erneute Anfrage ignoriert, wende ich mich an die Staatanwaltschaft Hannover. Um herauszufinden, inwieweit die Behörden, die damit in ihrer täglichen Praxis zu tun haben, wirklich so differenziert über Anonymisierung denken. Im *surface web* finde ich einen langjährigen Experten auf dem Gebiet der Cyber-Fahndung und anderer Probleme, die die digitale Welt mit sich bringt: Oberstaatsanwalt Dieter Kochheim aus Hannover.

Da Dieter Kochheim während dieser Zeit gerade ein weiteres, eigenes Buch schreibt, entschließe ich mich, ihm Fragen per Mail zu schicken. Er ist dann zeitunabhängiger. Was mich zunächst wunderte: Seine Privatmail ist herkömmlich offen und gar nicht verschlüsselt.

Er sehe die Sache ein bisschen anders, schreibt Kochheim auf meine Mail. Schon vor einigen Jahren habe ihm ein Kollege berichtet, dass im Zusammenhang mit der technischen Überwachung eines Anonymisierungsservers etwa 80 Prozent des Datenverkehrs einen kriminellen Bezug gehabt haben soll. »Was ich aber an der Debatte über Anonymität, und somit auch Tor vermisse, ist eine ausgewogene Sicht auf diese Dinge«, schreibt er.

»Die Berichterstattung über Kriminalität im Internet lässt den Eindruck entstehen, dass die Strafverfolgung, wenn überhaupt, nur punktuell erfolgreich ist«, schreibt Kochheim weiter. »Es ist aber keineswegs so, als wären die Ermittlungsbehörden hier untätig.« Sie kämpften eben nur mit sehr vielen Hürden und Erschwernissen. Es ist noch eine Grauzone: Die Regeln sind da, aber wenige Ermittler wüssten, wie und wann sie anzuwenden sind.

Trotz der verhältnismäßig geringen Fallzahlen ist Cyber-Kriminalität politisch äußerst brisant, denn auch die Bürger und Betroffenen wissen oft kaum, wie sie sich wirksam vor solchen Attacken aus dem Internet schützen sollen – es herrsche deshalb bei vielen eine gewisse Ohnmacht. »Die Leute haben Angst, aber keine Ahnung, wie sie das ändern sollen«, schreibt Kochheim. »Sie denken zum Beispiel: Ich muss mich am Bankautomaten schützen und eine Hand über die Tastatur halten, damit keiner die Tasteneingabe filmen kann.« Das sei Quatsch: »Es gibt längst Minikameras, die unter der Hand durchfilmen. Und gegen Tastaturaufsätze und sensible Folien in Bankterminals hilft diese Maßnahme sowieso nicht.« Andererseits können kleine Maßnahmen manchmal schon wirksamen Schutz bringen: »Auch eine bedachte Navigation im Internet, zurückhaltende Äußerungen über das Privatleben, die Verwendung verschiedener internetfähiger Geräte für bestimmte Aufgaben und eine gewisse Disziplin können das Risiko ziemlich minimieren.«

Ich erinnere mich an meinen LKA-Besuch, denn die Leute, von denen Kochheim spricht, sind eben sogenannte Carder – Kriminelle, die Kreditkarten- und Bankdaten abzweigen und diese im Internet zu dem Zweck verkaufen, dass andere mit den gestohlenen Daten wiederum einkaufen gehen. Im Tor-Netzwerk findet man diese Carder auch – allerdings zumeist aus dem amerikanischsprachigen Raum. Deutsche Kreditkarten findet man eher im gewöhnlichen Internet statt im Tor. Den Überschuss an US-Karten erklären sich Spezialisten übrigens mit dem laxeren Datenschutzverständnis in den USA. Die Leute gäben eben zu wenig Acht auf diese sensiblen Informationen. Dies betrifft allerdings in gewisser Hinsicht auch Deutsche.

»Wenn ich mir vorstelle«, hatte Steffen Rösemann gesagt, »wie sich das technische Verständnis von Leuten wie uns und den Cardern zu dem Kenntnisstand in der Normalbevölkerung verhält, dann kriege ich ziemliche Bauchschmerzen. Ich werde ja als Computerspezialist schon mal in meinem privaten Umfeld bei Computerproblemen zu Rate gezogen: Und wenn man da sieht, wie arglos und unwissend die meisten Menschen mit ihren Daten umgehen, dann ist das schon krass.«

»Wir brauchen diese Anonymisierungsmethode für Leute«,

schreibt Kochheim, »die sich staatlicher Willkür entziehen müssen, um ihre Meinung frei äußern zu können!« Und das sei auch überhaupt nicht das Problem: »Diese Anonymität ist vom Gesetzgeber auch ausdrücklich gewollt. Politisch gesehen brauchen wir Anonymisierungsdienste wie Tor in allen totalitären Umgebungen«, meint der Oberstaatsanwalt.

»Ein regelrechtes Verbot, das den Betrieb oder die Nutzung von Tor-Software zur Straftat machen würde, gibt es nicht«, sagt Kochheim. »Eine Beihilfe des Betreibers an Straftaten der Nutzer würde auch einen Vorsatz voraussetzen, der die Förderung der Ausführungstaten jedenfalls in ihren Grundzügen umfassen müsste – er müsste also zum Beispiel öffentlich für seine Software werben, weil man damit Straftaten begehen kann. Nach vorläufiger Bewertung ist der Betreiber wie ein Zugangsprovider zu behandeln und damit ohne Verantwortung für die transportierten Inhalte.«

Dann fügt er an: »Ich habe mal gegen Schurkenprovider gewettert, daraufhin hat sich ein junger Mann bei mir gemeldet, der offenbar als Kind schlimm beschnitten worden ist und jetzt sein Genital wiederherstellen lässt«, schreibt Kochheim. »Den allmählichen Prozess dokumentiert er im Internet. Gäbe es keine Host-Anonymisierungsdienste wie die *hidden services*, müsste er deshalb um sein Leben fürchten. Und in China, den Arabischen Emiraten und vielen anderen Ecken dieser Welt würde ich meine Meinung übrigens auch nicht so freizügig verbreiten wie hier gerade«, gibt Kochheim noch zu bedenken.

Eine gründliche Diskussion über Nutzen und Nachteile von Tor hält er für unbedingt notwendig. »Eine Sache ist nie nur gut oder nur schlecht«, schreibt der Oberstaatsanwalt. »Genauso wie es diesen Nutzen gibt, den ich eben beschrieben habe, gibt es auch belastbare Informationen und Ermittlungsergebnisse, wie das Tor-Netzwerk von Kriminellen im Bereich des Cardings, der Kinderpornografie und zur Kommunikation zwischen Zombies und dem kontrollierenden Bot-Herder, also dem Kopf, in Botnetzen benutzt wird.«

Ich: Geht das konkreter?
Kochheim: Ich plaudere grundsätzlich nicht aus dem Nähkästchen. Es handelt sich um meine Ermittlungsergebnisse, und keiner – weder ich noch ein anderer Ermittler, der seine Aufgaben ernst nimmt – wird Ihnen Einzelheiten aus den Ermittlungsverfahren berichten oder überhaupt mitteilen dürfen.

Gegen diese Wand bin ich auch bei den LKA-Beamten schon angerannt. Details darüber, wie die Cyber-Fahndungen im Tor-Netzwerk funktionieren, will einfach niemand offen legen.

Ich: Ich weiß, diese Frage werden Sie nicht mögen: Aber ist es überhaupt möglich, anonyme Täter, die so versteckt sind, zu kriegen?
Kochheim: Ich habe erwachsene Kinder. Ihre Art zu fragen hasst man als Eltern. Man will nicht lügen, das würden die Kinder irgendwann rauskriegen, und so richtig ehrlich sein darf man auch nicht. Sagen wir es so: Neben den Spuren, die die Täter ansonsten hinterlassen – ja, vielleicht, unter gewissen Voraussetzungen.
Ich: Das heißt?
Kochheim: Mit erheblichem Aufwand lassen sich auch anonyme Täter enttarnen. Das lohnt sich aber nur bei Fällen erheblicher oder schwerer Kriminalität.

Es kursierten bereits interne Überlegungen bei den Strafverfolgern, wie das Verfahren geknackt werden könne, schreibt Kochheim – und fügt an: »Ich glaube, es geht.« Ein Schwachpunkt sei die offene Architektur von Tor. »Wenn jeder Nutzer zur Benutzung freigegeben ist, dann kann es sich auch um einen böswilligen Nutzer handeln, der den Anonymisierungsdienst entweder zu böswilligen Zwecken missbrauchen oder kompromittieren will«, sagt Kochheim. Aber Tor sei »eine Herausforderung«.

Um die Kriminalität im Internet und im Deep Web zu bekämpfen, steht der Staatsanwalt auch einer generellen Vorratsdatenspeicherung nicht ablehnend gegenüber. Ja, denke ich, ich möchte zwar, dass die Polizei gut arbeiten kann. Aber ausgespäht werden möchte ich auch nicht.

Kochheim erwidert, dass in Deutschland auch die Vorratsdatenspeicherung mit klaren Regeln und strengen Auflagen einhergehen würde, nicht vergleichbar mit dem, was die NSA betreibt. »Man muss sich vor Augen halten, dass nicht die Strafverfolgungsbehörden wild Daten sammeln und die Leute ausspähen«, schreibt er. »Das, wovon seit Edward Snowden überall gesprochen wird, betrifft die Geheimdienste, die hier offensichtlich über die Stränge schlagen: die NSA, maßlos und zügellos – aber auch private Wirtschaftsunternehmen.«

Beim LKA habe ich den Namen eines jungen Staatsanwaltes bekommen, der auf dem Gebiet der Cyber-Fahndung »sehr gut« sei. Ich beschließe, ihn um eine zweite Meinung zu bitten und setze mich in den Zug Richtung Norden.

Mit Juristen zu sprechen, ist etwas Besonderes. Und das ist keineswegs als Wertung gemeint. Als Alice den Wald durchstreift, hört sie von irgendwoher leise ein Murmeln – jemand redet offenbar mit sich selbst. Nach einer Weile sieht sie eine Raupe auf einem Blatt liegen, die raucht und Qualmringe in die Luft pustet. »Hallo«, grüßt Alice und macht adrett einen Knicks dabei. »Wer …«, antwortet die Raupe und beugt sich drohend vor, »… bist DU?«

Alice zögert kurz, überlegt und sagt dann hustend wegen all des Qualms: »Ich bin Alice. Jedenfalls glaube ich das. Allerdings bin ich auch schon ein paar Mal verwechselt worden!«

Die Raupe hält Alice offenbar für etwas naiv. Und vermutlich stimmt das auch, denn Alice hatte bisher weder mit sprechenden Raupen zu tun noch mit Wasserpfeifen. Jedenfalls sind dem strengen Tier ihre Äußerungen nicht recht; zu undifferenziert und einfach seien Alice' Erklärungen und Antworten. Die Raupe belehrt Alice, sie solle bitte mal ihren Verstand bemühen. Vom Analytischen her haben Hacker und Juristen viele Gemeinsamkeiten. Draußen vor dem Fenster zieht ein blaues Schild vorbei: Verden.

Der Zug hält ächzend und öffnet die Türen.

Verden ist eine kleine Stadt. Die meiste Zeit schläft sie und hat die Bordsteine hochgeklappt wie eine Burg. Aber das ist nichts Besonderes für einen Ort mit gerade knapp über 25 000 Einwohnern. Das ist ganz normal.

Frank Lange ist tatsächlich noch recht jung. Er hat jedenfalls keine erkennbaren grauen Haare, und seine Augen sind sehr ruhig. Fürsorglich. Man könnte sagen: Seine Augen sehen nicht aus wie die Augen des Gesetzes.

»Kommen Sie rein«, sagt er, nickt mit dem Kopf und deutet mit der ausgestreckten Hand auf seine Bürotür. »Entschuldigen Sie, dass ich nicht so viel Zeit habe, aber ich dachte trotzdem, ein Treffen ist irgendwie netter.« Er nimmt hinter seinem Schreibtisch Platz. Umgeben von Bücherwänden. Akten. Ein Fenster, dessen graue Metallrollos traurig herunterhängen.

»Die Frage zum Tor-Netzwerk«, beginnt er und tippt etwas in seinen Computer, »ist schlussendlich eine politische: Wo zieht man die Grenze zwischen Freiheits- und Sicherheitsrechten?«

»Ich weiß es nicht«, sage ich. »Ich habe viel darüber nachgedacht. Ich möchte Freiheit. Aber ich möchte auch sicher sein. Selbst wenn es nichts bringt mit den Gesetzen: Ich möchte auch Ermittlungsbehörden, die Kriminelle fassen können.«

Frank Lange nickt: »Das Problem ist doch folgendes: Ich möchte als Bürger auch meine Freiheiten haben. Das ist nur richtig und angemessen. So wie jemand im *real life* nicht seinen Ausweis für jedermann lesbar um den Hals hängen haben muss, so darf man dies auch im Netz nicht verlangen. Andererseits gibt es auch im echten Leben ein berechtigtes Interesse: Polizei und Staatsanwaltschaft haben Überprüfungs- und Überwachungsmöglichkeiten. Und die muss es auch im Netz geben«, sagt Lange. »Bei einem konkreten Anlass.«

Mein Kugelschreiber quittiert den Dienst. »Nehmen Sie den«, sagt Lange und reicht mir einen neuen. »Weil wir die Vorratsdatenspeicherung nicht haben«, fährt der Staatsanwalt fort, »müssen wir eben Leuten auch sagen: Tut uns leid, wir würden die Einbrecherbande gerne schnappen. Aber es gibt keine Spuren. Früher haben oft Handy-Verbindungsdaten wenigstens einen Ermittlungsansatz gegeben. Aber weil die nicht mehr gespeichert werden dürfen, haben wir oft gar nichts mehr. Sie können sich vielleicht vorstellen, wie das bei Leuten ankommt, bei denen gerade in die Wohnung eingebrochen worden ist. Wenn jemand selbst betroffen ist, hat er hierfür kein Verständnis, auch wenn er vorher sehr kritisch war. Und niemand würde auch ernsthaft verbieten, dass nach einer Straftat andere Spuren am Tatort gesichert werden – wie DNA-Spuren oder Fingerabdrücke«, sagt Lange. »Eine Sicherung von Datenspuren durch ein Minimum an Datenspeicherung vorzubereiten, muss möglich sein.«

Ich: Das Argument hören Kritiker nicht gerne: Elementare Dinge wie die Fingerabdrücke oder DNA-Spuren seien nicht mit Telekommunikationsdaten vergleichbar – diese würden nämlich vorab auf Vorrat gehortet und im Nachhinein überprüft. Sie nehmen die Fingerabdrücke ja nicht von allen vorab.
Lange: In der diesbezüglichen Diskussion ärgert mich aber, dass zu oft nur die Sorge vor den repressiven Möglichkeiten eines Überwachungsstaates betrachtet wird, während keine Berücksichtigung findet, dass fehlende Möglichkeiten wie die Nachvollziehung von bereits abgeschlossenen Aktivitäten den Straftätern im Netz ganz andere Möglichkeiten eröffnen, als sie die in der analogen Welt hätten. Die Schaffung von etwas Vergleichbarem im Netz – zum Beispiel die Speicherung von IP-Adressen – erscheint politisch nicht einmal in sehr eingeschränkter Form durchsetzbar.

»Aber das wäre ja auch schon ein Ausweis«, sage ich.

»Nein, weil wir nur auf diese Daten zugreifen können, wenn es einen Richterbeschluss gibt, den wir nur bekommen, wenn eine erhebliche Straftat passiert ist und wir begründen können, dass die

Daten weiterhelfen könnten«, erklärt Lange. Das deckt sich mit dem, was auch Oberstaatsanwalt Kochheim und die LKA-Beamten mir gegenüber so betont haben. »Die Nichtoffenlegung der eigenen Identität im Netz ist der Normalfall – damit haben wir im Bereich Cybercrime sehr viel zu tun. Nicknames, Fake-Accounts, falsche persönliche Daten. Das ist jedermanns gutes Recht, denn sonst hätten wir den Ausweis um den Hals – für jeden sichtbar. Hier gilt: Was nicht verboten ist, ist erlaubt.«

»Im Tor-Netz ist das ja anders, dort haben Sie kaum Chancen, an Daten der Nutzer wie die IP-Adressen zu kommen, oder?«, frage ich.

Lange überlegt kurz. »Zu unseren technischen Möglichkeiten in Tor will ich nichts sagen. Aber Tor selbst ist meines Erachtens weniger ein strafrechtliches Problem – die Mühe der Nutzung komplexer Anonymisierungsdienste machen sich noch nicht viele Täter. Zum Teil liegt das am mangelnden Sachverstand vieler Krimineller, die lediglich herkömmliche analoge Kriminalität wie den Drogenhandel ins Netz verlagert haben. Zum Teil ist es auch die eingeschränkte Leistungsfähigkeit vieler Anonymisierungsdienste in Bezug auf die Geschwindigkeit, die sie für Täter uninteressant machen.«

»Aber dort sind sie geschützter, auch wenn es vielleicht langsamer ist«, gebe ich zu bedenken.

Lange schüttelt den Kopf. »Im echten Leben gilt doch auch kein grundsätzliches Vermummungsverbot, auch im *real life* verstecken Täter doch ihre Taten. Da kommt es dann auf die technischen Möglichkeiten und oft auch auf die Kreativität der Strafverfolger an.«

Ich: Wie fahndet man so – sagen wir, ich heiße »krimi_nell«, und baue Mist bei Facebook?

Lange: Dann stellen Sie sich Ihre Facebookseite wie eine öffentliche Pinnwand vor, auf der ab und an eine Polizeistreife vorbeikommt. Im Netz nennt sich das anlassunabhängige Recherche.

Ich: Und ich verkaufe jetzt unter falschem Namen Dinge im Netz.

Lange: Die Polizei könnte dann gezielt bis zu 24 Stunden beobach-

ten, was auf Ihrer Pinnwand passiert, das ist dann eine kurzfristige Observation, die wird der Polizei durch die Ermittlungsgeneralklausel ermöglicht. Jede längerfristige Observation, also wenn Ihre Seite richtig im Fokus steht, muss das Gericht anordnen.
Ich: Hiermit angeordnet!
Lange: Dann setzt die Polizei das im Auftrag der Staatsanwaltschaft um und observiert die Seite von »krimi_nell«.
Ich: In Wirklichkeit ist mein Facebook-Account aber nur Attrappe und Ablenkung: Ich verkaufe nämlich unter anderem Namen – »kr1m1_nell_72« – Hehlerware bei eBay.
Lange: Selbstverständlich darf die Polizei im Angebot bei eBay nach möglichem Diebesgut gucken. Ohne Beschluss, das fällt nämlich auch unter die anlassunabhängige Recherche.
Ich: Und da haben Sie etwas gefunden, sagen wir, tausend Mobiltelefone. Zeitgleich vom Laster gefallen.
Lange: Genauso wie wir Ihren Vermieter anrufen dürften, um zu erfragen, wem die Wohnung gehört, in der Sie Ihr Diebesgut aufbewahren, fragen wir als Cybercrime-Ermittler jetzt eBay: Wem gehört der Account, welche Daten haben Sie zu der Zielperson mit dem offensichtlich falschen und sehr schlecht ausgedachten Namen? Das nennt man Bestandsdatenauskunft.
Ich: Technisch könnte ich das aber genau umgehen und verschleiern …
Lange: In manchen Fällen, ja. Darum brauchen wir, damit wir in diesen Fällen an Beweise und Spuren kommen, die Sicherung bereits hinterlassener Täterspuren. Und dafür ist die sogenannte Vorratsdatenspeicherung unverzichtbar. Über die Dauer der anlasslosen Speicherung kann man übrigens streiten. Wir wären als Staatsanwaltschaft auch mit drei Monaten zufrieden – dann würden wir uns eben danach richten.

Als unser Gespräch endet, begleitet mich Frank Lange bis zum Ausgang. Es ist dunkel geworden, nur der kleine Raum, in dem der Metalldetektor für die mitgebrachten Handtaschen der Besucher und Presseleute bei den Gerichtsverhandlungen steht, ist noch beleuchtet.

Als letzter Gast des Tages bekommt man wohl eine Eskorte, denke ich. Ein Justizvollzugsbeamter grummelt noch etwas, das »Hallo« oder auch »Tschüss« heißen könnte, dann verlässt er sein kleines Empfangszimmer und greift seine Jacke, als habe er nur darauf gewartet, endlich Feierabend machen zu dürfen.

»Von einem Verbot von Anonymisierungsdiensten oder Einbau von Zwangszugängen für Strafverfolger halte ich übrigens auch nichts«, sagt Lange zum Abschied. »Das hätte nur einen technologischen und damit gesetzgeberischen Wettlauf zur Folge – und das kann nicht unser Interesse sein.«

Dann winkt er, löscht das Licht und schließt die Tür hinter sich ab. Gerichte sind auch komische Orte. Es riecht immer nach altem Papier.

Insgeheim hatte ich auch hier damit gerechnet, man würde das Netzwerk verteufeln. Entweder will keiner grundsätzlich diese Freiheit einschränken, oder aber, und dies scheint mir ein Teil der Wahrheit zu sein: Niemand will durch einen Verbotsvorstoß in die Diskussion mit den Datenschützern und Aktivisten geraten. Man sagte mir, dass man sich als Angehöriger der Justiz schnell an diesen Diskussionen »verbrenne«. Was Vorratsdatenspeicherung und Behörden angeht, sind viele Aktivisten durchaus humorlos.

Als Alice die Raupe verlässt, erhält sie zum Abschied zwei Morcheln als Geschenk. Eine zum Größerwerden. Eine andere zum Kleinmachen. Ich habe zwar keinen Hunger, denke ich. Aber es ist immer gut, Morcheln im Gepäck zu haben. Man weiß schließlich nie, was kommt. »Komm, Alice«, sage ich. »Wir müssen weiter.«

Sie beobachtet noch eine ganze Zeit die Raupe, dreht sich dann weg und verschwindet in den Farnen.

DER BISS IN DIE MORCHEL

Fallen und Tricks: Geheimdienste und ihre Methoden

»In einem Ermittlungsverfahren ist es ausländischen Partnern gelungen, in ein Tor-Netzwerk einzudringen und den bislang weltweit größten Ring von über 25000 Pädophilen mit 2 Millionen kinderpornografischen Abbildungen zu detektieren. Das Bundeskriminalamt beobachtet, dass Anbieter kinderpornografischer Internetinhalte die Tor-Technologie nutzen, hierdurch ihre Identität verbergen und so auch einer Löschung der Inhalte entgegenwirken.« – BKA-Chef **Jörg Ziercke**

Wer bei *Hidden Wiki* unterwegs ist, findet schnell *jailbait*, *under age* und sogenanntes *hard candy*.

Aus Wikipedia:

Englisch für: **Knastköder** beschreibt umgangssprachlich eine junge Person, die älter aussieht, als sie tatsächlich ist. Hierbei besteht die Gefahr, sich durch sexuelle Handlungen mit jemandem unterhalb eines Schutzalters strafbar zu machen. Eine deutsche umgangssprachliche Umschreibung lautet »da hat der Staatsanwalt noch den Daumen drauf«.

Unter diesen Schlagworten gibt es Missbrauchsfilme im Netz. Und auch das Tor-Netz und das Wiki machen hier keine Ausnahme.

Der Fall *Freedom Hosting* ging durch die Presse: Es war der erste Schlag gegen die Unverwundbarkeit der *hidden services*, vor *Silk Road*. Das BKA hatte eng mit dem FBI – und, so sagt man – auch mit anderen amerikanischen Diensten wie der NSA kooperiert, um den Webhosting-Anbieter im Tor-Netzwerk stillzulegen. Auch wenn Betreiber Eric Eoin Marques immer angab, nur Platz zur Verfügung zu stellen, klangen seine Freiheitsgedanken ähnlich vorgeschoben wie die von Ulbricht bei *Silk Road* – Marques' Idee: Man besorge jedem Speicherplatz. Ohne Ausschluss oder Inhaltsprüfung. Als das FBI den Dienst aber kaperte und aushob, fand man auf einem der größten Anbieter von Speicherplatz und Websites im Deep Web eine große Menge Missbrauchsfilme und -bilder, die kleine Kinder zeigten.

Marques fühlte sich offensichtlich mit seinen Seiten und Tauschbörsen – eine der bekanntesten davon soll *Lolita City* gewesen sein – im Deep Web sicher. *Hidden services* galten bis dato als unangreifbar, die Server-Orte geschützt. Das Darknet, ein Begriff, der in der Presse oft synonym für Onion-Seiten im Tor-Netzwerk gebraucht wird, ist etwas ganz anderes: Die Tauschbörsen, die Marques versorgte oder mitbetrieb, garantierten nur denjenigen Zugang, die in der Regel selbst Missbrauchsmaterial in sie einstellten – als Zugangsvoraussetzung und Absicherung für die Betreiber. Diese Darknets waren derart »vertrauensvoll« und unauffindbar, dass Marques mit seinen Filmen und Bildern ein digitales Untergrundimperium betrieb und sich damit vor den Ermittlungsbehörden in Sicherheit wog. Bis Anonymous kam.

Dem Hackerkollektiv, obwohl es nicht nur noble Ziele verfolgt, waren die Missbrauchsfilme ein Dorn im Auge – und so wurde Marques zum Feind der Gruppe. Mit einer Denial of Service, einer sogenannten DoS-Attacke, ging Anonymous im Herbst 2011 die Server mit den Filmen an – die Hacker schlossen dabei in einem Botnetz viele Rechner zusammen, die Anfragen an die Server schickten, bis diese überlastet und nicht mehr erreichbar waren. Es war als Warnung an Marques zu verstehen: Wir wollen dich hier nicht! Die »Operation Darknet« brachte Anonymous eine Erkenntnis: Rund 40 Tauschbörsen mit rund 100 Gigabyte gingen temporär unter der Last der Attacke vom Netz. Marques' Webspace wurde also offenbar auch sehr einschlägig genutzt – auch wenn man nicht genau sagen kann, wie viele Plattformen und Seiten mit Kindesmissbrauch zu tun hatten, wurden offenbar die Angebote, die es gab, von Pädophilen intensiv in Anspruch genommen.

Auf der Seite des Tor-Projekts verteidigt man *hidden services* mit dem Verweis, Technik sei grundsätzlich erst einmal völlig neutral – und man stehe weder mit Marques und seinen Diensten in Verbindung, noch befürworte man dessen Handeln. Andrew Lewman ist einer der führenden Köpfe beim Tor-Projekt. Zum Tor-Kern-Team zählen: Andrew Lewman, Roger Dingledine, Nick Mathewson, Dr. Paul Syverson, Jacob Appelbaum, Karen Reilly und Melissa Gilroy sowie im erweiterten Kreis diverse weitere Leute auf der ganzen Welt. Lewman, könnte man sagen, organisiert hier alles: »Wir arbeiten mit den Strafverfolgungsbehörden zusammen, denn auch wir wollen solche Anbieter wie *Freedom Hosting* natürlich nicht. Im Moment scheint es aber so zu sein, dass die Kriminellen, die unsere Services nutzen, hauptsächlich damit beschäftigt sind, sich wegen aller möglichen Dinge schnell selbst in den Knast zu bringen«, sagt Lewman. »Wir sprechen grundsätzlich mit allen Behörden, klären sie auf, was wir machen und warum. Das betrifft sowohl Geheimdienste als auch Polizeibehörden. Wir hatten vermutlich mit jeder der westlichen Welt bekannten Behörde zu tun«, sagt Lewman klar. »Wir wollen das so. Es hält die Behörden davon ab, mit SWAT-Teams die Leute zu besuchen, die die Relays betreiben.«

Kurze Zeit nach der Anonymous-Attacke meldeten sich die *Freedom-Hosting*-Services zurück – allerdings mit einem *down for maintenance*, zurzeit offline wegen Wartungsarbeiten. Dabei lieferten sie allen, die auf die Seite klickten, um das Angebot in Anspruch zu nehmen, eine Schadsoftware via Java-Skript aus. Diese Software installierte sich auf dem Computer des Besuchers der Seiten und sammelte die IP- und MAC-Adressen, also die Fingerabdrücke und den Standort der vermeintlichen Kunden von Marques – und schickte diese heimlich an einen Server in Langley. Dort sitzt auch die CIA.

Daher vermutete man in Hackerkreisen und unter Tor-Nutzern schnell, die CIA sei mit verstrickt. Die Schadsoftware war ein sogenanntes *Zero-Day-Exploit.* Zero Day, also Tag Null, bedeutet hier, dass das Programm so nie vorher eingesetzt worden und also derart neu ist, dass man es zum ersten Mal sieht. Eine Software aus Langley. Ein Exploit, das nach Hause funkt?

Es kommt auf die Kreativität der Strafverfolger an, höre ich Lange sagen. Und: Wir haben Tricks.

Einen dieser prominenten Tricks nennt man *honeypots.* Honigtöpfe. Sie sollen die Bienen anziehen – Bienen, das sind Leute, die man haben will. Destruktive Hacker, Kriminelle. Kunden von Tauschbörsen. Es gibt diverse *honeypots* – nicht nur im Bereich der Kriminalitätsbekämpfung. Es gibt auch *honeypots* bei der Telekom, um zu sehen, wer die Netze attackiert. Um sich einen Überblick über die Lage zu verschaffen. Jedenfalls führte dieser Honigtopf, ein Schadskript in Java, sofort zu einer Sicherheitsmeldung auf der Homepage des Tor-Projekts sowie zur Berichterstattung diverser Computer- und Technik-Medien, das Netzwerk habe eine Sicherheitslücke und sei deshalb nicht mehr unverwundbar. Man darf annehmen, diese Gerüchte spielten einigen in die Karten. Warum? Weil bis heute dem Netzwerk der kleine Malus anhaftet, es gäbe immer wieder Sicherheitslücken. »Natürlich muss man sagen, dass das Netzwerk nie hundertprozentige Anonymität gewährleisten kann«, sagt Tor-Knoten-Betreiber Moritz Bartl. Denn man kann, allein wegen der Übermacht der Dienste und dem vielen Geld, das diese haben, kaum immer Schritt halten. »Wir sind aber schnell«, sagt Andrew Lewman. »Und beseitigen diese Lücken sofort nach Bekanntwerden.« Es dauerte kaum, da war das Leck gefunden und im zugehörigen Firefox behoben. »Wir raten daher, Java-Skript immer deaktiviert zu haben«, ergänzt Lewman.

Diese *honeypots* oder auch *honeytraps* werden allerdings auch von Geheimdiensten genutzt: ohne jeden Skrupel offenbar. Wie Glenn Greenwald jüngst mit Snowden-Dokumenten zu belegen scheint, überwachen NSA und der britische GCHQ das Internet nicht nur, sie schrieben auch mit. Und: »Wer lesen kann, kann auch schreiben«, schrieb der prominente Blogger Sascha Lobo zuletzt. Und genau deshalb sei die Überwachung eine solch fundamentale Gefahr für die Demokratie. Wie aus den Dokumenten nämlich hervorgeht, wenden sich die Geheimdienste dabei auch an Einzelpersonen und Firmen – nicht nur an Terroristen. Sie schieben Mails, Bilder und Videos unter, um die Person »gezielt zu diskreditieren«.

Dazu gibt es detailliert zehn Folien einer geheimdienstinternen Präsentation, die zeigen, wie genau die Geheimdienste diese Möglichkeiten der Tarnung und auch der *honeytraps* nutzen. Greenwald berichtet in seinem Online-Magazin *The Intercept*, dass auch Blogeinträge oder Facebook-Informationen bewusst verändert werden, um die Person »aus ihrer Gruppe zu drängen«, z.B. durch das Lotsen auf einschlägige oder gar kinderpornografische Seiten oder durch »die Inaussichtstellung von Sex in kompromittierende Situationen zu bringen«. Diese Passage findet sich im Wortlaut in den Folien wieder, die offenbar allen fünf Geheimdiensten der sogenannten Five-Eyes-Allianz vorgelegen haben. »Eine *honeytrap* ist eine sehr gute Option und Möglichkeit«, heißt es in den internen Dokumenten weiter, »und sie ist großartig, wenn sie erstmal funktioniert.«

Neben ungeliebten Aktivisten und anderweitig verdächtigen Einzelpersonen seien auch Firmen betroffen: Diese könnten mit »gezielten Schlägen in den Ruin getrieben werden«, »durch das Stoppen von bereits laufenden oder ausgehandelten Deals«, so der GCHQ in seiner Präsentation. Außerdem würden Profile und Mails von Journalisten angezapft, um sich dann, mit deren neuer Identität, bei den vorhandenen Kontakten zu melden. Darüber hinaus sei es das Ziel verdeckter Agenten, gezielt die sozialen Netzwerke und Diskussionen zu beeinflussen, indem sie selbst mitschrieben – ohne preiszugeben, wer hier gerade schreibt. Ob dies bereits Praxis oder noch zukünftige Planung ist, schreibt Greenwald nicht. Einen anderen, bereits abgeschlossenen Operationsvorgang liefert der Journalist gleich mit: Mit dem Zugriff auf die Glasfaserkabel, die das Rückgrat des Internets bilden, sei es GCHQ gelungen, Besucher der WikiLeaks-Seite in Echtzeit anhand ihrer IP-Adressen zu überwachen. Die Operation nannte sich ANTICRISIS GIRL. 2008 hatte die US-Army die Seite sowie die Gruppe um Julian Assange zum »Feind des amerikanischen Volkes erklärt«. Screenshots der anschließenden Operation zeigen dabei, dass der Geheimdienst in Echtzeit anhand der Adressen wusste, wer aus welchen Ländern auf die WikiLeaks-Seite zugriff, um so »das menschliche Supporter-Netzwerk hinter der Seite zu zerstören«.

Das Motiv der Geheimdienste ist eindeutig und steht als Schlussfolgerung bereits ganz zu Anfang in der vormals geheimen GCHQ-Präsentation: »Das bringt die allgemeine Paranoia auf ein ganz neues Level!«, lobt der britische Geheimdienst seine Werkzeuge in durchaus launigen Tönen.

Diese Werkzeuge zeigen Wirkung: Bei den Nutzern und in der öffentlichen Wahrnehmung von Tor ist, das kann man nicht leugnen, der Effekt nachhaltig. Obwohl die meisten Sicherheitslücken längst ausgeräumt sind oder, wie im Fall der Anonymous-Attacke, nie welche waren. Jeder Schlag gegen Tor ist in den Augen derer, die auf Anonymität im Netzwerk angewiesen sind, empfindlich. Das liegt in der Natur der Sache. Und auch die »normalen« Nutzer des Internets flüchten sich zunehmend in Resignation und Ohnmacht. Im Laufe meines Buches habe ich oft hören müssen, man könne sowieso nichts machen oder »was wollen die schon von mir«. Es klingt nach Leuten, die sich mit der Stasi abfinden müssen.

Trotz allem sind sich jedenfalls die Strafverfolgungsbehörden einig: Missbrauchsvideos seien das große Problem im Tor-Netzwerk. Weit vor Drogen, Waffen und den vermeintlichen Killern. Und dazu habe ich noch ein paar Fachleute auf dem Zettel.

HINTER DEN SPIEGELN

Kindesmissbrauch und Verbreitung im Deep Web

Man sagt, jeder habe Leichen im Keller. Es ist nicht nur ein altes Sprichwort, es ist teils bittere Realität. Leichen im Keller zu haben, ist nämlich die eine Sache – es kommt ganz darauf an, um welche »Leichen« es geht.

Der Fall Edathy flimmert über die Smartphones und Fernseher der Republik. Der Presse scheint dabei jedes Mittel recht, um diesen Mann vor die Augen der Öffentlichkeit zu ziehen – und ihre Texte sind voll von intimen Details mitten aus den Ermittlungsverfahren, die eigentlich üblicherweise bis zum Prozess geheim gehalten werden: Bilder seiner Wohnung bei der Hausdurchsuchung, vermeintliche Investigativ-Texte über seine sexuellen Vorlieben – seitenlange Mutmaßungen, die tief in das Privatleben eines Menschen eindringen. Er habe Pornos geguckt. Aber Pornos zu gucken ist keine Straftat.

Man muss Edathy und seine (vermeintliche) Tat nicht verteidigen, um festzustellen: Jemandem, der mit derartigem Material zu tun hat, droht eine tiefgreifende soziale Ächtung, oft sogar der Ausschluss aus der Gesellschaft.

»Es ist eben so«, seufzt Ralf Buhmann. Er ist Kriminalkommissar bei der Polizeidirektion Hannover, Fachkommissariat für Sexualdelikte, und befasst sich hauptsächlich mit sogenannter »Kinderpornografie«. Wenn er spricht, macht er immer wieder kleine Pausen zwischen den Sätzen, was ihn nachdenklich wirken lässt. »Die Täter nehmen vorrangig aus einem Grund überhaupt die Trägheit des Tor-Netzwerks in Kauf, das ja eine geringe Bandbreite hat und für das Runterladen von Dateien wenig geeignet ist. Weil sie nämlich die soziale Ächtung fürchten und daher unbedingt unerkannt bleiben wollen. Die Strafe ist das eine, Kriminelle machen ihre Taten in der Regel aber nicht von den Strafen abhängig«, sagt Buhmann. »In diesem Fall aber weiß der Täter genau: Wenn das hier rauskommt, die Polizei bei mir eine Durchsuchung macht, meine Nachbarn zusehen, dann bin ich am Ende. Diese Ächtung im privaten und persönlichen Umfeld ist gravierend. Das muss man sehen.«

Buhmann ist ein offener und empathischer Typ. Eigentlich wollte er karrieretechnisch »Tötungsdelikte bearbeiten«, kam dann aber zufällig über einen ehemaligen Kollegen 1999 in die Fachabteilung, das Kommissariat für Sexualdelikte. »Man brauchte dort jemanden mit Computerkenntnissen«, sagt Buhmann, »und die hatte ich. Außerdem hat mein Kollege gesagt: Komm, Ralf. Da wird was frei.«

»Ich lasse das gar nicht erst an mich ran«, erklärt Buhmann. »Das darf man auch nicht. Wenn man das an sich ranlässt, wird es richtig übel. Man muss versuchen«, sagt er und hält kurz inne, »wenn jemand zu einem kommt, dem etwas passiert ist, ihn als Ermittlungsobjekt zu betrachten, wie einen neutralen Gegenstand.« Das gelte auch dann noch, wenn dieser neutrale Gegenstand weine, völlig in sich gekehrt sei oder ein erhöhtes Mitteilungsbedürfnis habe. »Das sind typische Zeichen für schwere Traumata«, sagt Buhmann. »Das äußert sich bei jedem Menschen ein bisschen anders.«

»Es sind eigentlich auch nicht die Bilder, die hängenbleiben«, sagt Buhmann. »Es sind die Geräusche, also der Ton bei Missbrauchsvideos. Wenn jemand schreit. Das kann schon sehr hart sein.« Was das noch sei, will ich wissen, wie Täter und Opfer miteinander sprechen. »Anweisungen der Täter an die Opfer, also die Kinder«, fügt er an. »Wie sie sich hinsetzen sollen, welche Pose erwünscht ist. Und auch die Schreie.« Er setzt neu an. »Die Kinder haben Schmerzen. Und wenn dann ein Täter sagt, der ein Kind zum Analverkehr zwingen will: Jetzt beiß mal die Zähne zusammen. Dann ist das schon richtig schlimm«, sagt er etwas leiser.

Buhmann schottet sich ab – emotional. Man könne einen Beruf mit diesen Straftaten sonst nicht machen. Nur unter Kollegen finde man dann noch ein Ventil – weil man derart Schreckliches nicht jedermann mitteilen kann und möchte. »Ich gehe bestimmt nicht nach Hause und erzähle alle Details am Abendbrottisch«, sagt Buhmann. Geht ja auch gar nicht.

Einmal in der Woche holen Buhmann und seine Kollegen Festplatten von der sogenannten Datenverarbeitungsgruppe: beschlagnahmte Speicher mit einschlägigem Material. Kategorie I oder II. Schlimm und explizit oder nicht ganz so schlimm und nicht ganz so explizit. »Wir durchsuchen im Rahmen der Sachbearbeitung auch selbst bei den Beschuldigten«, sagt Buhmann. »Wir haben den äußerst interessanten Erstkontakt zu diesen Leuten.« Die Datenverarbeitungsgruppe gleiche das gefundene Material – von Festplatten, USB-Sticks oder anderen Speichermedien – dann mit einer Datenbank ab: Haben wir dazu schon was, gibt es Einträge beim Bundeskriminalamt dazu? Alle unbekannten Medien aber, die in den Datenbanken der Polizeibehörden noch nicht registriert sind, werden manuell ausgewertet: »Und das ist eine sehr diffizile und auch sehr belastende Arbeit«, meint Buhmann. Denn hinter jedem Video oder Bild stecke ein Kindesmissbrauch. Das dürfe man nie vergessen: »Es ist ja so, dass wir nicht nur, wie in der Presse geschrieben, in Kategorie eins und zwei unterteilen«, sagt der Ermittler. »Wir unterscheiden zwischen Kinderpornografie, Jugendpornografie und sogenannten Präferenzdateien«, sagt er. Letzteres sei die sogenannte »Kategorie zwei«. Die Bilder der Kategorie zwei seien zwar nicht strafbar, aber Präferenz bedeute, dass dieses Material explizit zur »sexuellen Stimulation« erstellt worden sei. »Der Zweck ist also klar«, meint Buhmann. »Und auch in diesem Kontext haben die Kinder oder Jugendlichen mit großer Wahrscheinlichkeit nicht zugestimmt.« Weil es nicht strafbar sei, nutzten die Täter das aus – und schafften sich so auch eine Ausrede. »Die Gesellschaft sollte das nicht akzeptieren«, meint Buhmann. »Es wird aber nichts dagegen getan, weil sich keiner näher damit befassen will. Weil es ausgeblendet wird. Und alle reden darüber wie ein Blinder über die Farben.«

Schätzen, wie viel Material insgesamt die Ermittler erreicht, kann Buhmann nicht: »Dazu haben wir keine Zahlen, das Material aus den Ermittlungsverfahren der jeweiligen Dienststellen ist nicht nach Tor-Netzwerk oder Angaben zur digitalen Herkunft ausgewiesen«, sagt er. »In der Summe würde ich sagen, es ist generell gleichbleibend.«

Mit Ermittlungen im Tor-Netzwerk habe er demnach auch überhaupt nichts zu tun, erklärt Buhmann. »Wir hatten zwar mal einen Client auf dem Rechner, aber der wurde wohl nie benutzt.«

Er kenne den Namen des Netzwerkes sehr wohl, aber das war's dann auch. Den Rest, also das Sammeln dieser Bilder und Filme im Netz, das mache die Abteilung »Anlassunabhängige Recherche«. Und auch die weist dies in Zahlen nicht aus. Frank Puschin zeigte mir im Gespräch in der Polizeidatenbank 27 Gigabyte Filme und Bilder. Mit dem Verweis: Dies stamme allein aus dem Tor-Netzwerk und aus den letzten Tagen.

Während unter Experten unumstritten ist, dass Pädophile geschlossene Darknets, Tauschbörsen oder Anonymisierungsnetzwerke nutzen, ist dennoch kaum zu sagen, in welcher Größenordnung sie dies tun – das hängt auch damit zusammen, wie technisch affin die Täter überhaupt sind. Buhmann: »Technisches Verständnis bei den Tätern ist natürlich schon deshalb gegeben, weil man keine CDs mehr austauscht, sondern dieses Material heute nahezu ausschließlich im Internet geteilt und verbreitet wird. Google-Suche, das macht heute keiner mehr«, erklärt der Ermittler.

Die Täter bedienten sich zumeist der sichereren Darknet-Methode, glauben Experten. Diese »verbindet Tauschbörsen als Filesharing-Techniken mit der Methode von Tor«, schreibt Dieter Kochheim in seinem neuen Buch *Cybercrime und IuK-Strafrecht*.

»Im Darknet gibt es keine Einstiegs- und Ausstiegsknoten und keine zentralen Verzeichnisdienste, die von einem Hacker kompromittiert werden könnten. Um in das Darknet eindringen zu können, muss sich der Hacker an ihm gleichberechtigt beteiligen«, schreibt Kochheim. »Zu entfernten Hosts können ihm, dem Hacker, immer nur seine direkten Partner den Download vermitteln, grundsätzlich aber keinen direkten Kontakt.« Daher gelten diese geschlossenen, auf »vertrauenswürdigen Partnern« beruhenden Netzwerke als sehr sicher – und schwer zu knacken. »Von außen kann ein Darknet überhaupt nicht ausgespäht werden«, meint Kochheim.

Ich selbst habe diese Seiten im Tor-Netzwerk gefunden, die »Material bereitstellen«: sogenanntes *hard candy*, Seiten, auf denen sich Pädophile über Nachbarskinder oder die Tochter von Til Schweiger austauschen. Wie viele Bilder und Videos sich allerdings tatsächlich hinter dem Eintrag im *Hidden Wiki* verstecken, bleibt unklar: Da das Betrachten dieser Filme a) eine Straftat ist und b) der eigenen Seele auch erhebliche Schäden zufügt, frage ich einen, der es wissen und manchmal auch selbst sehen muss: Frank Puschin.

Ich: Herr Puschin, ich habe bereits dutzende Tote gesehen und auch die verpixelten Bilder auf Ihrem Rechner. Ich würde diese Filme sowieso nicht ertragen. Könnten Sie, um auch dem Leser einen gewissen Einblick zu erlauben, einen Tor-Film mal zusammenfassen?
Puschin: In Stichworten?
Ich: Nur in Stichworten. Bitte.

Einige Tage später bekomme ich eine Mail – das Video *Daisy's Destruction* sei ein solcher »Tor-Hit«, schreibt Puschin.

An dieser Stelle sei vorsorglich vermerkt: Die nachfolgende Beschreibung ist nur für Leute mit guten Nerven gedacht. Sonst bitte einfach eine Seite weiterblättern. Da ich keinerlei Muße habe, eine derartige Schilderung umzuschreiben und sie mit Worten zu versehen, die von mir sind, ist dies eine Originalschilderung des sichtenden Ermittlers.

Namen der Videos:
»Daisy's Destruction« oder »Lux Leak«, gibt im Film keinen Titel eingeblendet.

Variante 1 – 5:43
Frau (Asiatisch) mit Baby (1 – 2 Jahre alt, weiblich)
Eiswürfel im Schritt, ganzer Körper
Baby schreit andauernd
Gegenstände werden in die Scheide eingeführt
Kind wird an den Beinen aufgehängt (kopfüber an einer Stange)
Hände werden mit Tape fixiert
Mund wird mit Panzerband zugeklebt
Wäscheklammern werden in die Brust gesteckt
Kind wird geschlagen
Scheide wird gedehnt und auf die Scheide geschlagen
Kind ist am ganzen Körper rot von den Schlägen
Wäscheklammer wird an die Scheide geklipst
Kerzenwachs über den Körper verteilt (Genitalbereich)
Das Kind schreit wie am Spieß

Variante 2 – 09:09
Gleiches Baby, bekleidet
erst im roten Kleid
erst wird gespielt
Baby wird ausgezogen
Baby muss an der Brust von der Frau saugen
Baby muss die Scheide der Frau ablecken
Genitalbereich wird penetriert
Baby wird im Genitalbereich geschlagen
Baby schreit wie im ersten Video
usw.

»Natürlich ist das ein Problem, wenn im Tor-Netzwerk solches Material relativ geschützt verbreitet werden kann«, kommentiert Buhmann, als ich ihn auf das Material aus dem Tor-Netzwerk anspreche. »Aber es ist doch auch so: Niemand würde die Telekom haftbar oder verantwortlich machen, weil sich mit ihren Telefonen oder Leitungen auch Straftaten abwickeln und verabreden lassen. Deshalb würde man auch das Telefon nicht abschaffen«, sagt er mit fester Stimme.

»Ich finde, also das ist ja rein meine Meinung, man kann den Betreibern und Entwicklern da keinen Vorwurf machen. Wenn jemand Straftaten begeht, wo auch immer, ist er selbst dafür verantwortlich und wird Konsequenzen fürchten müssen.« Es sei kein Zauberwerk mit der Anonymisierung, sondern »ein legitimes Bedürfnis in der Gesellschaft«. Und das dürfe man bei allem nicht vergessen.

»Ich sage doch selbst, wenn ich wieder mal lese, dass die NSA Millionen SMS sammelt, was betrifft es mich? Ich habe doch nichts zu verbergen«, meint Buhmann. Kunstpause. »Aber das ist die Sicht eines Polizisten, das ist nicht meine Sicht als Privatbürger. Da denke ich nämlich anders«, so der Polizeikommissar. Dann fügt er hinzu: Auch er sei für die Vorratsdatenspeicherung, genau wie seine Kollegen. »Ich habe nämlich keine Lust, einer Mutter zu erklären, dass man den Peiniger ihrer 12-jährigen Tochter nicht bekommt, weil man keine Daten mehr hat.« Das, sagt Buhmann deutlich, wolle er schon noch loswerden in diesem Zusammenhang.

Um an Zahlen zu kommen, wende ich mich an Arnd Hüneke, der für das »WhiteIT«-Netzwerk eine Studie erstellt hat, woher das Missbrauchsmaterial stammt. Vielleicht weiß er mehr, um diese Straftaten konkret auf das Tor-Netzwerk zu beziehen – ob es viel ist oder wenig. Ich erreiche Arnd Hüneke beim Landesamt für Denkmalpflege. Sehr seltsam. Aber er ist dahin gewechselt – als Forscher und Leiter des Justiziariat und der Präsidialstelle. Er kümmert sich dort um »die Sicherung guter wissenschaftlicher Praxis«. Hüneke ist ein sachlicher Mensch, mag die große, inszenierte Aufregung gar nicht.

Ich möchte mit ihm über eine erschütternde Geschichte sprechen, die in jedem großen Text über Tor bedient wurde, der »die dunkle Seite« beleuchten sollte. Und diese Geschichte verdeutlicht ein bisschen, wie schwer es ist, Fakten von Politik oder Fakten von Vermutungen zu trennen, die sich nicht mit Zahlen belegen lassen. Sie zeigt: Nicht alles, was authentisch klingt, muss wahr sein – nur weil sich vielleicht eine spannende oder spektakuläre Geschichte dahinter verbirgt.

Es hieß, im Tor-Netzwerk könne man »Dolls bestellen – Körper von Kindern, denen die Augen ausgebrannt worden sind, als Sexspielzeug«. Und diese Geschichte zeigt auch: Im Anonymen trifft man nicht nur Edle und Unedle. Man trifft auch ganz viele Spinner, die man sonst vielleicht nicht treffen würde. Leute, die meinen, ihre Verschwörungen nur im Geheimen erzählen zu können. Im Tor-Netzwerk, weil sie »verfolgt« würden. Ob von ihren eigenen grausamen Ideen und Wahnvorstellungen oder von irgendwelchen Behörden, ist nicht immer gleich zu unterscheiden. Neben Gewalt geht es in den Boards vor allem um Aliens – und zwar nicht nur die in Roswell, New Mexico, sondern die »in der US-Regierung«. Außerdem um geheime Waffen und Verstrickungen der Bundesregierung. Man könnte sagen, es wirkt wie ein Nachmittag mit Erich von Däniken und N24. Aber man geht ja auch nicht in eine Rockerkneipe und wundert sich dann, dass dort Hells Angels rumlaufen.

Nach langem Suchen im Netzwerk finde ich den vermeintlichen Ursprung der Geschichte, die als »Lolita Slave Toy« im Deutschen von einem User im Tor-Netzwerk so aufgeschrieben wurde. Bitte auch hier nur mit starken Nerven weiterlesen und sonst die folgende Seite überblättern.

Ein osteuropäischer Chirurg »adoptiert«, kauft oder »sammelt« Mädchen um die 10 Jahre von der Straße oder aus Kinderheimen auf. In der heimischen Villa werden diese betäubt und im Anschluss werden Arme und Beine jeweils an den Ellenbogen und an den Knien amputiert.

Die Knochenstümpfe werden mit metallenen Ösen versehen, um die »Sklavinnen später überall festzumachen oder aufzuhängen«, so der Autor. Nach der Operation beginnt ein Gehorsamkeitstraining, verbunden mit sexuellem Missbrauch und Schmerzen. »Sie werden am Ende nicht mehr wissen, wer sie überhaupt sind, und einfach alles tun«. Befindet der Chirurg die »Sklavinnen« für »bereit«, werden sie durch eine Laserprozedur fast komplett geblendet und durch intensive Beschallung gehörlos gemacht. Danach werden sie als »Lolita Slave Toy« für 30000$ – 40000$ an irgendwelche kranken A*schlöcher verkauft.

Die Geschichte ist erschreckend. Aber bei der Anlassunabhängigen Recherche, die sich häufig in diesen einschlägigen Foren und dergleichen aufhält, geht man davon aus, dass dies eine *urban legend* ist – eine ausgedachte Geschichte, um Angst zu machen und sich zu profilieren. Man habe viel gesehen, heißt es dort. »Aber das ist ein bisschen zu dick aufgetragen.« Doch es zeigt sich, wie krank die Fantasie mancher ist, die sich im Deep Web bewegen. Wahrheit und Unwahrheit liegen hier, in der anonymen Welt, in der sich jeder unerkannt äußern kann, mitunter sehr nahe beieinander. Nur Zahlen lügen nicht. Oder fast nie. Oder manchmal doch. Jedenfalls brauche ich Zahlen.

»Hallo, Herr Hüneke«, melde ich mich am Telefon. »Hallo«, antwortet Arnd Hüneke, der im Bereich der Missbrauchsvideos wissenschaftlich geforscht hat.

»Herr Hüneke, auf eines kann ich mir keinen Reim machen: Behörden wie FBI oder LKA sagen, dass das Tor-Netzwerk ein bevorzugter Verbreitungskanal für Missbrauchsmaterial ist – andere sagen, das sei reine Propaganda und diene nur der Diskreditierung. Ist das Tor-Netzwerk und seine Anonymisierung nun Teil des Problems beim Thema Kindesmissbrauch?«, frage ich.

Hüneke überlegt kurz. »Sagen wir so«, beginnt er dann. »Wir gehen davon aus, dass recht sichere Foren wie Darknets und technische Hilfsmittel wie Anonymisierungssoftware den Tausch dieses Materials begünstigen«, sagt er betont sachlich und auch irgendwie kühl. Von Handel könne man aber nicht sprechen, dafür würden die Geldströme heutzutage viel zu gut kontrolliert, meint der Experte. »Grundsätzlich finden wir in diesen Anonymisierungsnetzwerken schon Täter mit pädophiler Neigung, allerdings ist es gewagt, einen spezifischen Verbreitungsweg mit einem Tätertypus zu verknüpfen. Wir gehen aber davon aus, dass ein sehr kleiner Täterkreis, der über das technische Wissen verfügt, das Tor-Netzwerk und die Darknets, also abgeschlossene Besuchergruppen, nutzt, um neues Material in den Kreislauf der Verbreitung einzuschleusen«, sagt Hüneke.

»Das heißt, vielen fehlt das technische Wissen?«

»Eindeutig, ja. Es handelt sich um einen sehr kleinen Teil der Täter«, fährt er fort, »der überwiegende Teil greift auf herkömmliche Tauschplattformen zurück, wie es sie im offenen Internet gibt.«

Ich scrolle auf meinem Bildschirm über seine Studie: »Heißt das im Umkehrschluss, dass das Tor-Netzwerk an sich eigentlich weniger ein Problem darstellt?«

»Von den reinen Zahlen her, ja«, erklärt Arnd Hüneke. »Da gibt es zunächst mal kaum Fälle. Es ist aber auch sehr schwer, an diese Leute zu kommen. Und damit bewegen sich unsere Zahlen, die wir haben, natürlich lediglich im Hellfeld.«

»Das bedeutet?«, frage ich.

»Das bedeutet«, antwortet Hüneke, »dass das im Dunkelfeld – bei den Leuten, die wir nicht kriegen – zahlenmäßig ganz anders aussehen kann. Daher sind Aussagen hier nur schwer zu treffen«, erklärt der Experte und hält kurz inne. »Wir gehen aber davon aus, dass eine kleine, sehr technikaffine Tätergruppe diese Netzwerke und Anonymisierungswerkzeuge nutzt, um neues Material bereitzustellen, welches dann in die zugänglichen Bereiche diffundiert.« Es wandere damit quasi vom abgeschotteten Bereich mit wenigen Personen in das offene Netz, so dass die filmenden Täter geschützt sind.

Hüneke fand in seiner kriminologischen Studie folgende Verbreitungswege für kinderpornografisches Material: 27 Prozent der Täter holen ihr Material aus dem offenen Internet, was allerdings mitunter sehr gut überwacht ist, so dass man sich also schon anhand der einschlägigen Suchbegriffe schnell verdächtig macht. Es wird zwar in der Regel keiner über reine Suchergebnisse verfolgt, das würde nicht reichen. Aber schon die Suche mit einschlägigen Begriffen im Netz kann strafbar sein: »Das gezielte Suchen nach Kinderpornografie«, meint Hüneke, »ist im Prinzip bereits der Versuch, sich Kinderpornografie zu verschaffen.« 1,4 Prozent des Materials komme dabei aus sogenannten »geschlossenen Besuchergruppen«, das betrifft Darknets und Seiten im Tor-Netzwerk. Der überwiegende Teil, nämlich fast 50 Prozent, stamme aus Tauschbörsen, so die Forscher.

Das Material in den Tauschbörsen sei aber oft schon sehr alt, meint Hüneke. »Wir vermuten daher, dass das neue Material zunächst im sicheren Bereich, das heißt Darknets, einer kleinen ausgewählten und vertrauenswürdigen Gruppe zugänglich gemacht wird, bevor es auf den offenen Markt gelangt. Dies ist insofern auch plausibel, weil die Täter, die dieses Material erstellen oder mit der Erstellung in Verbindung stehen, mit Anonymisierungssoftware und Darknets ein technisches Rückzugsgebiet haben, das schwerer von außen zu erreichen ist. Und gerade hier findet sich vorwiegend auch das brutalere Material wieder, welches man vielleicht nicht offen zugänglich machen würde.« Denn Tauschbörsen seien generell viel zu unsicher, die IPs ihrer Teilnehmer schnell getrackt. Dies gilt aber auch für Tor: Nicht nur warnen die Entwickler selbst davor, keine Tauschbörsen im anonymen Modus zu besuchen, auch andere Experten gehen davon aus, dass neben der Langsamkeit, die dann herrscht, auch Daten mitgesendet werden, die den Nutzer heimlich enttarnen.

Im »Löschbericht Kinderpornografie«, einem Bericht der Bundesregierung für das Jahr 2012, sind diese Tauschbörsen ebenfalls aufgeführt:

»Im Berichtszeitraum hat das Bundeskriminalamt (BKA) insgesamt 6209 Hinweise zu kinderpornografischen Inhalten bearbeitet. Davon wurden 5463 Hinweise an die jeweiligen Internet-Provider weitergeleitet, um eine Löschung der Inhalte zu bewirken. Von den weitergeleiteten Hinweisen betrafen 76 % ausländische und 24 % im Inland gehostete Inhalte. 746 Hinweise konnten u.a. deshalb nicht weitergeleitet werden, weil der Standort des Servers wegen der Nutzung des Verschleierungsverfahrens Tor nicht ermittelt werden konnte.«

(…)

»89 % der inländischen Inhalte waren spätestens zwei Tage nach Eingang des Hinweises beim BKA gelöscht. Nach einer Woche konnte eine

Löschquote von 98% erreicht werden, nach spätestens zwei Wochen waren die betreffenden Angebote zu 100% entfernt.«

(...)

»Die durchschnittliche Bearbeitungszeit vom Eingang des Hinweises beim BKA bis zur Löschung durch den Provider betrug im Jahr 2012 1,26 Tage.«

In Worten ausgedrückt: Tor ist offenbar nicht das Problem, als das es manchmal dargestellt wird. Aber 12% der verdächtigen Inhalte, denen aufgrund von Tor nicht nachgegangen werden kann, mögen ausreichen, um den Nachschub von neuem kinderpornografischen Material zu gewährleisten und dabei den Tätern Anonymität zu ermöglichen. Wie man es dreht und wendet, je tiefer man vordringt, desto komplizierter wird die Sachlage, und eine eindeutige Haltung zu finden, scheint fast unmöglich.

Ich beschließe, einige Tage Auszeit von Tor zu nehmen. An etwas anderes zu denken.

Es bleibt dabei: Auf der einen Seite stehen die Netz-Aktivisten und ich verstehe ihren Kampf um unsere Freiheit. Ich finde auch, dass vielleicht die Mehrheit der Bevölkerung diese Freiheit unter Umständen gar nicht will; dass sie lieber mit Apps spielen, statt umständlich ihre Mails sichern zu wollen; dass sie gar keinen Bock drauf haben und keinen Wunsch nach vollständiger Anonymität verspüren.

Man sollte das ernst nehmen, und man sollte sich vor Augen führen, dass in einer Demokratie die Mehrheit entscheidet, was sie will. Und nur sie.

Ich bin ebenso der Meinung, dass auch die Strafverfolgungsbehörden ein absolut legitimes Ziel verfolgen: das der Strafverfolgung im Internet nämlich. Dies muss möglich sein. Denn wenn im Tor-Netzwerk virtuell eine Gesellschaft von morgen verhandelt wird, ist sie mir bisher noch etwas zu einseitig, zu dominant sind die Seiten mit Waffen, Drogen und sexuellem Missbrauch. Die Betreiber und Aktivisten betonen ja, man könne eine Technik nicht verurteilen, Kriminelle gebe es auch so. Ganz ohne Tor. Und sie würden auch ohne Tor ihre Straftaten begehen. Aber Verschlüsselung und Anonymisierung helfen ihnen auf der anderen Seite natürlich trotzdem, ihre Spuren zu verwischen und Taten zu verschleiern. Wegdiskutieren kann man das erstmal nicht. Aber es ist eben nicht so, dass Kriminelle dies bevorzugt nutzen und darin eine Heimat, einen sicheren Hafen finden. Doch man muss sich auch klar machen: Im *Hidden Wiki* findet man hauptsächlich einschlägige Angebote. Aber es gibt viel mehr Seiten da draußen – und Verfolgte haben vielleicht keine Homepages, sie nutzen die Kommunikation. Und die zu finden, gleicht der Nadel im Heuhaufen. Man hat ja keinen Anknüpfungspunkt für seine Recherche, denn wo genau sollte man suchen? Ich muss versuchen, irgendwie auch die andere Seite zu finden: die Dissidenten, die Leute, denen Anonymität wirklich hilft, ihr Leben zu schützen.

Aber irgendetwas in dieser Diskussion, in meinen Recherchen rund um das Buch, den vielen Gesprächen bringt mich zunehmend dazu, mich an videoüberwachten Plätzen umzudrehen, nervös über die Schulter zu schauen. Obwohl da nichts ist. Meine Freundin sagte letztens ihrem besten Freund am Telefon, dass ich »langsam paranoid werde«. Aber was heißt schon langsam.

Mittlerweile, seit ich die Amerikaner angerufen habe und öffentlich mit meinem Anliegen in Erscheinung getreten bin, sichere ich mein Skript dauernd, schicke es Tom, damit er es hat. Ich sichere es auf meiner offiziellen Verlagsadresse und an mehreren getrennten Orten – elektronisch und auf CD. Verstecke diese sogar oder gebe gebrannte Kopien Leuten mit. Dann nehme ich sie ihnen wieder weg, weil ich Angst habe, sie in irgendwas mit reinzuziehen. Das Schlimmste: Ich weiß, dass das Unsinn ist.

Luke Harding schreibt in seinem Buch *The Snowden Files*, dass, als er Glenn Greenwald in Brasilien besuchte, um mit ihm ein Interview zu führen, sich ihm ein Mann namens Chris vorgestellt habe. Chris hatte ihn zu einer Tour durch Rio überreden wollen. Und weil er, Harding, natürlich sofort dachte, das müsse ein Agent sein, ging er lieber mit und schrieb zur Sicherheit seiner Frau: »Die CIA hat jemanden auf mich angesetzt. Der fällt aber sofort auf. Wie bei den Russen, die waren auch nicht besser.« Dann fiel das Handy aus.

In den folgenden Tagen und Wochen löschte sich bei Harding auf dem Computer beim Schreiben an seinem Manuskript wie von Geisterhand der Text. Zeile für Zeile. Immer wieder. Bis Harding eines Tages begann, Nachrichten für seine Beobachter zu hinterlassen: »Ich bin für Kritik offen«, schrieb er sinngemäß in sein Dokument. »Aber es wäre toll, wenn man mich vorher fertigschreiben ließe.« Trotzdem verschwanden Teile des Textes. Bis es irgendwann einfach aufhörte.

So wie Harding geht es mir jetzt. Und ich schreibe kein Buch über Snowden. Irgendetwas in mir fühlt sich mittlerweile ständig überwacht. Ich mache Späße am Telefon: »Hallo NSA«, sage ich. Begrüße die Agenten, übersetze ihnen Witze ins Englische. Um irgendwie damit umgehen zu können – mit dem Wissen, nicht mehr ganz allein zu sein. Eines Abends schreibt mir Andrew vom Tor-Projekt. »Nichts zieht mehr Aufmerksamkeit von Saurons Auge auf sich als jemand, der versucht, seinem Blick auszuweichen«, macht er eine Herr-der-Ringe-Anspielung. Wenn ich über die Recherche rede, müssen Handys aus dem Raum und Tablets abgeschaltet werden. Ich bin ein Wrack. »Wo bist du?«, schreibt Tom.

»Wer glaubt, er habe nichts zu verbergen, für den gilt: Das entscheidet nicht der Überwachte, sondern der Überwacher.« – **Hans von der Hagen**, *Süddeutsche Zeitung*

Was ist mit dir – was ist passiert, Alice?

»Nichts ist passiert«, sagt Alice, während sie neben mir an der Wand lehnt und sich einen Apfel schält. »Alles nur Mutmaßungen. Nichts davon ist wirklich wahr.«

»Seit wann sprichst du?«, frage ich.

Aber sie antwortet nicht.

DIE GRINSEKATZE

Datenschutz ist Opferschutz – wenn Menschen auf Anonymität angewiesen sind

Wirklich. Alice hätte von Anfang an zu Hause bleiben sollen. Es war eine unglaublich dämliche Idee, dem Kaninchen bis hierher zu folgen. Alle hier sind verrückt, denkt Alice, und streicht sich einen hinabhängenden Zweig aus dem Gesicht: Alle sind verrückt und ich werde es auch.

Das Telefon klingelt. 30 Minuten nach der vereinbarten Zeit. Mit dem Mauscursor schließe ich mein Mailfenster, die kleine Zwiebel liegt deaktiviert auf meinem Desktop.

»Hallo, Herr Bahls«, sage ich.

»Hallo. Ich hoffe, ich komme jetzt nicht ungelegen, weil ich etwas später dran bin?«

»Überhaupt nicht«, sage ich. Weil viele meiner Gesprächspartner aus Hackerkreisen bisher eindeutig das Du bevorzugen, biete ich es ihm vorsichtig mit dem Verweis darauf an.

»Ich würde gerne beim Sie bleiben«, sagt Bahls zurückhaltend. »Das ist mir lieber.«

Den Einstieg für dieses Interview habe ich gründlich versaut.

»Autsch.«

»Was denn?«, fragt Christian Bahls besorgt.

»Ich habe mir einen Fingernagel in die Hand gedrückt, weil ich den Einstieg versaut habe.«

»Nein«, sagt er. »Keine Sorge, das haben Sie nicht. Ich habe einfach schlechte Erfahrungen gemacht, daher bin ich etwas vorsichtiger geworden. Nichts für ungut. Sagen Sie, machen Sie Ihr Modem eigentlich nie aus?«

Ich: Wieso?

Bahls: Weil Sie seit Tagen dieselbe IP nutzen. Achso, und Ihr Rechner ist anscheinend so ungefähr das sechste Gerät, welches Sie an Ihr internes Netzwerk angeschlossen haben. Ich würde als interne IP-Adresse ihres Routers mal 192.168.0.1 ableiten.

Ich: …

Bahls: Ich habe mir einfach mal Ihre E-Mails genauer angeschaut, die Sie mir mit der Anfrage wegen des Interviews geschickt haben. Von der Google-Mail-Adresse. Sie sind Vodafone-Kunde, früher vielleicht mal Arcor, und haben DSL.

Ich: Sehen Sie das von außen, einfach so?

Bahls: Ja.

Ich: Was sehen Sie noch?

Bahls: Sie schicken immer vom selben Computer Mails – ein Laptop? (Anm. d. Verf. – Ja!) Der PC nutzt Windows 7 und Ihr Mailprogramm ist leider auch nicht mehr auf dem neuesten Stand, das wollen Sie unbedingt mal updaten.

Ich: Dann wissen Sie mehr als ich. Ich update alles sehr regelmäßig. Auch meinen Browser.

Bahls: Von dem, was ich hier sehe, und woraus ich Ihre Präferenzen für Software ableite, nutzen Sie wahrscheinlich den Mozilla-Firefox zum Browsen und den Acrobat Reader zum Lesen von PDFs. Wenn es mich jetzt wirklich interessieren würde, würde ich Ihnen einen Link zu einer von mir präparierten Seite schicken. Eigentlich sind Sie als Journalist so eine potenzielle Gefahr für Ihre Quellen, sollten diese brisante Informationen mit Ihnen austauschen wollen.

Ich: Das ist kein adäquater Einstieg für ein Interview!

Bahls: Wieso nicht?

Ich: Naja – es ist ein super Einstieg, aber auch das mit Abstand Gruseligste, was mir je passiert ist! Wieso können Sie in meinen Computer sehen, während wir telefonieren? Haben Sie mich gerade gehackt?

Bahls: Nein. Das sehe ich nur an den Daten, die Ihr Mailprogramm mit der Mailadresse übermittelt. Gut, Sie nutzen Verschlüsselungen,

aber wer mit wem kommuniziert und woher, das sieht man ja trotzdem. Vielleicht nutzen Sie mal Tor?
Ich: Ich nutze Tor – ich habe nur eine sechstägige Pause gemacht!

Christian Bahls leitet den Verein »MOGiS e.V. – eine Stimme für Betroffene«. Er kämpft für die politische Anerkennung und den Schutz von Opfern sexueller Gewalt. Bekannt geworden ist er vor einigen Jahren, als er gegen die damals diskutierten Internetsperren kämpfte.

Ich: Nutzen Sie denn Tor?
Bahls: Allerdings. Sehr oft sogar.
Ich: Und wozu?
Bahls: Gerade im politischen Bereich, in dem man als politischer Aktivist sehr sensibel sein muss, ist Anonymität doch entscheidend: Wenn sich jemand an einer Debatte beteiligt zum Beispiel und wenn ich recherchiere, wer dieser jemand ist, dann kann es wichtig sein, dass dieser jemand nicht weiß, dass ich seine Seite besuche. Anhand meiner IP-Adresse, die er sonst sehen würde.
Ich: Das klingt, als hätten Sie ein unlauteres Anliegen und etwas zu verbergen…
Bahls: Stimmt nicht. Es ist doch für jeden, der recherchiert oder etwas länger beobachtet, wichtig, möglichst nicht sofort zurückverfolgbar zu sein – ob Polizisten, die eine einschlägige Seite besuchen oder politische Aktivisten, die nicht sofort auffallen wollen. Die vielleicht Infos zusammenstellen. Und auch wenn Sie als Journalist oder Privatperson recherchieren, kann es durchaus von Vorteil sein, nicht überall Spuren Ihrer Recherche zu hinterlassen
Ich: Okay, als Journalist schon. Wenn ich investigativ und im Geheimen recherchieren müsste. Aber als Privatperson?
Bahls: Klar. Wenn Sie depressiv sind oder eine ansteckende Krankheit haben und dazu Infos im Internet suchen? Wollen Sie dann, dass das gespeichert wird und Ihre Krankenkasse es mitkriegt?

Ich: Das klingt sehr paranoid. Ist es schon soweit?
Bahls: Sehen Sie: Es wird oft von Missbrauchsvideos und -filmen im Tor gesprochen …
Ich: Allerdings.
Bahls: … und nun ist es doch so: Das Tor-Netzwerk mag diesen Tätern ja durchaus eine Möglichkeit geben, unentdeckt Material anzubieten. Aber es bietet doch auch den Opfern gleichzeitig die Möglichkeit, sich halbwegs anonym über ihre Vergangenheit auszutauschen – über das, was sie erlebt haben, die Leiden. Und das, ohne dass einem jeder dann gleich bis nach Hause folgen kann.
Ich: Das klingt wie alles im Zusammenhang mit diesem Netz: Es ist ja auch von Verfolgten und Dissidenten die Rede. Das sind alles auch sehr große Worte, die der Positivbewertung dienen.
Bahls: Opfer von sexueller Gewalt möchten nicht, dass ihre Vergangenheit von anderen an die Öffentlichkeit gezerrt wird. Jedenfalls nicht, wenn sie dem nicht vorher ausdrücklich zugestimmt haben – also wenn es von den Betroffenen klar selber ausgeht.
Ich: Nur verständlich.
Bahls: Aber Datenschutz ist nicht Täterschutz. Was Kindesmissbrauch angeht, ist Datenschutz hier vor allem eines: Opferschutz.

Als Kind ist Christian Bahls selbst Opfer sexueller Gewalt geworden. Hat Übergriffe erlebt. Daher sind es keine leeren Worte: Heute kümmert er sich mit seinem Verein um Betroffene. Er bietet zwar ausdrücklich keine Lebensberatung an, aber engagiert sich politisch für den Schutz der Opfer und Hilfe für Betroffene. Auch, damit sie nicht vergessen werden. »Wenn die Leute zu uns kommen«, sagt Christian Bahls, »müssen sie ihre Vergangenheit schon ein Stück weit verarbeitet haben. Wir bieten keine Seelsorge. Wir brauchen Aktivisten, die sich für unser Anliegen politisch stark machen.«

Ein Problem bei der Bewältigung kann sein, dass Opfer die Opferrolle zu sehr verinnerlichen: »Ich habe doch zwei Möglichkeiten«, gibt Bahls zu bedenken. »Entweder, ich finde mich mit der Opferrolle ab. Oder ich gehe gegen sie an. So ist es bei mir. Ich will nicht mehr nur Opfer sein.«

Ich: Sagt man sich als Opfer nicht, wie man es manchmal hört: Das Leben hat es nicht gut mit mir gemeint, es hat mit bisher nur Pech gebracht, das wird immer so weitergehen. Ich ziehe das Unglück an. Das wird nicht mehr besser – wissen Sie, wie ich das meine?
Bahls: Das ist tatsächlich so. Wenn ich mich in die Opferrolle begebe und darüber definiere und das so formuliere wie Sie eben, dann wird mir die Gesellschaft Mitleid geben. Aber eben nicht mehr als Mitleid.
Ich: Das heißt, ich bleibe Opfer?
Bahls: Genau. Ich bleibe Opfer, bekomme dafür Mitleid, weil mir so etwas Schlimmes passiert ist, aber außer Mitleid bekomme ich eben nichts: Die unbeteiligten Leute, also die Gesellschaft, sieht in mir dann einen Menschen, der gebrochen ist. Der nichts mehr alleine kann. Der Mitleid verdient. Wir verdienen aber nicht nur Mitleid. Wir sind vollwertige Menschen. Und wenn man so auftritt, und sich dafür stark macht und auch einen angemessenen Umgang mit Betroffenen einfordert, dann verliert man das Mitleid manchmal.
Ich: Weil es auf die Leute befremdlich wirkt, wenn ein Missbrauchsopfer nicht mit sich hadert – sondern in die Offensive geht und wieder ein ganz normaler Mensch sein will?
Bahls: Ganz genau. Auch weil man Betroffenen manchmal abspricht, in vielen Aspekten des Lebens ganz normal funktionieren zu können.

In seiner Freizeit hat sich Christian Bahls viele Computerkenntnisse angeeignet. Auch er ist Hacker. Er würde das zwar ebenso wenig von sich behaupten wie Simon. Aber das gehört dazu: Jeder, der bastelt, sich Gedanken macht, wie etwas Technisches funktioniert, ist eben ein Hacker. Für mich jedenfalls. Außerdem fühle ich mich nach wie vor von ihm »gehackt«.

Christian Bahls sagt von sich selbst, er habe schwere Zeiten erlebt. Man darf es ihm glauben: Als Opfer sexueller Gewalt und politischer Aktivist ist er vorsichtig geworden – in der Wahl seiner Kontakte, der Wortwahl seiner Aussagen, in dem Vertrauen auf das, was einem ein anderer erzählt. Christian Bahls glaubt nicht so gerne. Er weiß lieber. Und darum liest er den ganzen Tag, beschäftigt sich mit EU-Politik und verfolgt seitenlange Entwicklungen in Technik-Blogs. Mit einer einfachen Antwort kann und will er sich nicht zufrieden geben: Denn das hat ja etwas mit Vertrauen zu tun. Und vertrauen, das tue er grundlos erstmal »ungern«.

Ich: Herr Bahls, ich stelle diese Frage zwar nicht gerne, aber ich muss: Sie sind selbst als Kind Opfer sexueller Gewalt geworden?
Bahls: Ja. Die Frage können Sie ruhig stellen. Ich gehe damit bewusst an die Öffentlichkeit.
Ich: Man sagt, dass Opfer oft sich selbst die Schuld – jedenfalls eine Mitschuld – an den Übergriffen geben.
Bahls: Das stimmt.
Ich: Wie kann man sich das vorstellen?
Bahls: Es ist ja, wenn es in der Familie passiert, mit Mitwissern verbunden: Der Vater, der sich zu der Tochter oder dem Sohn ins Bett legt. Das Vertrauensverhältnis ausnutzt. Die Frau, die es mitkriegt.
Ich: Und wegschaut?
Bahls: Manchmal ist es gar kein Wegschauen: Mütter bieten ihre Kinder sogar regelrecht an, damit sie von den Bedürfnissen ihres Ehemannes mal »freigestellt« sind und selbst Ruhe haben.
Ich: Also stimmt das Bild nicht, dass Frauen die hilflosen Opfer sind, die keine Macht über den Mann haben?
Bahls: Überhaupt nicht. Es gibt Frauen, die nutzen die Attraktivität ihrer Töchter beispielsweise auch, um einen Mann so an sich zu binden. Und auch das Bild, dass in erster Linie Mädchen von sexuellen Übergriffen und Vergewaltigungen betroffen seien, stimmt so überhaupt nicht: Bei Kindern im Vorschulalter sind das sicher ge-

nauso häufig Jungen. Jedenfalls lehne ich das gängige Bild ab, es ginge immer nur um Mädchen.
Ich: Weil Sie ein Junge waren?
Bahls: Vielleicht. Aber auch ganz generell.

Bahls meint, man müsse sich eigentlich nur mal die Gerichtsakten ansehen. »Oft werden, wenn es in einem Fall um viele Taten geht, einige herausgesucht, um dem Richter einen Überblick zu verschaffen. Die anderen liegen dann hinten in den Akten, in einem braunen Umschlag versteckt. Ich würde sagen: Es wird oft von Mädchen erzählt, weil das ins Bild passt. Aber Jungen sind in der öffentlichen Wahrnehmung, was sexuelle Gewalt angeht, völlig unterrepräsentiert.« Es seien oft kleine Jungen, die Täter sich für ihre Übergriffe aussuchten. Der Fall Sebastian Edathy – das beispielhafte Bildmaterial vom kanadischen Anbieter – zeigt: Es sind wirklich zumeist Jungen gewesen, die von den Filmern ins Internet gestellt wurden.

Bahls: Der Fall Edathy macht betroffen. Man muss sich erstens vor Augen führen, dass es sehr einfach und ein oft praktizierter Weg ist, Leute mit solchem Material zu diskreditieren. Der Chaos Computer Club hat nicht umsonst gewarnt, man solle solchen digitalen Beweisen nicht uneingeschränkt vertrauen – weil man sie fälschen kann.
Ich: Zweitens?
Bahls: Zweitens zeigt der Fall Edathy auch, wie eine Person, die sich vermeintlich für dieses Material interessiert, natürlich jede Lobby verliert. Ich hatte selbst, als ich mich gegen die Internetsperren aussprach, eine merkwürdige Situation, die ich gerne mal erzählen würde: Ich hatte mich dagegen ausgesprochen, eben als Missbrauchsbetroffener. Aber eine der mächtigsten amerikanischen Kinderschutzorganisationen wollte diese Sperren möglichst in Europa mit Lobbyarbeit und Argumenten durchkriegen. Denn dann wäre es einfacher gewesen, sie mit dem Verweis auf die Umsetzung in Europa auch in den USA durchzusetzen. So war der Plan.

Ich: Was passierte dann?
Bahls: Ich vertrat also meine Meinung öffentlich, kurz vor Abschluss der Beratungen, und bekam plötzlich einen Link an meinen Twitter-Account geschickt. Der war aber so verkürzt, also auf wenige Buchstaben reduziert, wie man das macht, wenn man nicht den ganzen Link umständlich zeigen will. Und er enthielt eine Aufforderung, ich müsse das dringend lesen.
Ich: Und Sie haben natürlich draufgeklickt.
Bahls: Klar, damals dachte ich mir nichts dabei. Der Link lenkte mich dann aber direkt auf eine vorher fingierte Google-Suche mit einschlägigen Worten, die mich Missbrauchsbilder finden ließ. Es war sogar so eingestellt, dass die Option, nach der Google bestimmte Bilder wegfiltert, ausgeschaltet war – so, als ob ich die Missbrauchsbilder tatsächlich gesucht hätte. Ich informierte sofort mein politisches Umfeld, schrieb es in meinen Blog – ich hatte ziemliche Panik, dass das jetzt gegen mich verwendet würde.
Ich: Denn es ist ja eine Straftat?
Bahls: Ja. Und man hört als Betroffener ja immer wieder: »Aus Opfern werden Täter«. Das ist natürlich, dermaßen verallgemeinert, Blödsinn und zudem auch zutiefst verletzend. Aber so ist die öffentliche Meinung eben.
Ich: Und woher kam der Link?
Bahls: Das weiß ich bis heute nicht. Die Nachricht mit dem Link war wenig später einfach verschwunden. Gelöscht vermutlich. Keine Ahnung. Seitdem bin ich sehr, sehr misstrauisch geworden. Es wäre nicht das erste Mal, dass Leute mit sexuellen Inhalten jedweder Art öffentlich diskreditiert werden sollen. Aber einem Betroffenen so etwas anzuhängen, es auch so perfekt zu inszenieren, als hätte ich es selber gesucht: Das ist schon sehr, sehr perfide irgendwie.

Ich denke an die Folien der Geheimdienste, die ich gesehen habe – glaube zwar keineswegs, dieser könnte dafür zuständig sein, aber wenn Geheimdienste Material und »Treffen mit der Aussicht auf Sex«

mit Leuten in Verbindung bringen: Was ist dann mit anderen mächtigen Playern? Was ist mit riesigen Lobbygruppen und PR-Apparaten? Diese Strategie ist ja keineswegs den Geheimdiensten vorbehalten. Kurz denke ich an das Verfahren, das über Julian Assange schwebt: der Verdacht der Vergewaltigung zweier Frauen in Schweden. Es ist tatsächlich so: Ein Vergewaltiger verliert erst einmal jede Lobby. Selbst, wenn er noch gar nicht rechtskräftig verurteilt ist.

Ich: Herr Bahls, Sie sprachen vorhin von Vertrauen – Vertrauen in Bezug auf das Umfeld des Täters. Können wir darüber sprechen?
Bahls: Das Schlimmste ist ja, dass das Umfeld so lange nicht reagiert. Bei mir selbst war es so: Es gab da diesen Mann. Der kümmerte sich um mich, der machte mir immer türkischen Kaffee. Ich kam öfter an seiner Tür vorbei. Er lud mich dann häufig zu sich ein und irgendwann bin ich dann auch hineingegangen. Und keiner hat sich gefragt, was macht der Mann da mit diesen ganzen Kindern? Die Nachbarn nicht, die Eltern nicht.
Ich: Was hat der Mann mit den Kindern gemacht?
Bahls: Er hat uns sexuell ausgebeutet. Und auch die Nachbarn, die sicher etwas gehört oder gesehen haben müssen, haben einfach nicht eingegriffen oder auch nur mal nachgefragt. Niemand hat eingegriffen.
Ich: Ich komme nochmal auf die sogenannte Mitschuld zu sprechen – also dass Opfer sich irgendwie mitschuldig fühlen. Wie läuft so etwas ab?
Bahls: Ein Täter oder eine Täterin, die ein Kind sexuell ausbeutet, baut ja erstmal ein entsprechendes Verhältnis auf, denn sie wollen möglichst nicht, dass jemand etwas von ihren Taten oder ihrem Vorhaben bemerkt. Die Täter wissen ja häufig, dass es falsch ist. Sie kümmern sich also erst zum Beispiel bevorzugt um das Kind, sagen nette Dinge. Es gefällt Kindern, wenn man ihnen Zeit widmet. Und gerade wenn es Kinder sind, um die sich zu wenig gekümmert wird. Dann legt sich dieser jemand vielleicht anfangs nur mal neben das

Kind ins Bett. Und irgendwann geht es dann weiter, dann reiben Sie sich vielleicht am Kind oder berühren es. Und dann geht es weiter. Für die Betroffenen ist das in diesem Moment aber auch häufig, das darf man ja nicht vergessen, der eigene Vater, ihre Mutter oder eine andere wichtige Bezugsperson. Es ist ja nicht immer ein fremder Mensch.
Ich: Das macht es so schwer?
Bahls: Es findet ja etwas Konspiratives statt – ein Vater fängt nach dem Akt vielleicht an zu weinen. Klagt. Sagt, er habe das nicht gewollt. Er sei ein schlechter Mensch. Er käme jetzt ins Gefängnis. Sie wollen Ihren Vater als Kind aber so nicht sehen. Vielleicht wollen Sie ihn sogar trösten, ihm sagen, er sei kein schlechter Mensch und dass alles nur halb so schlimm sei. Vielleicht wollen Sie ihn vor dem Gefängnis schützen. Und dann beginnt irgendwann diese Mitschuld – denn man macht ja mit. Deckt den Täter sogar. Eltern und Lehrer predigen den Kindern ja immer gerne, sie sollen einfach nein sagen. Aber nein sagen ist gar nicht so einfach und bringt auch nichts, wenn niemand da ist, der das Nein hören könnte – oder das Nein akzeptiert.

Die Betroffenen im Verein »MOGiS« kennen solche Geschichten sicher. In Variationen. Bahls meint, für diese Menschen sei es zunächst einmal sehr wichtig, sich vertrauensvoll an jemanden wenden zu können. Aber über seinen GMX-Account schreibt keiner, sagt Bahls. Das liest der Provider mit. Und was diese Menschen zu erzählen haben – vielleicht gerade nur einer Person erzählen wollen – sei teils sehr konkret. »Da möchte man auf gar keinen Fall, dass das mitgelesen wird«, meint Bahls. Daher sei ein Rückzugsraum nicht nur für Drogenhändler im Tor-Netzwerk interessant: sondern vor allem für Opfer, die auf Diskretion und Anonymität angewiesen sind. Der Spruch »Ich habe nichts zu verbergen« sei ein Privileg. »Von denjenigen, die nicht traumatisiert sind«, sagt der Computerexperte.

Bahls: Daher sind ja auch die Verbindungsdaten so interessant für die Strafverfolger. Die sind normiert. Die kann man sehr gut automatisch auswerten. Sprache oder konkrete Inhalte von Mails erfordern ungleich mehr Aufwand. Aber, wie im Beispiel mit Ihrer E-Mail-Adresse: Man sieht schon – aha, der wendet sich an ein Opferschutzprogramm. Warum wohl? Auch diese zunächst unscheinbaren Daten verraten sehr viel. Man muss bei der Strafverfolgung auch bedenken: Tor hat fähige Admins. Die kümmern sich schon um *Silk Road*, Kindesmissbrauch und Co. Das wollen solche Anbieter selber nicht. Da wird eine Zusammenarbeit in diesen schweren Fällen sicher möglich sein.
Ich: Strafverfolgung ist also, selbst beim Tor-Experiment und beim Surfen unter vollständiger Anonymität, machbar?
Bahls: Ganz sicher sogar. Das möchte man nur nicht so raushängen lassen. Es ist besser, etwas, das einem offensichtlich Probleme bereitet, eher in ein schlechtes Licht zu rücken, anstatt auch noch seine Vorzüge zu preisen. Kindesmissbrauch gibt es. Punkt. Aber die Verbreitungswege sind erst einmal egal. Man muss das Problem an sich bekämpfen, nicht die Symptome. Das Internet hat für mich mit Kindesmissbrauch gar nichts zu tun. Die Leute denken nur: Weil der Kindesmissbrauch und die Bilder aus dem Internet zu kommen scheinen, sei das ihr einziger Berührungspunkt damit. Und weil man damit nichts zu tun haben will, denkt man eben, es sei besser, etwas wie Tor zu verbieten. Die Leute wollen das Problem so weit wie möglich aus ihrem Leben raushalten und verdrängen. Aber die Filme erfindet nicht das Internet. Sie werden in der echten Welt irgendwo gedreht. Und das gilt es zu verhindern.

Christian Bahls erklärt mir, dass ich sogar ihn, wenn er es nicht so gewollt hätte, mit meinen Daten verraten hätte. Dass er ausgewiesenermaßen mit einem Journalisten spricht. Aber auch: Wie oft er das tut und in welchem Umfang, zu welchen Zeiten und ob Daten geschickt werden oder nicht, denn das hängt ja mit der Größe der

E-Mail zusammen. Denn diese Daten hält auch eine Verschlüsselung nicht geheim. Sie schützt nur den Inhalt. Deshalb sei es angemessen, wenn man mit brisanten oder sehr persönlichen Daten anderer Menschen zu tun hat, diese, so gut es geht, vor dem Zugriff anderer zu schützen.

Bahls: Dafür brauchen wir Anonymität. Schon wir beide hier könnten jetzt in einem Überwachungskontext stehen. Sie schreiben ein Buch und fangen an, wie wild mit lauter Computer-Nerds zu kommunizieren. Und das kurz nach Snowden. Es bildet sich ein Cluster und man stelle sich vor, einer davon wäre auf einer Liste. Dann sind alle auf der Liste. Sie. Ihre Freundin übrigens auch gleich. Auch, wenn wir nur besprechen, wie wir ein Haus bauen oder wer mit wem Fahrgemeinschaften bildet.
Ich: Das klingt zwar sehr paranoid, aber wie schütze ich uns dann richtig?
Bahls: Tor alleine reicht nicht. Man muss diese Technik mit Ende-zu-Ende-Verschlüsselungen kombinieren. Weil ab der *exit node* jeder Inhalt potenziell sichtbar wird.
Ich: Na toll.
Bahls: Was denn?
Ich: Ich dachte, ich hätte alles geblickt. Und schon folgt wieder ein »Aber«. Ich fühle mich wie Alice, als sie den zweiten Keks isst. Wieder etwas kleiner geworden gerade.
Bahls: So ist das.
Ich: Also am besten bei jedem halbwegs vertraulichen Gespräch auch das Mobiltelefon ausschalten?
Bahls: Erstens geben Sie damit ein super deutliches Signal, dass Sie gleich etwas Heimliches und Konspiratives tun werden und zweitens bringt das wahrscheinlich gar nichts. Moderne Smartphones sind nie wirklich ganz aus. Die meisten Menschen machen die Dinger nicht mal aus, wenn sie sie an die Ladestation stecken. Und außerdem gibt es noch den Deep-Sleep-Modus.

Ich: Das heißt, das Handy schläft nur fest?

Bahls: Wenn Sie ein Handy kaufen und frisch aus der Verpackung nehmen, dann achten Sie mal drauf, wie lange es braucht, um hochzufahren. Denn dann ist es wirklich noch ganz aus. Vergleichen Sie das mit der Zeit, die Ihr Handy danach zum Hochfahren braucht, und Sie werden feststellen: Es ist signifikant kürzer. Das macht es bequem und so brisant. Das Handy funkt weiter Daten wie seinen Standort nach Hause.

Ich: Kann man auch über das Mikrofon mithören?

Bahls: Theoretisch auch das. Moderne Telefone haben sogar spezielle Hardware für Spracherkennung, die können im »ausgeschalteten Zustand« sogar noch auf Sprachbefehle hören.

Ich: Warum ist das so, will sich da jemand eine Hintertür aufhalten, um uns heimlich zu belauschen?

Bahls: Nein, zunächst ist das ja von den Kunden so gewünscht. Wir wollen, dass unser Wecker auch dann klingelt, wenn das Handy eigentlich aus ist.

Ich: Also bringt Handy ausmachen gar nichts?

Bahls: Handy ausmachen bringt gar nichts. Jedenfalls nicht, wenn jemand ernsthaft mithören möchte.

Tor ist demnach, wenn es für Missbrauchsvideos genutzt wird, mindestens so sehr Fluch wie Segen. Eher aber Segen, sagt Christian Bahls. Bei psychologischen oder medizinischen Beratungen im Internet wird schon lange auf Anonymität gesetzt: Es gibt Foren, in denen man seine Drogen- oder Privatprobleme mitteilen kann, Elternforen, in denen Fragen zu Problemen mit Kindern gestellt werden können, anonyme Chats für Medizinisches. Dies wird zwar meist nicht mit Tor gelöst, vermutlich weil es zu aufwendig wäre – aber die Anonymität steht trotzdem, ganz wie Christian Bahls es gesagt hat, im Mittelpunkt solcher privater Beratungen im Netz.

Man kann mit Tor also nur sehr schwer Filesharing betreiben, um zum Beispiel illegale Daten auszutauschen (zu langsam, keine vollständige Anonymität mehr). Und man weiß auch nie, wer auf der »anderen Seite« sitzt. Ein Geheimdienst, ein Spinner, ein vertrauenswürdiger Geschäftspartner oder ein windiger Freund?

Genau hier beginnt gleichermaßen die Stärke von Tor: Auch die eigenen Daten werden nicht gesammelt, auch die Dienste wissen nicht, mit wem sie gerade reden. Ein Zugriff auf diese Daten ist nicht möglich – wenn man sich an alle Regeln hält, beim Surfen keine Hintergrundprogramme betreibt und nach Möglichkeit sogar *Tails* verwendet. Kommunikation lässt sich schützen, man kann Seiten besuchen, ohne Fußspuren zu hinterlassen. Man schließt der allgemeinen Datensammelwut die Tür und bittet sie höflich, das Haus zu verlassen. Aber das ist ganz schön aufwendig. Trotzdem: Einen soliden Schutz bietet das Programm dennoch. Und dass sich dort, wie in der realen Welt auch, allerlei Leute mit durchaus verschiedenen Interessen versammeln und treffen, ist auch nicht verwunderlich.

Dieter Kochheim hat erklärt, man könne das Tor-Projekt nur dann in die Pflicht nehmen, wenn es offensiv mit verbotenen Inhalten werben würde – das tut es aber ganz und gar nicht. Ich bin der Antwort einen Schritt näher gekommen. Tor ist kein Problem. Eine Herausforderung vielleicht, aber keine schlechte. Und Christian Bahls hat mir die Augen geöffnet: Wenn ich als Privatperson von einer anderen Privatperson schon so leicht auszuspähen bin, wie er es mir gezeigt hat, was dann? Dann ist Datenschutz mehr. Dann bedeutet es nicht nur Schutz vor irgendwelchen abstrakten Geheimdiensten, mit denen man als normale Person vielleicht nie etwas zu tun hat: Es bedeutet auch Schutz vor kriminellen Hackern, vor Betrügern. Wenn man über die IP-Adresse schon verrät, wo genau man wohnt – und das stellt diese Adresse ja fast metergenau fest –, dann ist dies das Minimum an Verschwiegenheit in der Cyber-Welt: Schließlich würde man in der echten Welt auch niemandem sagen, wo man wohnt, ohne ihn zu kennen. Tor schiebt dem in gewisser Weise einen Riegel vor.

Und Christian Bahls? Er ist Alice' Grinsekatze – er hat mir die Tür im Baum geöffnet. Und damit die Augen. Tor ist nicht nur allein Abwehr gegen einen Geheimdienst. Es ist auch für den Privatgebrauch durchaus sehr nützlich, wenn man darauf angewiesen ist.

Alice: *(schüchtern)* Könnten Sie mir sagen, welchen Weg ich jetzt gehen muss?
Grinsekatze: *(lächelt)* Das kommt zunächst einmal ganz darauf an, wohin du gehen möchtest…
Alice: *(schluchzt)* Es ist mir egal. Solange ich nur irgendwohin komme, weg aus dem Wald.
Grinsekatze: Oh, das wirst du ganz gewiss. Du musst nur lange genug gehen, fürchte ich. Dort drüben geht es wieder zum Hutmacher *(beugt sich rüber)*. Und dort … *(zeigt ausholend auf den anderen Weg)* geht es zum Märzhasen. Besuche, wen du willst. Sie sind beide verrückt.
Alice: Aber ich möchte nicht mehr zu verrückten Leuten gehen. Ich möchte nach Hause.
Grinsekatze: Oh, das kannst du nicht ändern. Wir sind hier alle verrückt, weißt du. Ich. Der Hutmacher. Und du bist es auch.
Alice: Woher wollen Sie wissen, dass ich verrückt bin?
Grinsekatze: *(öffnet Tür im Baum unter sich)* Das liegt auf der Hand: Sonst wärst du doch nicht hierher gekommen.

DIE KARTENSOLDATEN

Wenn Unschuldige ihr Leben verlieren: Dissidenten und Krieg im Netz

Zunächst wundert sich Alice über die plötzliche Wendung; die Türen in den Bäumen, die man mit einem Ast als Hebel öffnen kann. Das ist schon merkwürdig. Als sie hindurchschreitet, tritt sie zum ersten Mal seit langem in die Sonne hinaus. Umringt von grünen Hecken. Sie hört ein hübsches Lied, wozu vier Spielkarten weiße Rosen rot malen. »Hallo, ihr da«, sagt Alice. Aber die Herren lassen sich nicht ablenken, weshalb Alice sich vorsichtig nähert.

Meine nächste Frage lautet jetzt: Was ist eigentlich mit Leuten wie Snowden – und wie sicher ist Tor, wenn man einer solchen Technik wirklich sein Leben anvertrauen muss? Macht das überhaupt jemand? Und wer sind diese Verfolgten wirklich, die keiner kennt und von denen es heißt, sie hätten grundsätzlich Besseres zu tun, als der Presse Interviews zu geben? Das ist zwar allzu verständlich, aber können vermeintliche Dissidenten, von denen alle sprechen, als Rechtfertigung für das Netzwerk herhalten? Denn: Vielleicht sind es gar nicht viele, die die Anonymisierungs-Technik wirklich brauchen? Vielleicht ist es eine Ausrede: Seht her, wir sind gut. Wir unterstützen Dissidenten. Da niemand die Identitäten der vermeintlichen Dissidenten überprüfen kann, da sie geheim gehalten werden müssen, ist das vielleicht nicht mehr als ein Bluff: Vielleicht gibt es diese Leute, vielleicht sind es aber auch nur fünf Leute, die sich vor ihrer Stiefmutter verstecken. Ich weiß es ja nicht. Und solange ich keinen gesehen habe, kann ich das auch nicht einfach so glauben.

Ich zucke mit den Schultern, drehe mich reflexartig um, um zu sehen, ob das jemand in der Reihe hinter mir mitbekommen hat: »Möchtest du erste Klasse fahren?«, frage ich Alice, und als sie nicht antwortet, kaufe ich ihr ein einfaches Ticket nach Berlin. »Du kriegst keins«, sage ich der Grinsekatze und hebe den Zeigefinger. »Du musst leider hierbleiben.« Dann schiebe ich mich durch die Menge und hinein in den Zug. Die Türen schließen hinter mir wie die Tür im Baum im Wunderland. Sonne.

Als sie um eine Hecke herum geht, hört Alice plötzlich Stimmen.

»Recht so, Fünf! Schiebe immer die Schuld auf andere Leute!«

»Du sei nur ganz still!« antwortet eine andere Stimme. »Gestern erst hörte ich die Königin sagen, du verdientest geköpft zu werden!«

»Wofür?« fragt der, welcher zuerst gesprochen hat.

»Das geht dich nichts an.

»Ihr da«, ruft Alice und springt, so hoch sie kann, um den Spielkarten ein Zeichen zu geben, die gerade die Rosen bemalen. »Wer ist das denn?«, fragen die Karten und blicken einander überrascht an. »Ich bin Alice«, sagt Alice und macht einen Knicks. »Und Sie?«, gibt sie schnell, aber höflich zurück. »Wir sind die Soldaten Ihrer Majestät«, sagt die eine Karte, während die andere sie verschmitzt in die Seite stößt und ihr zuzwinkert. »Und was machen Sie da?«, hakt Alice nach und deutet auf die Sträucher. »Wir malen die Rosen rot an«, antwortet eine Karte, die im Hintergrund steht und bleich wird, als sie das sagt.

Merkwürdig, denkt Alice. Soldatenkarten. Wo gibt es denn sowas?

Die Bar ist finster. Aus dem schmalen Spalt einer Tür zieht Zigarettenrauch in den vorderen Bereich an der Theke, wo Stühle um kleine, viereckige Tische stehen. Alte Bilder an der Wand. Poster. Unmengen alter, aber sehr bekannter Bücher in den Regalen. Eine Stehlampe mit grauem Schirm, der aussieht, als habe Otto von Bismarck ihn persönlich aufgezogen.

Stephan Urbach passt nur so mittel hierher. Gefärbte Haare, gepierct, Non-Konformist durch und durch. Die Bar macht den Anschein, als treffen sich hier nur normale Leute mit langweiligen Leben. Aber der Schein trügt oft.

»Ein alkoholfreies Bier«, sagt Stephan Urbach und grinst. Er hat sich diese Bar ausgesucht, als Treffpunkt für ein Interview, und fühlt sich offensichtlich wohl. »Eigentlich habe ich keinen Bock mehr auf Journalisten«, sagt er dann knapp und legt die Hände auf den Tisch. Stephan Urbach ist ein Star. Der mediale Rummel hat ihn sicherlich selbst überrascht. »Da kamen so viele Anfragen in kurzer Zeit«, fügt er hinzu und legt den Kopf etwas schräg. »Das nervt. Vor allem, wenn dann viele Fragen und Geschichten völlig gleich sind.«

Ich: Warum haben Sie jetzt zugesagt?
Urbach: Weil ich die Idee sehr geil finde. Ein Buch über Tor, noch dazu eine richtig langes und vielleicht sogar gut gemachtes, das ist richtig wichtig gerade.
Ich: Wieso?
Urbach: Das wissen Sie nicht selbst?
Ich: Sagen wir, ich wüsste es, aber möchte es von Ihnen hören?
Urbach: Vielleicht, wenn ich noch ein alkoholfreies Bier kriege?
Ich: Ich bin gut im Bestechen: Ich biete zwei alkoholfreie Bier, vielleicht auch welche mit Alkohol – oder Cocktails und die Taxi-Fahrt nach Hause?
Urbach: Alkoholfrei reicht. Das mag ich lieber.
Ich: Gut, der Deal ist fix: Warum ist das Buch wichtig?
Urbach: Weil die Leute sich nicht damit beschäftigen, was um sie herum passiert. Ich meine, im Computerbereich. Vielleicht ist es zu kompliziert, vielleicht zu trocken: Aber wir haben Snowden und keinen scheint es mehr zu interessieren, nichts passiert hier. Die Leute gehen einfach so zum nächsten Thema und zur Tagesordnung über. Das nervt total.

Stephan Urbach, im Internet auch unter den Pseudonymen »tomate« und »herrurbach« – trendy alles kleingeschrieben –, ist gelernter Bankkaufmann. Seine Lehre hat er bei einer hessischen Sparkasse gemacht. Davor hat er Deutsch und Geschichte studiert, auf Lehramt. Es wirkt, als wäre das Jahrhunderte her. Und er sah sich auch Zwängen ausgesetzt: Weil es finanziell nicht so klappte, wechselte Urbach von der Studienbank ins Berufsleben. Und über Umwege in die IT-Branche.

In die Medien geriet der Hacker und Aktivist dann wegen einer sehr großen Sache – er hat mit seiner Aktivistengruppe *Telecomix* am Arabischen Frühling mitgewirkt. Und sich direkt mit Husni Mubarak angelegt, dem damaligen Staatspräsidenten von Ägypten. Sein Modem steht bald im Deutschen Technikmuseum in Berlin, ab 2015. Heute sagt Urbach Sätze wie: »Man erkennt die Freiheit einer Gesellschaft an der Freiheit ihrer Netze – und das betrifft Internet, Strom, Gas und vor allem Wasser.« Mit der Ägypten-Sache jedenfalls wurde Urbach quasi über Nacht ein deutscher Held – und auch im Ausland gefeiert.

Ich: Was ist eigentlich passiert, warum seid ihr so berühmt geworden?
Urbach: *(nimmt einen Schluck)* Als Mubarak wegen der anhaltenden Proteste den sogenannten Kill-Switch zog, also über Nacht das gesamte Internet für die Ägypter sperrte, haben wir uns in Berlin gedacht: So nicht!
Ich: Robin-Hood-mäßig?
Urbach: Naja. Ein bisschen vielleicht. Aber wir haben das quasi live mitbekommen, wir hatten viele Kontakte und auch Freunde dort vor Ort. Wir haben uns einfach gedacht, wenn wir was machen können, dann machen wir es jetzt. Das Abschalten des Internets war eine Kriegserklärung – an das ägyptische Volk, die Opposition und, wegen unserer Denke, auch an uns. Das haben wir nicht akzeptieren können.
Ich: Was habt ihr gemacht mit *Telecomix*?
Urbach: Wir haben geprüft, ob die IP-Adressen noch reagieren, aber sie waren einfach weg. Tot. Da wussten wir, Mubarak hat das Netz abgeschaltet. Alles war weg, wie ein weißer Fleck. Dann sind wir zum Gegenangriff übergegangen.

Telecomix

Sociocyphernetic jellyfish cluster

To whom it may concern – please distribute!

Due to the harsh internet blackout in Egypt, we are trying to establish all possible means of communications for you. We at Telecomix support free speach and free data transit, thus we created this dial up points. Please feel free to use them to get connection to the Internet.

Number	User	Password
+46850009990	telecomix	telecomix
+492317299993	telecomix	telecomix
+4953160941030	telecomix	telecomix
+46850009990	tcx	tcx
+331728890150	toto	toto
+46187000800	flashback	flashback
+34912910230	any user/pass	
+3908251872424	no auth needed	
+3909241962424	no auth needed	
+16033715050	any user/pass	
+4721405060	any user/pass	
+431962962	selfnet	selfnet

Please report at http://chat.telecomix.org anything you need regarding free communication and/this dial up connections.

We are providing a Telefax bridge to the internet for you to use.

This is how it works

1. You send a fax message to **+494038699239 (0049 prefix, Germany)**
2. We receive it electronically.
3. We remove all header lines which may identify your location.
4. If you wish, we will publish your message here on interfax.werebuild.eu (this webpage). To do this please write:

   PUBLISH IMMEDIATELY TO INTERFAX.WEREBUILD.EU

5. If you wish, we will forward it to any e-mail of your wish. Just write which e-mail you want it to. To do this please write:

   SEND TO XXX@XXX.COM (multiple addresses are also valid)

Please note: Fax is not a very secure means of communication. Your message can be intercepted or altered, and the phone line provider will see that you have made this call. Use with care!

Ich: Cool. Wie geht das?
Urbach: Wir haben ein altes Modem aus dem Schrank genommen, so ein Steinzeit-Ding, und haben es an meinen Rechner angeschlossen. Dann haben wir es so konfiguriert, dass über Einwahlnummern jemand von außen drauf zugreifen kann – und diese Nummern haben wir nach Ägypten gefaxt.
Ich: Und wer hat die Nummer bekommen?
Urbach: Oppositionelle, Freunde, Bekannte.

Innerhalb von Minuten meldeten sich die Ägypter zurück. »Wir hörten sofort die Gnartz-Geräusche im Modem«, meint Urbach. Die Leitungen wurden genutzt. »Sie waren zwar sehr langsam«, sagt er. »Aber es reichte.« Zusammen mit vielen Providern – zumeist kleineren Anbietern – stellte *Telecomix* die Bandbreite bereit, um den Leuten vor Ort den Zugang zum Internet zu gewähren. Die Aktion dauerte so lange, wie der Kill-Switch lief.

Ich: Noch ein alkoholfreies Bier für den Herrn!
Urbach: Wir haben dann sofort Kontakte mit Journalisten geknüpft.
Ich: Denen vor Ort?
Urbach: Nein, denen von hier. Damit die wiederum mit den Leuten vor Ort sprechen konnten, damit sie Quellen hatten, die die Lage dort schildern konnten. Die sagen konnten, was gerade passierte.
Ich: Welche Rolle spielte Tor dabei?
Urbach: Um die Leute zu schützen, und auch uns selbst, wurde jeder Anruf, der über diese Einwahlnummern kam – zum Beispiel für ein Interview oder Chat – durch das Tor-Netzwerk geleitet.
Ich: Aber das war dann ja noch langsamer?
Urbach: Genau. Aber um uns und die Leute vor Ort zu schützen, war das erstmal unerheblich. Ich baue ja nicht schnell ein komplettes VPN auf. Und es musste schnell gehen, damals.

Nach vier oder fünf Tagen war die Aktion vorbei. »Ein Junge aus Ägypten schrieb mir«, erinnert sich Urbach, »dass er seinen Eltern in London nur durch unsere Aktion Bescheid sagen konnte, dass es ihm gut geht. Dass alles okay ist«, schildert er. »Der Kill-Switch war Krieg«, meint der Hacker. »Es war, wie das Wasser abzudrehen.« Und das hätten sie einfach nicht hinnehmen können.

Urbach: Wir sprechen hier von Menschen, die getötet werden, weil sie unverschlüsselt kommunizieren.
Ich: Naja. Das wird immer so gesagt jedenfalls...
Urbach: Ach ja?
Ich: Es heißt immer, dass Verfolgte das Netz nutzen.
Urbach: Tun sie ja auch. Und Tor ist einfach zu installieren, einfach bereitzustellen.
Ich: Ja, das sagt man so.
Urbach: Ich habe mal über Tor an einer Videokonferenz teilgenommen. Wir machen solche ähnlichen Aktionen auch in Syrien gerade. Da wurde mein Gesprächspartner vor laufender Kamera erschossen.
Ich: Wirklich?
Urbach: Wir redeten, plötzlich hörte man im Hintergrund Stimmen und wie die Tür aufgebrochen wurde. Dann haben die Soldaten von Assad ihn erlegt. Wie ein Tier. Sie haben noch zu uns in die Kamera gewunken, als er tot war!

Ein Anliegen hat Stephan Urbach noch, als wir die Rechnung ordern: »Bitte schreiben Sie auch mal Folgendes rein: Nur weil wir im Iran, in Ägypten, in Syrien oder Libyen tätig sind, heißt das nicht, dass wir hier die geilen Europäer sind, die den wilden, unzivilisierten Arabern das Internet bringen. Und ihnen helfen müssen, weil sie sich nicht helfen können. Das hat mich wahnsinnig an der Berichterstattung aufgeregt. Es sieht immer so aus, als ob die weißen Helden die Wilden gerettet haben. Wir haben das nicht nur für die Menschen dort gemacht. Wir haben es auch gemacht, weil wir das nicht hinnehmen wollten. Für uns. Und wenn einen etwas stört, dann muss man aufstehen dafür. Das wird eh viel zu selten gemacht«, sagt Urbach, zuckt mit den Schultern und steckt sich eine Zigarette an.

»So, da haben Sie Ihre Dissidenten«, sagt er und schlendert über die Straße davon. »Viel Glück mit dem Buch«, ruft er noch. »Es ist wichtig, das zu machen. Leute wie Snowden und Manning riskieren alles für uns, die sind unglaublich mutig. Das müssen wir auch würdigen. Die Freiheit muss verteidigt werden!«

»Haben Sie keine Angst, dass so über die Straße zu schreien«, rufe ich. »Denken Sie an die Drei-Buchstaben-Behörde, die uns beide abhört!«

»Der Arm der Amerikaner reicht nicht überall hin, sehen wir doch am Asyl in Moskau«, ruft Urbach zurück und hebt zum Abschied die Hand, zieht an seiner Zigarette. »Wir haben viel Kredit durch unsere Aktionen bekommen in der westlichen Welt. Es war ja schick, gegen Assad oder Mubarak zu sein. Wir haben uns in den Augen der Amis doch im Gegensatz zu Snowden die richtigen Gegner ausgesucht, wenn Sie verstehen, was ich meine.«

»Das sagen Sie aber auch nicht, wenn Sie erstmal in Guantanamo sitzen!«, rufe ich.

»Keine Sorge. Helden bricht man nicht die Beine. Auch nicht als Regierung! Daher kann ich sagen, was ich will.« Dann verschwindet Stephan Urbach in der U-Bahnstation und ich bleibe grübelnd zurück.

»Warum malt ihr die Rosen rot?«, fragt Alice die Kartensoldaten. »Weil wir aus Versehen weiße gepflanzt haben«, antwortet einer und fährt mit dem Pinsel über die Blüten. »Na und«, sagt Alice. »Weiß ist doch auch sehr schön?«

Die Karten schütteln verängstigt den Kopf. »Oh nein, kleines Fräulein. Die Rosen müssen rot sein. Ihre Majestät wünscht das so.« Alice stützt wütend die Arme in die Seite. »Aber das ist doch

Quatsch«, sagt sie dann. »Es ist doch nur eine Farbe – was soll schon passieren, wenn die Rosen nicht rot sind?«

Die Karten sehen sich entgeistert an, einer schiebt fassungslos den Pinsel in den Farbeimer. »Junges Fräulein, dann rollt unser Kopf«, ergänzt er. »Ihre Majestät lässt jeden enthaupten«, sagt einer mit zitternder Stimme von hinten. »Nur, weil die Rosen nicht rot sind. Sondern weiß.« Alice kann das zunächst gar nicht glauben: Da, wo sie herkommt, würde man doch keinen enthaupten für ein paar Rosen. »Ihre Majestät möchte das aber so«, sagen die Karten im Chor und die im Hintergrund stehende fügt mit bitterer Stimme an: »Dann heißt es: Ab mit dem Kopf!« Dabei spritzt sie vor Schreck rote Farbe um sich, als wäre es Blut.

Auch diese Geschichte passt schon wieder, denke ich. Wir leben in einem Land mit lauter Privilegien. Bei all dem, über was wir uns beschweren, sollten wir nie vergessen, wie es anderen Leuten geht. In Diktaturen. Als Stephan Urbach mir seine Geschichte erzählte – gerade das mit dem Toten –, lief es mir kalt den Rücken runter. Diese Dinge können wir uns in der Regel nicht mal vorstellen. Die Hecken im Garten der Königin decken die Kartensoldaten bei ihrem Tun: Sie sind so hoch, dass die Königin vom Palast aus nicht sehen kann, wie ihre Untergebenen schnell alle Blumen bemalen, um nicht den Kopf zu verlieren. Tor ist auch eine Hecke. Sie schützt einige Hilflose vor dem Zugriff der erbarmungslosen und unberechenbaren Staatsgewalt. Wäre diese Königin nicht fiktiv, sondern ein echter diktatorischer Herrscher: Die Hecke, also Tor, würde ganz allein über das Leben dieser Leute entscheiden.

»Komm, Alice«, sage ich und deute auf den Weg. »Es ist noch ein Stück bis zum Palast. Vielleicht kann uns dort jemand sagen, wie wir hier wieder rauskommen.« Alice betrachtet noch eine Weile die Rosen, während die Kartensoldaten weiterpinseln. Dann dreht sie sich weg und geht entlang der Hecken Richtung Horizont.

IM GARTEN DER KÖNIGIN

WikiLeaks und Whistleblower: Wie sicher ist Tor?

»Winfried«, sagt der alte Mann mit dem weißen Schnäuzer und Ringelpullover, der mir gegenübersitzt, und stößt dem anderen alten Mann mit den schütteren Haaren in die Seite. »Ich dachte, du guckst den MDR?« Keine Antwort von dem Mann, der kaum noch Haare hat, dafür aber Altersflecken wie Sommersprossen. Seine zitternde Hand ruht auf einem Gehstock. Durch selbstverdunkelnde Sonnenbrillengläser blickt er seinen Freund fragend an. »Ich dachte, du guckst auch den MDR, Winfried?«

Keine Antwort.

Oft gibt es keine Antworten mehr. Ich habe nach WikiLeaks gesucht, John Goetz und Georg Mascolo angeschrieben, bin vertröstet worden. Sie alle nutzen Tor, sagt man in der Szene. Alle. Und meine Recherche ist ja auch zu keinem anderen Ergebnis gekommen: Es ist ein einfacher Weg, anonym zu bleiben – und längst viel mehr als eine Plattform für Drogen- und Pornografieanbieter oder verirrte Seelen.

Zusammen mit Alice bin ich auf dem Weg zu Daniel Domscheit-Berg, dem Ex-Sprecher der Enthüllungsplattform WikiLeaks und einem versierten Netzwerk-Experten. Er hatte Streit mit Julian Assange, das ist hinlänglich bekannt. Aber ich habe beschlossen, das für mich auszuklammern. Zu sehr ist es zum Glaubenskrieg in der Szene geworden, wem man vertraut. Und ich will das nicht. Wir haben vereinbart, alte Geschichten alte Geschichten sein zu lassen, und ich will ihn fragen, wie sicher Tor wirklich ist – und nicht im Sand längst vergangener Tage wühlen.

Draußen vor dem Fenster zieht die herrliche Landschaft Brandenburgs vorbei, im Schein der Sonne des ersten schönen Tages in diesem Jahr. Auch wenn es hier wieder Wölfe gibt: Die Tiere haben eben Geschmack, denke ich. Als Wolf würde ich auch nach Brandenburg gehen. Vielleicht, weil ich selbst auf dem Land aufgewachsen bin. Die beiden Herren gegenüber haben bereits ihre Jacken ausgezogen.

Ringelpullover-Mann: Winfried, *(stößt ihn an)* da gibt's auf dem MDR doch immer die Geschichtssendung…
Älterer Mann: Ja, was denn…
Ringelpullover-Mann: Ach, was weiß ich. Die präsentieren da Heimatgeschichten.
Älterer Mann: Ja, und?
Ringelpullover-Mann: Die haben in der letzten Folge gesagt, das glaubst du nicht, Winfried, dass die Russen atombetriebene MIGs hatten!
Älterer Mann: Wer, der MDR?
Ringelpullover-Mann: Die Russen, Winfried…
Älterer Mann: Achso.
Ringelpullover-Mann: *(fragender Blick)*
Älterer Mann: Was hatten die?
Ringelpullover-Mann: Atombetriebene MIGs, Winfried. Kampfflugzeuge mit Atomreaktor!
Älterer Mann: Aha.
Ringelpullover-Mann: Das musst du dir mal vorstellen. In Vogelsang!
Älterer Mann: …
Ringelpullover-Mann: Und Atomwaffen hatten die da auch, sagt der MDR. Bei uns, in der Zone, Winfried. Direkt in Vogelsang!

Daniel Domscheit-Berg lebt auf dem Land, zusammen mit seiner Frau Anke, in einem weißen Haus – stattlich, fast ein bisschen herrschaftlich. Und innen unglaublich gemütlich. Meine alte Klassenlehrerin aus der Grundschule hatte auch so eines – man tritt ein und möchte aus irgendeinem Grund immer gleich über Nacht bleiben. Hat was mit der Inneneinrichtung zu tun und wie Leute leben, denke ich.

Der Informatiker holt mich vom Bahnhof ab, der direkt vor seinem Haus liegt. Offenes Hemd, bequeme Hose. Vollbart. Er könnte gut auch ein Förster sein oder ein Holzfäller. Die Haare trägt er länger als auf den Bildern, die ich gefunden habe. Vielleicht trägt er sie kurz, wenn er auf Kongresse geht und Reden hält, und lang, wenn er zu Hause ist. Man weiß es nicht.

Domscheit-Berg: Hallo. Wie war die Fahrt?
Ich: Gut, danke. Wussten Sie, dass die Russen atombetriebene MIGs hatten, in Vogelsang?
Domscheit-Berg: Echt?
Ich: Offenbar. Sagt der MDR. Und sagen auch die beiden Opis, die gerade mit mir im Zug saßen.
Domscheit-Berg: Das ist echt mal total interessant. Warum macht man das heute nicht mehr?
Ich: Was denn?
Domscheit-Berg: Das mit den MIGs.
Ich: Ich weiß nicht. Oft abgestürzt, schätze ich. Oder zu teuer. Vielleicht wird es im Geheimen auf einer Militärbasis in der Wüste weiterverfolgt?
Domscheit-Berg: Gut möglich.
Ich: Vielleicht waren die beiden Opis auch Agenten, die dafür sorgen sollen, dass wir gerade nicht glauben, dass das technisch überhaupt möglich ist?
Fremder Mann: *(hebt die Hand)* Hallo!
Domscheit-Berg: Hallo.
Fremder Mann: Ich habe alles einfach in den Flur gestellt, wenn es okay ist.
Domscheit-Berg: Super, danke.

Auf drei Steinstufen im Eingang stehen jetzt Kisten verteilt: Bio-Mate, eine Fleischkeule (vielleicht Hirsch) und eine Kiste voller Gemüse vom Land. Man könnte denken, die Domscheit-Bergs betrieben ein kleines Restaurant – »Wir bestellen nur noch Regionales«, sagt Domscheit-Berg. »Einer der großen Vorteile des Landlebens«, fügt er an und kratzt seinen dichten schwarzen Bart. »Man hat ein gutes Gewissen und kennt die Leute.«

»Weitere Vorteile am Landleben?«, frage ich. Pause. Er hievt eine Kiste hoch, bringt sie zur Küche. »Die Ruhe.« Ich stehe ratlos vor den Kisten. »Soll ich vielleicht auch eine mitnehmen?«, frage ich. »Nein«, ruft er aus der Küche. »Aber zwei Mate können Sie mitbringen.«

Anke Domscheit-Berg steht an der Treppe und bindet sich die Schuhe. »Ich muss los«, sagt sie knapp zu ihrem Mann. »Bis später.«

Ich: Wollen wir unsere Handys ins Eisfach legen, macht man das so?
Domscheit-Berg: Kühlschrank reicht. Das ist schalldicht genug.
Ich: Ähm. Gut. Ich lege es vielleicht doch nicht in den Kühlschrank, sondern lasse es im Flur – außer Hörweite?
Domscheit-Berg: Das mit dem Handy war ein Scherz! Das ist wirklich stark übertrieben. Aber nach NSA-Logik sind Sie eh schon interessant, wenn Sie sich mit so vielen interessanten Leuten treffen.
Ich: Denken Sie wirklich?
Domscheit-Berg: Klar. Ganz uninteressant sind die meisten nicht, mit denen Sie wohl gerade verkehren. Da potenzielle Ziele aber eh bis ins dritte Glied abgehört werden, betrifft das jetzt auch Ihre Freundin, deren Eltern. Ihre Eltern und Ihre Freunde. Das mit dem Handy ist jetzt erstmal egal.
Ich: Sie haben selbst kein Handy, oder?
Domscheit-Berg: Nein.
Ich: Ich wollte nämlich vorhin sagen, dass mein Zug Verspätung hat, konnte Sie aber nicht erreichen…

Domscheit-Berg: Ich brauche es nicht oft. Aber ich kann es vielleicht mal wieder aufladen.

Ich folge Domscheit-Berg ins Arbeitszimmer und lege mein Handy auf den Tisch im Flur, wo ich es anschließend natürlich fast vergessen werde.

Domscheit-Bergs Büro besteht aus Monitoren, einer Werkbank, auf der ein zerlegter Server neben einem Mischpult liegt, Poster an den Wänden von Server-Betriebssystemen (!), und es liegen diverse Werkzeuge verstreut. Ich nehme auf dem braunen Sofa unter der tiefhängenden Stehlampe Platz. Daniel Domscheit-Berg wendet sich dem offenen Server zu. Auf den Monitoren sind die Kameras abgeklebt oder ausgebaut worden.

Ich: Können Sie gut programmieren?
Domscheit-Berg: Nein, ich bin ein wirklich mieser Programmierer. Ich kümmere mich eher um Netzwerke.
Ich: Oh, das wusste ich nicht. Ich dachte, man kann überhaupt nichts anderes machen als Computerspezialist, wenn man nicht programmiert.
Domscheit-Berg: *(grinst)* Doch, klar. Ich mache Netzwerktechnik. Also VPN, Tor, Sicherheit von Firmennetzen. Alles, was dazu gehört.
Ich: Und darum waren Sie auch bei WikiLeaks?
Domscheit-Berg: Genau. Und jemand, der sich für den Fluss von Informationen interessiert, findet wohl früher oder später zu WikiLeaks. *(schraubt, zieht eine Platine heraus)*

Von 2002 bis 2005 studierte Domscheit-Berg Angewandte Informatik an der Berufsakademie Mannheim, danach wechselte er ins Arbeitsleben und war für ein großes, internationales Informationstechnik-Unternehmen aus Texas tätig. Dort kümmerte er sich vorrangig um Informationssicherheit und WLAN-Technologie. 2007 traf er dann Julian Assange.

Ich: Wie wichtig war das Tor-Netzwerk für WikiLeaks?

Domscheit-Berg: Die Idee war ursprünglich eher, die Whistleblower vor die Haustür zu bekommen.

Ich: Eine Enthüllungsplattform für jedermann?

Domscheit-Berg: Ja, genau. Wir standen dann zwar vor allem wegen großer Enthüllungen im Fokus. Aber die Idee war eigentlich, gerade auch normale Leute zu bekommen. Whistleblower wie Edward Snowden sind ja etwas sehr Seltenes. Davon gibt es nicht so viele.

Ich: Und was ist das Problem mit Tor?

Domscheit-Berg: Um an den durchschnittlichen Whistleblower zu kommen, braucht man eine niedrige technische Hemmschwelle. Um auch Informanten zu ermutigen, die vielleicht nicht diese technischen Kenntnisse haben. Tor ist aber gerade nicht niedrigschwellig. Es ist schon recht kompliziert – und man kann auch schnell Fehler machen. *(hängt mit dem Kopf im Server)*

Ich: Seitdem ich es nutze, fühle ich mich beobachtet. Andrew von Tor hat mir gesagt, dem Auge von Sauron entgehe nichts. Und wenn man sich vor seinen Blicken versteckt, wird man dann nicht noch interessanter?

Domscheit-Berg: Damit beschreibt er ja genau das Problem. Für viele Dinge ist Tor absolut super, wenn man es bedienen kann. Aber für den Ottonormalverbraucher, der kaum Ahnung von Technik hat, ist es schon schwer. Er kann sich schnell enttarnen, wenn er Tor auf einem privaten Betriebssystem nutzt, auf dem er auch alles andere macht.

Ich: Wenn ich Tor nutze, fühle ich mich auch komisch irgendwie …

Domscheit-Berg: Wie denn?

Ich: Naja. Konspirativ irgendwie.

Domscheit-Berg: Genau. Sie werden eher Angst bekommen oder sich wie ein Krimineller fühlen. Und dann vielleicht doch wieder davon Abstand nehmen, Dokumente zu leaken. Das ist das Problem mit Tor.

Wir öffnen die Bio-Mate, Domscheit-Berg zeigt mir die Platine. »Völlig verstaubt«, sagt er dann. Der Server ist für die Piraten. In der Partei ist er seit August 2013 politischer Geschäftsführer. Auch seine Frau Anke ist dort tätig.

Ich: *Tails*, das Live-Betriebssystem, ist fast leichter zu bedienen als der Tor-Client, weil man sich mit *Tails* keine Sorgen machen muss, irgendetwas übersehen zu haben.
Domscheit-Berg: Ja, außerdem ist die Hauptstärke von Tor vorrangig die anonyme Kommunikation. Für den alltäglichen Datentransfer ist es vor allem zu langsam und in gewissen Szenerien auch unsicher. Es ist sehr schwer, Informationslecks komplett zu vermeiden, wenn man auf verschiedenste Dienste im Internet zugreift.
Ich: Könnte man dann nicht, ähnlich wie bei Darknets, Filesharing mit Tor verbinden?
Domscheit-Berg: Filesharing über Tor ist wie gesagt viel zu langsam, aber der Weg in ein Darknet wird über Tor oft nochmals verschleiert. Damit ich schon anonym im Darknet ankomme.
Ich: So funktionieren Darknets! Verstehe. Diesen Aspekt habe ich bisher gar nicht betrachtet, dass das natürlich auch in Verbindung mit Tor so geht. Kann es sich ein Projekt eigentlich leisten, zu sagen: Sorry, Polizei und Geheimdienste. Wir haben keinerlei Daten, weil offenbar doch kooperiert wird?
Domscheit-Berg: Tor kann genau das ja nicht – und das zeichnet das Projekt auch aus: Ein ungeliebter Whistleblower ist dann geschützt, weil es schlichtweg keine Möglichkeit gibt, seinen Kommunikationsweg nachzuverfolgen.
Ich: Dann müssen sich die Tor-Projekt-Leute anders als Provider auch nicht entscheiden: Wir geben Daten raus oder nicht?
Domscheit-Berg: Genau. Der Geheimdienst ruft an und sagt, wir wollen den und den haben. Gebt uns seine IP. Wäre das möglich, wäre es viel schwieriger für die Tor-Projekt-Leute, dem Druck stand-

zuhalten und zu sagen: Machen wir nicht, könnt ihr vergessen. Weil sie es aber nicht können, funktioniert das. Irgendwann, nach dem dritten Anruf, weiß die Polizei, da ist eh nichts zu holen. Das ist gerade das Gute. Eine Tarnkappe braucht man nicht, wenn jemand die Kappe kontrolliert und jemanden einfach verraten kann. Dass das nicht geht, macht vollständige Anonymität aus. Und für Leute, die um ihr Leben fürchten müssen, geht es genau darum. Verlässlichkeit im Schutz.

Ich: Nutzen Sie Tor auch privat?

Domscheit-Berg: Ehrlich gesagt, sehr selten. Aber wenn es wirklich drauf ankommt: Ja, dann nutze ich Tor.

Ich: Aber wenn ich jetzt ein VPN nutze, zum Beispiel in Schweden, dann bräuchte ich Tor doch gar nicht, oder?

Domscheit-Berg: Im VPN selbst sind Sie sicher wie in einem abgeschlossenen Raum. Sie haben eine IP, die kommt dann aus Schweden – und vermutlich denkt so jeder, Sie sind Schwede und kommen von da. Der Weg bis zu dem VPN ist das Problem, genau wie ich vorhin meinte mit den Darknets.

Ich: Wieso?

Domscheit-Berg: Abgehört wird man von den Geheimdiensten nicht an seinem eigenen Router, sondern in der Regel an den Grenzen der Länder. Das ist viel praktikabler und vor allem rechtlich einfacher. Dort wird dann eine Schnittstelle angebaut, die die Kommunikation abzweigt, die das Land verlässt. So ist es möglich, zu sehen, von wo nach wo Sie kommunizieren. Der sieht Sie auf der Strecke nach Schweden, denn bis Sie dort ankommen sind, ist Ihre IP noch die alte – mit Ihren Daten und Ihrem Wohnort.

Ich: Also brauche ich etwas für den Weg nach Schweden, eine Tarnkappe bis dorthin quasi?

Domscheit-Berg: Genau. Und für diese Strecke kann man dann wiederum Tor nutzen. Als Beispiel möchte ich eine Website in New York besuchen. Daher suche ich eine *exit node*, die auf amerikanischem Boden ist, idealerweise sogar in New York selbst, damit der unverschlüsselte Weg möglichst kurz ist. Und so würde ich wegen der Überwachung auch die Staatsgrenze vermeiden.

Daniel Domscheit-Berg besprüht eine ausgebaute Platine mit Reinigungsspray. »Glauben Sie, ich werde überwacht?«, frage ich und nehme einen Schluck Mate. Domscheit-Berg guckt hoch: »Über unser Treffen hinaus oder was?«, grinst er. Ich ziehe meinen Block aus der Laptoptasche. »Weil ich ein Buch über Tor schreibe vielleicht?«

»Mmmh«, antwortet er und widmet sich wieder dem Schrauben am offenen Server.

Ich: Und wenn ich die Amerikaner angerufen hätte?
Domscheit-Berg: Wen denn?
Ich: Das FBI?
Domscheit-Berg: Und, was haben Sie gesagt?
Ich: Dass sie dabei sind, eine Stellungnahme zu schicken.
Domscheit-Berg: Nein, ich meine Sie – was haben Sie gesagt?
Ich: Dass ich Journalist bin. Und über Anonymisierungsnetzwerke schreibe.
Domscheit-Berg: Dann haben sich Ihre Labels in der Datenbank sicher geändert. Vielleicht wird das registriert. Aber so wichtig sind Sie trotzdem nicht, dass Sie gleich überwacht werden.
Ich: Die Labels haben sich geändert?
Domscheit-Berg: Von unwichtig zu halbwegs interessant quasi.
Ich: Ich habe vielleicht noch einen Fehler gemacht …
Domscheit-Berg: Welchen?
Ich: Wenn ich Snowden eine Mail geschrieben hätte?
Domscheit-Berg: Eine Mail?
Ich: Ja. Ich habe damals noch nicht gewusst, was ein PGP-Schlüsselserver ist – und hatte vorher im Tor seine Mailadresse gefunden …
Domscheit-Berg: … die war ganz sicher ein Fake.
Ich: Ich fürchte nicht …

Domscheit-Berg: *(hört zu schrauben auf)* Wieso?
Ich: Ich dachte, Booz Allen wäre irgendein lustiger E-Mail-Anbieter, weil *booze* im Englischen doch Schnaps heißt …
Domscheit-Berg: Puh. Und da dachten Sie, Edward Snowden hat eine lustige Schnaps-Adresse? Und haben dem größten Geheimdienstdienstleister geschrieben?
Ich: Booz Allen Hamilton, genau.
Domscheit-Berg: Gut gemacht. Die Adresse ist sicher noch aktiv, um zu gucken, wer sich da so meldet.
Ich (zynisch): Na, da bin ich ja beruhigt – und ich dachte schon, die Mail kommt gar nicht an!

Im Garten der Königin schützen die Hecken das sichtbare Treiben. Einerseits, wie im Falle der Kartensoldaten, schützen sie Leute, die etwas Richtiges tun. Die um ihr Leben fürchten müssen. Andererseits sollte man bei aller Paranoia nicht vergessen: So wichtig ist man für die schnüffelnden Behörden wie Geheimdienste auch nicht. Außer man macht einen Fehler. So wie ich vielleicht. Weil es so schwer ist, dem Datenwust Herr zu werden, konzentrieren sich die Dienste auf Meta- und Verbindungsdaten: Die sind leichter zu erfassen, sowieso längst da und praktisch auszuwerten.

Es geht um ein Statement, statt um die tägliche Angst vor den Diensten oder kriminellen Hackern: Auf welche Seite in diesem Konflikt stelle ich mich? Auf die Seite der Hacker? Der Leute, die sagen: Schütze dich? Oder auf die Seite der Politik, die das Gerede gerne abtut als allgemeinen Wahn? Stichwort: So schlimm ist es doch gar nicht. Jedenfalls lassen wir uns Ausspähen und keiner macht was dagegen. Außerdem ist Tor ja nicht ganz so leicht zu bedienen.

»Es gibt keinen Weg hier raus«, sage ich Alice und versuche, ihr die schlechte Nachricht des Tages möglichst schonend beizubringen. »Ich glaube, wir sitzen hier fest und ich habe den Überblick verloren. Was sollen wir jetzt tun?« Aber Alice schaut mich nur mit ihren großen Augen an, als wäre sie ein Geist. Eine Wahnvorstellung am Anfang eines schlechten Mushroom- oder besser: Morchel-Trips. Ein Stück macht dich groß, eines plötzlich ganz klein. Du weißt nur nicht, welches das eine und welches Stück das andere bewirkt. »Warum muss ich eigentlich alles allein machen?«, frage ich. »Du kannst doch auch mal was sagen, es wäre jetzt wirklich ein passender Zeitpunkt dafür«, flehe ich. »Sonst finden wir nie wieder nach Hause.«

»Die Königin, die Königin!«, rufen hinter uns die flachen Spielkarten aus der Hecke. Ein Pinsel fliegt über den Strauch. Ich werfe Alice einen erstaunten Blick zu, den sie erwidert: Ist ja nicht so, als wäre das nicht zu erwarten gewesen. »Siehst du«, sage ich dann. »Der Weg geht automatisch weiter, auch wenn man sich für verlaufen hält. Es öffnet sich immer eine nächste Tür.« Ich spähe durch die Hecke und sehe Kartensoldaten aufmarschieren, Spielkarten mit Diamanten geschmückt, kleine Karten, die wie Kinder aussehen, und auf einem samtigen Kissen – die Herzkönigin!

»Da ist sie«, sage ich zu Alice, als hätten wir die ganze Zeit auf sie gewartet. »Weißt du, Alice, manchmal frage ich mich, wie wir eigentlich hierher gekommen sind.« Dabei ziehe ich meinen Pullover zurecht und versuche, mich irgendwie noch an den Tag zu erinnern, als wir in den Kaninchenbau gefallen sind. »Geht es dir auch so?«, frage ich in der Hoffnung, sie könne Gedanken lesen.

Aber ich bekomme wieder keine Antwort.

Wenigstens, denke ich, hat uns die Königin bisher tatsächlich nicht kommen sehen. Auch ein Vorteil der Hecken, denke ich, man kann selbst entscheiden, wie Christian Bahls gesagt hat, wann man sich zeigen möchte und wie man aus dem Schatten tritt. »Komm, Alice« sage ich und deute Richtung Königin. »Es wird schon nichts passieren. Wer weiß, was sie will.« Das weiße Kaninchen spurtet an uns vorbei. Es ist merkwürdig blass.

DAS CROQUETSPIEL

Die Historie des Konflikts: Der lange Kampf für die Datenfreiheit

Es fällt nur wenig Licht in unseren Raum. In der Küche lehnt ein verlassenes Banner an der Wand, ein paar Tassen im Spülbecken, ein grobes Schloss prangt an der Tür, um Eindringlinge abzuwehren. Als ich die Tür sehe, denke ich unweigerlich an Nixon und seinen Versuch, im Watergate-Hotel einen Blick in die Zimmer der Demokraten zu werfen. Auch hier können ungebetene Gäste kommen – in das Arbeitsquartier im Untergeschoss eines unscheinbaren Hauses in Berlin.

»Diese Räume sind ziemlich sicher alle verwanzt«, sagt Bernd Fix und stellt seine mitgebrachte Bio-Milch in den Kühlschrank. »Wir können hier nicht offen sprechen, jedenfalls nicht über alles. Möchten Sie einen Kaffee?«, fragt er.

Ich nicke.

Fix: Mit Milch und Zucker?
Ich: Nur mit Milch bitte.
Fix: Sie schreiben also ein Buch über Tor?
Ich: Ja, jedenfalls versuche ich das.
Fix: *(lächelt)*
Ich: Warum lächeln Sie?
Fix: Wie läuft es bisher?

Bernd Fix gehört zum fünfköpfigen Vorstand der »Wau Holland Stiftung«. Wau Holland, der Namensgeber, hieß eigentlich Herwart Holland-Moritz, war deutscher Journalist und Computer-Aktivist und sah aus wie Bud Spencer. Die Wau Holland Stiftung unterstützt auf Spendenbasis die wichtigsten IT-Projekte, die sich mit Datenschutz und Transparenz auseinandersetzen. Bekannt ist die Stiftung in der Öffentlichkeit vor allem durch ihr Engagement für WikiLeaks, sie unterstützte die Enthüllungsplattform früh und begleitete sie auch durch ihre schwierigste Phase – als WikiLeaks von den Banken geblockt wurde und nicht mehr an Geld kam. Die Wau Holland Stiftung half aus, auch als ihr eigener *PayPal*-Account wegen WikiLeaks gesperrt wurde. Sie leitete Spenden in Millionenhöhe an die Plattform weiter; die Kontakte zu Julian Assange, Edward Snowden und der WikiLeaks-Journalistin Sarah Harrison sind bestens. Auch Andy Müller-Maguhn, ein ehemals prominenter Sprecher des CCC, Ex-Direktor bei der mächtigen Internetaufsichts- und Verwaltungsbehörde ICANN, die unter anderem die Vergabe und Koordination der Adressen und Domains des gesamten Internets regelt, gehört zum Vorstand der Stiftung. Er ist ein sehr enger Freund von WikiLeaks-Gründer Assange.

Auch wenn WikiLeaks selbst, davon ist jedenfalls auszugehen, sich nicht auf Tor alleine verlässt, sondern mehrschichtige Verschlüsselungsverfahren nutzt, um als *moveable target* möglichst nicht auffindbar zu sein, ist Tor ein Teil dieser Strategie. Die Wau Holland Stiftung unterstützt daher mit Spenden die Betreiber von Tor-*exit nodes*.

Ich: Es ist schwer. Ich weiß nie, was ich glauben kann. Und mir fehlt das technische Wissen eines Informatikers oder Hackers, um den Überblick zu behalten.

Fix: Das kann ich gut verstehen. Da geht es Ihnen sicher wie der Normalbevölkerung. Es ist nicht einfach, unsere Anliegen in die nicht-technische Außenwelt zu vermitteln. Das haben wir selbst auch immer wieder festgestellt. *(füllt Wasser in die Maschine)*

Ich: Warum eigentlich Tor-*exit nodes*?

Fix: Weil die *exit nodes* der Schlüssel sind für ein schnelles Tor-Netzwerk.

Ich: Bedeutet konkret?

Fix: Alle User sind am Traffic überwachbar, der aus der *exit node*

kommt. Dort endet die Verschlüsselung. Und wer dort sitzt und die Node betreibt, kann sehen, was wir oder Sie im Tor-Netzwerk machen. Daher ist es wichtig, dass diese Nodes zum Beispiel nicht in der Hand der Geheimdienste liegen. Sonst bringt das Netzwerk ja nichts. *(stellt Kaffee auf den Tisch)*
Fix: Tor-*exit nodes* sind für die Kommunikation der Tor-User mit der Außenwelt zuständig; wenn Sie als User über Tor eine Webseite abrufen, dann sieht es für den Webseiten-Betreiber so aus, als würde die *exit node* die Seite abrufen. Damit ist die *exit node* aber auch im Fokus der Behörden, wenn Sie als User Seiten aufrufen, die als kriminell gelten. Deshalb trauen sich nur etwa 20 % der Tor-Relay-Betreiber, eine *exit node* zu betreiben, um diesem Stress aus dem Weg zu gehen. Das reduziert aber die Geschwindigkeit im Tor-Netzwerk erheblich. Zum Glück gibt es Leute, die aus Überzeugung anders handeln und bewusst *exit nodes* betreiben.
Ich: Wen?
Fix: Moritz Bartl.
Ich: Das heißt, er sorgt auch dafür, dass das Netz möglichst frei bleibt und setzt sich deshalb dem Stress aus, als Betreiber ständig irgendwelchen Ärger zu haben? So eine Art Bollwerk?
Fix: So kann man das vielleicht sagen, ja.
Ich: Ach so. Verstehe. Dann ist das gar nicht so ein rein ideelles Ding. Dann ist das ja wirklich wichtig, was er macht!
Fix: So ist es. Das gilt für alle Exit-Node-Betreiber.

Holland-Moritz war einer der Mitbegründer des Chaos Computer Clubs und ist 2001 an den Folgen eines Schlaganfalls gestorben. Aus Laiensicht würde ich sagen: Wau Holland ist ein großer, liebenswerter Computerphilosoph gewesen – ein Vordenker und Vorlebender der Bastelfreak-Szene. Bernd Fix und andere Freunde von Wau haben monatelang im Krankenhaus übernachtet und über ihren Freund gewacht, Seite an Seite. Der leitende Arzt hat ihnen ein Zimmer geben lassen und gesagt, so etwas habe er auch noch nie gesehen. Als Wau starb und in Marburg beerdigt wurde, gründeten Bernd Fix und der Rest von Waus Freunden in seinem Namen die Stiftung, um weiterzuführen, was sie gemeinsam begonnen hatten. Bernd Fix ist seit der ersten Stunde das, was man unter einem klassischen Hacker versteht. Inzwischen macht er eben auch Politik.

Ich: Und wenn jetzt mein Buch ein Erfolg würde, was ich nicht glaube, aber sagen wir, es wäre so: Würde das Tor-Netzwerk eigentlich mal schneller werden, wenn mehr User es nutzen?
Fix: Nein, langsamer.
Ich: Ich dachte, es wäre so langsam, weil es nur 500 000 Nutzer auf der Welt gibt?
Fix: Nein, es gibt eine gewisse Bandbreite, die dem Netzwerk zur Verfügung steht. Je mehr Nutzer auf dieser Bandbreite, desto langsamer.
Ich: Und wie kämen wir an mehr Brandbreite?
Fix: Die ist grundsätzlich immer noch sehr teuer, obwohl viel davon zur Verfügung steht. Wir bräuchten mehr Tor-Relays, und speziell *exit nodes*.
Ich: *Exit nodes* sind dann, für einen Laien gesprochen, wie mehr Modempower?
Fix: Ganz grob, ja. Und mit mehr *exit nodes* würde das Netzwerk signifikant schneller werden.
Ich: Und wenn es immer schneller würde, wäre es eines Tages so schnell wie das normale Internet – und wir hätten ein großes, anonymes Netz?
Fix: Könnte sein. Aber dafür müsste sich einiges ändern. Schon für 40 Millionen Menschen würde das Tor-Netzwerk vermutlich nicht mehr ausreichen. Wir müssten vorher auch viele andere Dinge neu denken, die das Internet betreffen.

1984 hat Wau auch das Chaos-Computer-Club-Magazin *Die Datenschleuder* mitbegründet, in dem in den Anfangsjahren Schaltpläne für Selbstbau-Modems abgedruckt wurden. Das damalige Fernmeldeanlagengesetz hatte verlangt, dass Modems eine Zulassung von der Deutschen Bundespost besaßen – somit konnte die Bundespost Modems vermieten und verkaufen. Eigene Selbstbaumodems oder auch billigere US-Importe waren damals verboten. Wau Holland soll dazu später mal gesagt haben: »Das Anschließen eines Selbstbaumodems wurde härter bestraft als das fahrlässige Auslösen einer atomaren Explosion.« Solche Sprüche konnte er – dabei trug er obendrein – wie zum Untermauern dieser Aussagen – Latzhose, Sandalen und einen rassigen Vollbart.

Ich: Und was müsste man neu denken?
Fix: Wir müssten die ganze Architektur des Internets überdenken, weil das Internet in den 60er Jahren von Hackern und Wissenschaftlern mit ARPA-Geldern entwickelt wurde, für die Sicherheit eher »safety« als »security« bedeutet hat. Viele der heute noch gebräuchlichen Internet-Protokolle sind hoffnungslos überaltert und für Anforderungen wie Privatsphäre und Datenschutz völlig ungeeignet.
Ich: Das hat Edward Snowden gezeigt.
Fix: Viele Leute denken das, ja. Aber das ist nicht erst seit Edward Snowden bekannt – diese Sache läuft schon seit den Siebzigern. Das Internet ist kein freier Ort. Es ist ein sehr kontrollierter. Das US-Militär hat uns damit sicher kein klassisches Geschenk gemacht, ohne dass es selbst etwas davon hätte.
Ich: Dann geht dieser Konflikt schon viel länger?
Fix: Natürlich, das ist doch gerade viel Aufregung um nichts – wir reden schon so lange davon, nur hört kaum jemand zu. Alle denken, das hätte erst jetzt mit Snowden angefangen. Als Beispiel: Bis 1990 war die Hauptaufgabe der NSA, die bisher offenbar auch kaum jemand kannte, Industriespionage. Die NSA war kein Geheimdienst wie die CIA, die im Ausland rechtmäßig gewählte Präsidenten putscht. Die NSA ist in erster Linie eine Behörde, deren Zweck es ist, Geheimnisse von Unternehmen und aus anderen

Strukturen zu stehlen. Es wird jetzt immer so getan, als wäre die NSA irgendwann mal von ihrem rechtmäßigen Weg abgekommen. Aber es gibt diesen Weg nicht – sie hat nicht aus Versehen oder aus Maßlosigkeit in den letzten Jahren mal Unternehmen belauscht. Es war ihr Sinn und Zweck, schon immer.

Ich: Und was müssen wir zum Beispiel neu denken in der Architektur, damit das nicht mehr vorkommt?

Fix: Um in Ihrem Beispiel mit Tor zu bleiben: Verschlüsselung und Anonymisierung müssen Standard werden, nicht die Ausnahme bleiben. Etwas, das nicht Standard ist, macht verdächtig und wirkt konspirativ. Wenn Verschlüsselung nicht konsequent für alles angewendet wird, sondern nur punktuell, werden die Dienste aufmerksam. Seht mal, der verschlüsselt da etwas – was mag das nur sein? Verschlüsselung in Ausnahmefällen ist zugleich eine Information: Hier möchte jemand nicht gesehen werden. Und so ist das auch mit Tor.

Fix selbst betreibt einen Mixmaster-Service, der es Benutzern erlaubt, anonyme Mails zu schicken. »Da bekomme ich auch einmal im Monat einen Anruf von der Polizei, die mich wegen einer Bombendrohung bittet, meine Nutzer offenzulegen. Aber das kann ich gar nicht, weil es keine Daten gibt«, sagt Fix. Die deutschen Behörden sind dann zufrieden, sagt er. Die amerikanischen beschlagnahmen daraufhin lieber gleich den Rechner. »Unsere Strafverfolgung hat dahingehend einfach gelernt. Und wenn Politiker auf solche Anonymität mit dem Verweis auf Kriminalität einschlagen, muss man sagen: Die haben nichts gelernt. Und wir können auch nicht in die Steinzeit des Internets zurück«, meint Fix und trinkt einen Schluck Kaffee.

Ich: Steht Tor dann nicht auch im Widerspruch zur Vorratsdatenspeicherung – weil Tor unterbindet, dass es überhaupt Daten gibt, die beim Provider oder sonst wo gespeichert werden können?

Fix: Ja, so ist es. Unsere Strafverfolger sind deshalb in Bezug auf das Netzwerk sehr vorsichtig, seinen generellen Nutzen einzuräumen. Man kann es nicht kontrollieren, es unterbindet die Datenspeicherung, und die Strafverfolgung muss das einfach hinnehmen. Das mögen Strafverfolger nicht gerne. Daher hoffen sie, dass es viele einfach – wie bisher – nicht nutzen.

Ich: Kann man es nicht einfach verbieten?

Fix: Die müssten, um diese Anonymität wie Tor wirklich wirksam zu unterbinden, die gesamte Kryptografie als solche abschaffen. Das gibt es für Privatpersonen in Russland, dort darf man grundsätzlich nichts verschlüsseln.

Ich: Ist erkennbar, dass nach Snowden mehr Leute sagen: Datenschutz ist mir wichtig – und die Akzeptanz in der Bevölkerung steigt?

Fix: Es mag sein, dass das so ein Gefühl ist oder viele Leute das so äußern. Fakt ist auch: Nach Snowden hat das Tor-Netzwerk keinen signifikanten Anstieg seiner Nutzerzahlen registriert. Das wird nur nicht gerne gesagt.

Ich: Nutzen Sie es?

Fix: Ausschließlich. Aber ich muss dafür auch auf meine Homepages warten, bis sie geladen sind. Und für das ganze HD-Streaming der Bevölkerung eignet es sich auch nicht.

Ich: Also sollte ich, um in diesem Konflikt die Anonymität zu unterstützen, einen Server oder einen eigenen Knoten aufmachen?

Fix: Nicht auf seinem eigenen Rechner zu Hause mit ADSL-Anschluss; das bringt niemandem wirklich etwas. Wenn, dann sollte man einen Tor-Relay-Server in einem Rechenzentrum betreiben und mindestens 100Mb/s symmetrische Bandbreite haben. Das hat dann seinen Preis; 100€/Monat sind dann schnell mal fällig, wenn man überhaupt ein Rechenzentrum findet, das Tor-*exit nodes* zulässt. Für den normalen Anwender ist das eher nichts.

Ich: Was kann ich dann machen?

Fix: Spenden, in die Infrastruktur des Netzwerks. Wie wir es beispielsweise tun.

Als ich zum Zug gehe und in die szenigen kleinen Geschäfte in Berlin sehe, denke ich daran, dass Leute seit Jahrzehnten über die Struktur des Internets nachdenken. Dass Tor-*exit nodes* wie ein Tor zur Freiheit funktionieren, das ständig belagert wird. Ich denke auch, dass dies der große Konflikt und vielleicht auch der große Moment meiner Reise ist: Der Fisch stinkt vom Kopf. Wir haben kein Problem mit Tor. Wir haben eines mit dem Internet.

Wenn wir uns nicht umständlich das ganze Zeug selbst beibringen und installieren wollen, brauchen wir Lösungen, die Datenschutz und Verschlüsselungen zu einem Standard machen, der von vornherein auf unseren Handys und Computern ist. Aber das müssen auch alle unterstützen – der Verkauf von WhatsApp und der kleine Run auf verschlüsselte Messenger hat gezeigt: Offenbar gibt es ein Interesse. Verschlüsselung muss gleichzeitig einfacher, leichter zugänglich sein. Wir brauchen eine niedrige technische Hemmschwelle, wie Daniel Domscheit-Berg sagte.

Es geht gar nicht mehr um Tor, um PGP, um Datenschutz und Ausspähen. Es geht jetzt um das große Ganze: Wie wollen wir leben im Internet? Die Struktur ist da, sie ist aufgebaut und wurde missbraucht. Jetzt müssen wir ihr neue Regeln geben – oder auch nicht. Im jetzigen Netz haben wir ein Plus an Komfort und ein Minus an Sicherheit und Privatsphäre. Vielleicht kann man, statt einem Minus bei Komfort und einem Plus an Privatsphäre, wie es bei Tor ist, auch ein Doppelplus erreichen – für beides? Aber: Wir entscheiden bisher nicht, wie das Internet mit uns umgeht. Es ist umgekehrt. Das Internet ist der dunkle Ort. Nicht das Tor-Netzwerk. Es gibt überall Regeln, die uns vor Kriminellen schützen und das ist auch gut so, aber wo sind die Mechanismen, die uns vor den Interessen der Wirtschaft und der Geheimdienste schützen? Natürlich wollen wir Dienste wie Facebook, WhatsApp und Google-Maps. Nur hat niemand ausdrücklich den Wunsch geäußert, dass Konzerne, Geheimdienste oder kriminelle Hackerbanden unsere Daten speichern und sie weiterverkaufen oder sie im schlimmsten Fall dazu verwenden, uns zu denunzieren, falls wir einem dieser Interessen im Wege stehen. Das müssen wir selbst in die Hand nehmen. Es darf nicht der Privatwirtschaft oder Geheimgerichten vorbehalten sein, zu bestimmen, wie wir leben – und welche Einschränkungen wir dabei treffen müssen. Anti-Datenschützer und Geheimdienstler, aber auch ranghohe Beamte des Bundeskriminalamtes und Staatsanwälte sagen: Aber wer stellt denn alle seine Daten so freiwillig und freizügig ins Netz? Antwort: Ja, wir. Aber das dürfen wir doch wohl! Und ihr seid alle – die Politik wie Behörden – dafür verantwortlich, diese zu schützen, damit sie nicht geklaut oder verkauft werden. Wir sind das Volk, ihr seid unsere Dienstleister. Oder nicht? Aber wir müssen auch eine Entscheidung treffen, nicht vor ihr weglaufen.

Auf dem Rückweg zur Bahn bekomme ich plötzlich eine merkwürdige SMS, auf Englisch.

»Congrats! Your Mobile Number was Randomly Selected as a Winner of £ 2.500.000 with Winning Number 001/2014 on FreeLotto. Email: contactand777@gmail.com for claims.«

Ich tippe zurück: *»GCHQ. I'll be watching you as well.«*

Ich habe jetzt keine Angst mehr. Und ich will auch nicht mehr ohnmächtig sein. Dann verwerfe ich die Nachricht trotzdem und drücke auf »Löschen«. Im selben Moment merke ich, dass der SMS eine Google-Mail-Adresse angefügt ist. Und mein persönliches Google-Mail-Konto trägt eine Signatur, die bei jedem Senden mitgeschickt wird. Darin: Meine mobile Telefonnummer. Interessant, denke ich. So viel dazu. Google verkauft meine privaten Daten an Lottoanbieter, die fast alle Worte in SMS groß schreiben. Wut steigt in mir auf.

Alice wirft der Grinsekatze zunächst einen bösen Blick zu, als sie während des Croquetspiels auf dem Rücken der Königin erscheint. »Wie geht es dir?«, fragt die Grinsekatze, als ihr Mund langsam sichtbar wird, zusammen mit dem Rest des Tieres. »Überhaupt nicht gut«, antwortet Alice und blickt lustlos auf den Flamingo-Schläger, der sich in ihrem Arm räkelt. »Alle hier haben schrecklich viel Lust zum Köpfen«, seufzt sie. »Und was, wenn es mich als nächste trifft?«

So wie Alice geht es mir jetzt. Je näher das Ende der Geschichte rückt, desto mehr mache ich mir auch Sorgen; Sorgen, ich könnte etwas übersehen haben – einen Shitstorm auslösen in der Computerszene. Von wem man geköpft wird, hängt davon ab, wessen Territorium man betritt und wer gerade die Guillotine bedient.

»Und wie gefällt dir die Königin?«, fragt die Katze nach. Ihr Schwanz schlängelt sich um den Rücken der Königin.

»Ganz und gar nicht«, sagt Alice und stampft wütend mit dem Fuß auf dem Rasen auf. »Sie spielt sehr ungerecht – und alle lassen sie gewinnen!«

»Mit wem redest du da, mein Kind?«, fragt die Königin hinterhältig lächelnd und dreht sich zu Alice. »Oh, es ist einer meiner Freunde – ein Grinsekater«, antwortet Alice artig. »Erlauben Eure Majestät, dass ich ihn vorstelle?«

»Sein Aussehen gefällt mir gar nicht«, sagt die Königin scharf. »Aber er mag mir die Hand küssen, wenn er will.«

»Oh, lieber nicht!«, antwortet die Grinsekatze und macht eine abwehrende Handbewegung.

»Ab mit dem Kopf!«, schreit die Königin, und Alice wundert sich, weil das ja nun wirklich kein Grund ist.

Im Grunde ist das genau wie in der echten Welt: Alle regen sich über die Überwachung, Geheimdienste und die tatenlose Politik auf wie Alice über das falsche Spiel der Königin. Aber niemand hat den Anstand zu sagen: so nicht mehr. Das reicht jetzt. Am Ende geht das Spiel einfach weiter, man lässt die Königin gewinnen, und jeder denkt sich anschließend: Das nächste Mal sagen wir was. Vielleicht. Hauptsache, es herrscht weiter Frieden und die Königin hat keinen Wutanfall bekommen.

»Die ganze Zeit, während sie spielten, hörte die Königin nicht auf, mit den andern Spielern zu streiten und zu schreien: ›Schlagt ihm den Kopf ab!‹ oder: ›Schlagt ihr den Kopf ab!‹ Diejenigen, die sie verurteilt hatte, wurden von den Soldaten in Gewahrsam genommen, die natürlich dann aufhören mussten, die Bögen zu bilden, so dass nach

ungefähr einer halben Stunde keine Bögen mehr übrig waren, und alle Spieler, außer dem Könige, der Königin und Alice, festgenommen und zum Tode verurteilt waren.« – **Lewis Caroll,** *Alice im Wunderland,* (https://de.wikisource.org/wiki/Alice_im_Wunderland)

»Ich habe keine Lust mehr«, ruft Alice und schmeißt den Schläger hin. »Es reicht jetzt mal.«

Langsam dreht sich die Königin zu ihr, blickt den König an, dann das Kaninchen: »Ihr wisst, was das heißt?«, fragt sie zunächst vorsichtig, während sich ihr spitzer Mund zu einem breiten Grinsen formt. Der König nickt. Das Kaninchen nickt hastig.

»Ab .... mit dem .... KOPF!«

Alice und ich schütteln denselben. War ja klar, dass die Königin früher oder später auf uns zurückkommen würde. Aber was will sie uns denn vorwerfen? Dass wir das Spiel unterbrochen haben?

Als wir den Gerichtssaal betreten, eingekesselt von den Wachen, abgeschirmt mit ihren Piken, verliest das Kaninchen die knapp hundertseitige Anklageschrift, die mit unseren Daten nur so gefüllt ist. Wo wir waren, wo wir herkommen, mit wem wir gesprochen haben (wie der Grinsekatze), was wir beruflich machen (Journalist, Alice: nichts) und warum wir die Ordnung hier im Wunderland empfindlich gestört haben. Das wiederum nur nach Ansicht der Königin. Im Hintergrund bereiten sich der Märzhase und der Hutmacher auf den Zeugenstand vor. »Komm bitte zum Punkt«, bittet die Königin matt lächelnd das weiße Kaninchen, »an dem ich die Geduld verliere ...«

Ich bin raus aus der Matrix, denke ich noch. Jetzt bin ich Teil der anderen Seite. Das Gericht wird mich zu einem Revolutionär machen und mich ins Kittchen werfen. »Den Kopf abschlagen«, flüstert Alice von der Seite und nickt bedeutungsschwanger, als habe sie gerade etwas sehr Kluges oder Unvorhersehbares gesagt.

»Wegen anhaltender Widersetzung und Unruhestiftung auf den Wegen Ihrer Majestät, Störung einer Partie Croquet, Anstiftung zum Ungehorsam, unerlaubtem Betreten des Wunderlandes und des Gartens Ihrer Majestät«, stottert das Kaninchen hastig und ängstlich, während es mit den Fingern versucht, kühle Luft in seinen Kragen zu bekommen, »hat Ihre ehrenwerte Majestät, die Herzkönigin …«

Ein Räuspern.

»… und der Herzkönig«, ergänzt das Kaninchen verständnisvoll nickend, »… die Geduld verloren.« Dann fährt es sich schweißnass über die Stirn. Und schaut auf die Uhr. Noch in der Zeit.

»Und, mein Kind«, beugt sich die Königin drohend vor. »Hast du dich auf deine Verurteilung vorbereitet?«

Alice wirft die Stirn in Falten, blickt zu den Kartensoldaten, die die Rosen übermalt haben, aber nicht vor Gericht stehen, weil sie hinter der Hecke geblieben sind. »Aber Eure Majestät«, antwortet sie. »Zunächst kommt doch der Prozess …«

»Erst die Verurteilung«, schimpft die Königin und haut auf den Tisch, wobei ihr die Krone in die Stirn rutscht. »Danach der Prozess!«

Ich starre zu unseren Anwälten. Es sind Vögel – genau wie die Geschworenen. »Na prima«, sage ich noch. »Das kann ja eine heitere Verhandlung werden.«

Alice sagt nichts mehr, hat die Arme verschränkt. Ihr Blick sieht sehr wütend aus.

DIE VERHANDLUNG

Was Überwachung bedeutet

Der Raum füllt sich langsam. Kaffeetassen klirren, ältere Herrschaften mit strengen oder betont freundlichen Gesichtern unterhalten sich. Lachen. »Und dann habe ich gesagt …«, sagt einer. »Ja, den kenne ich noch von früher. Guter Kollege«, sagt ein anderer. Draußen fährt in einer schwarzen Limousine Martin Schulz, der Präsident des EU-Parlaments, vor.

Eigentlich warte ich hier auf jemanden. Einen nicht ganz unwichtigen Jemand: Reiko Pinkert, Mitarbeiter im Büro des Bundestagsabgeordneten der Grünen Hans-Christian Ströbele. Aber ich finde ihn nicht. Vielleicht hätten wir eine Blume im Knopfloch als Erkennungszeichen vereinbaren sollen. Um mich herum nur hochrangige Polizeibeamte, der Bundesvorsitzende des Bundes Deutscher Kriminalbeamter, André Schulz, der die Reihen sortiert, sowie NRW-Innenminister Ralf Jäger, der mit jedem freundlich ein Foto macht. Nur Reiko ist nirgends zu sehen.

Als Tagungsraum für die 8. Berliner Sicherheitsgespräche dient die Niederlassung des Landes Nordrhein-Westfalen in Berlin. Ein stattliches Gebäude mit großen Glasfronten und Fahne davor. Ich warte an einem langen Holztisch, auf dem Namensschilder liegen und die Veranstalter jeden Neuankömmling willkommen heißen. Ich hoffe, Reiko hier zu finden. Das Thema: »Der ausgespähte Bürger – gerät der Rechtsstaat aus den Fugen?«

»Einmal das Namensschild für Maaßen bitte«, sagt ein großer, schmaler Herr im dunklen Anzug mit militärischem Kurzhaarschnitt direkt neben mir. Hans-Georg Maaßen ist der Chef des Verfassungsschutzes, des Inlandsgeheimdienstes der Bundesrepublik

Deutschland. Die Teilnehmer fädeln sich langsam Richtung Tagungsraum ein. Mal sehen, wo das hinführt.

Ich nehme am Rande der Pressereihe Platz. Selbst fühle ich mich wie jemand, der nicht hierher gehört. Warum, weiß ich aber nicht.

Zunächst erscheint der CDU-Politiker Wolfgang Bosbach, gehetzt, direkt aus dem Bundestag. Dahinter Dr. Thomas Kremer, Vorstand für Datenschutz, Recht und Compliance bei der Deutschen Telekom AG, BDK-Präsident André Schulz sowie Dr. Alexander Dix, Berliner Beauftragter für Datenschutz und Informationsfreiheit. Sie alle nehmen auf dem Podium Platz. Die Presseleute in den hinteren Reihen greifen zu den Stiften. »Das ist alles wie Theater«, raune ich Alice zu. »Also wundere dich nicht!« Eine Frau vom Tagesspiegel schaut mich etwas irritiert an, quittiert mein Selbstgespräch aber mit einem Lächeln. »Für welches Medium arbeiten Sie?«, fragt sie dann. »Ich bin Sachbuchautor«, antworte ich. Sie nickt freundlich und das Gespräch ist erstmal zu Ende.

»Findest du die Frau nett?«, frage ich Alice. Sie nickt. »Gut, dann sind wir auch besser nett zu ihr, nicht, dass ihr am Schluss noch gute Freunde werdet und ich im Weg stehe«, sage ich und blicke demonstrativ nach vorne. André Schulz betritt das Podium.

»Der Technik-Chef der CIA sagte«, beginnt er und blättert durch seine Aufzeichnungen, die er aber nicht verwendet, sondern als unterstützende Geste durch die Hände fahren lässt, »dass grundsätzlich alle Daten weltweit und auch in Deutschland lückenlos und zielgerichtet gespeichert werden. Meine Damen und Herren, dies ist keine Panikmache. Sondern ein Fakt. Und wenn dem genauso ist, dann sind die Bürgerrechte das Papier nicht mehr wert, auf dem sie geschrieben stehen«, beschließt er die Ansprache und blickt seine Kriminalbeamten im Zuschauerraum an, bevor Schulz fortfährt:

»Der Geheimdienst hatte lange vor dem 11. September und auch dem Marathon von Boston Informationen über einen möglichen Anschlag, verhindert hat das diesen aber nicht. Statistisch ist Nordamerika die am wenigsten betroffene Region von terroristischen Anschlägen – und durch den Terror sterben rein statistisch sogar weniger Menschen als durch das Verschlucken eines Kugelschreiberteils. Herr Maaßen vom Verfassungsschutz und der ehemalige Innenminister, Hans-Peter Friedrich, sagten uns, sie hätten mit den zur Verfügung stehenden Informationen, auch denen anderer Dienste, fünf Anschläge auf deutschem Boden verhindert. Die Beweise dazu? Spärlich.«

Ein leichtes Raunen, das wie vorsichtige Zustimmung klingt. Oder Verwunderung.

Die Vorratsdatenspeicherungen hätten aber nichts mit Ausspähen zu tun, sagt Schulz dann. Es seien Werkzeuge, die »bei konkreter Tat verwendet werden«. Nicht wie beim massenhafte Speichern der Geheimdienste – anlasslos und willkürlich. Man müsse das trennen. »Der Aufschrei in der Bevölkerung ist zwar ausgeblieben«, fährt Schulz fort. »Aber wir leben in einem Überwachungsstaat – in einem überwachten Staat.« Und zum Teil seien die Bürgerrechte so schlichtweg nicht mehr gewährleistet.

»Der Chaos Computer Club hat gesagt, wir müssten das Internet neu denken«, sagt Schulz und blickt zum Fenster. »Es neu erfinden. Und damit haben sie recht – sämtliche Software und Hardware, die wir nutzen, ist bereits kompromittiert.«

Journalisten kritzeln, die Polizeibeamten nicken größtenteils. Einer raunt mir zu, vielleicht weil ich nur am Ende der Pressereihe sitze und er mich für einen Kollegen hält: »Das stimmt. Das muss man auch mal sagen dürfen.« Dann guckt er erbost noch vorne.

»Hast du das?«, frage ich Alice. Sie nickt und blickt nur kurz von ihrem Notizblock auf.

»Psssst«, macht einer von hinten.

Als nächstes betritt Herr Kremer von der Telekom das Podium. »Software-Schwachstellen sind auch für uns im Unternehmen ein Hauptproblem, wenn es darum geht, Angriffe von außen auf unsere Netzinfrastruktur, zum Beispiel durch Bot-Netze, aufzuklären.

Ein solches Bot-Netz braucht in der Regel nur sechs Minuten, um die volle Kontrolle über ein System zu übernehmen. Wir im Unternehmen brauchen bis zu einem Jahr, um diese Vorfälle anschließend aufzuklären«, sagt Kremer.

Man müsse sich vor Augen halten, so der Telekom-Datenschutz-Experte, dass die Massen an Daten, die täglich durch das Internet geistern, hauptsächlich nichts mit dem Surfverhalten der Nutzer zu tun haben: »90 Prozent aller Daten, die sich in unserem Telekom-Netz täglich bewegen, sind Spam. Von Bots verschickte Angriffe oder sonstige computergesteuerte Werbe- oder gar Betrugsversuche. Das kriegt der Kunde nicht mit, weil die Deutsche Telekom ihrerseits bereits Filter betreibt, die einen Großteil dieser Daten vorher abfangen.« Etwa 800 Angriffe registriere allein die Telekom pro Tag, sagt Kremer. »Wir nutzen dafür sogenannte *honeypots*, um diese Attacken und Angreifer anzuziehen. Wir simulieren Schwachstellen, um zu sehen, wer kommt, um sie auszunutzen. Diese Analyse dient dazu, unsere Systeme härter und widerstandsfähiger zu machen.« Dann zeigt Kremer ein Beispiel dieser Angriffe – den sogenannten Sicherheits-Tacho. Im Sekundentakt gehen dort Angriffe aus dem Ausland ein. »Und vermehrt sind das Ziel dieser Attacken auch Smartphones.«

»Hast du das auch notiert?«, frage ich Alice. Die Vögel auf der Geschworenenbank werfen uns einen verständnislosen Blick zu. Ich hebe unschuldig die Hände und schüttle den Kopf. Dann ist Pause, die Gäste strömen an die Kaffee-Bar oder gehen eine rauchen.

Ich stelle mich mit meinem Kaffee zu einigen Teilnehmern, als gehörte ich dazu und das alles wäre selbstverständlich. »Fachbuchautor«, nenne ich mich jetzt. »Es ist ja schon ein Skandal«, sagt ein Beamter empört. »Und die Leute bleiben so ruhig. Was wohl los wäre, wenn die begreifen würden, dass wir durch die Datenspionage ein US-Vasallenstaat sind, der nicht mehr in der Lage ist, seine Bürger und unsere damit verbundenen Gesetze zu schützen.« Einer lächelt betreten, was soviel heißt wie: Sie wissen es aber nicht. Auch ihm scheint diese Entwicklung gar nicht zu gefallen. »Wir sind doch nicht zur Polizei gegangen, um die Grundrechte mit Füßen getreten zu sehen, sondern um sie zu schützen – da kann man nicht erwarten, dass wir es toll finden, wenn wir alle einfach so ausgespäht werden«, sagt er, schüttelt den Kopf und nippt am Kaffee. »Wir sind doch überhaupt kein souveräner Staat mehr«, schimpft ein anderer. Ich versuche meinen Schock zu verbergen und blicke strategisch in meinen Kaffee. Es muss jetzt so aussehen, als wüsste ich das alles längst. Ich weiß es aber nicht.

Ich war jahrelang großer Fan dieser Welt. Ein Staatsbürger. Diese Worte zu hören, macht einfach nur betroffen. Und ich möchte auch nicht in einem Land leben, das einfach so mit Füßen getreten wird. Und sich treten lässt.

Der GCHQ, die NSA: Sie sind die Herzkönigin. Und der Herzkönig versucht, ihren Zorn und ihre maßlose Wut abzumildern. Aber wer ist er? Ich? Wir alle? Alle, die Erklärungen suchen, warum das doch irgendwie in Ordnung ist, was hier geschieht, und warum man nichts ändern kann und nichts zu verbergen hat, sind die Herzkönige in diesem Spiel.

Es ist wie das Leben mit einem teuflischen Partner, den man in der Öffentlichkeit immer wieder entschuldigen oder verteidigen muss, wenn er mit jemandem eine Prügelei beginnt oder betrunken eine hässliche Szene macht. Wir sind alle zusammen der erbärmliche, macht- und hilflose Herzkönig. »Du nicht, Alice«, füge ich verständnisvoll hinzu. »Du bist ein Mädchen und ausgedacht, du kannst kein Herzkönig sein!«

»Kommen Sie bitte wieder rein«, ruft die Veranstalterin in den Raum. »Es geht in Kürze weiter. Und bitte lassen Sie Ihren Kaffee vor der Tür, Getränke können nicht mit reingenommen werden.«

Als wir sitzen, frage ich die Frau vom Tagesspiegel: »Kennen Sie Herrn Pinkert?« Sie nickt und zeigt auf eine Reihe weiter vor uns: »Dort drüben, der Herr mit dem dunklen Jackett.« Ich nicke: »Dankeschön«.

»Du hattest Recht, Alice«, sage ich. »Sie ist ganz nett.« Aber Alice weiß das wohl.

Reiko Pinkert hat im Büro von Hans-Christian Ströbele den Kontakt zu Edward Snowden hergestellt. »Wir nutzen alle selbstverständlich Tor«, hat er am Telefon gesagt, als wir uns für die Veranstaltung hier verabredeten. Und er steht auch im Austausch mit dem Whistleblower. Weil er eigentlich im Rechtsradikalen-Milieu recherchiert, ist er Paranoia vielleicht gewohnt.

Die Tür geht auf, zwei Männer in schwarzen Anzügen mit wachen Augen positionieren sich neben dem Eingang. Personenschützer, vom BKA vermutlich. Ein leicht gebeugter Mann mit kleinen Augen, die durch runde Brillengläser schauen, betritt den Raum und passiert mit schnellen Schritten den Gang mit den Zuhörern. Herr Maaßen ist da. So sieht also ein deutscher Geheimdienst-Chef aus. Fehlt eigentlich nur noch der Darth-Vader-Marsch. Endlich jemand, der was zu den Diensten sagt. Die Wahrscheinlichkeit, dass er sich selbstkritisch äußert, ist zwar gering, aber geben wir ihm eine Chance, denke ich. Er kann sich zwar auch schlecht hinstellen und sagen: Wir sind ein Vasallenstaat. Denn es wäre eigentlich sein Job gewesen, genau das zu verhindern. Aber vielleicht macht er es ja trotzdem.

Statt ein Wort über die NSA zu verlieren, referiert er endlos über einen jugendlichen Rapper, der in Syrien kämpft und junge Migranten zum Dschihad animiert. Als wäre dies das dringendste Problem, das wir und der Verfassungsschutz jetzt haben.

»Wir müssen internationale Rahmenbedingungen schaffen, die die Aufklärung des globalen Telekommunikationsverkehrs erlauben«, sagt Maaßen dann, guckt durch seine runden Brillengläser. »Und dabei sind wir auf die Kooperation mit ausländischen Nachrichtendiensten angewiesen. Aber eventuell brauchen wir verstärkt auch eigene Werkzeuge dazu«, fügt er an. Das Wichtigste dabei seien die sogenannten Metadaten – wer mit wem und wann – zur Identifizierung von Tätern und Tätergruppen im internationalen Terrorismus. »Gerade die technische Verschlüsselung und vor allem die Anonymisierung erschwert dabei unsere Aufklärung.« Ein Punkt für die Anonymisierung.

Deutschland sei ein bevorzugtes Angriffsland, sagt Maaßen, weil die Bundesrepublik wirtschaftlich stark und von großer politischer Bedeutung sei. Gerade große und interessante Unternehmen stünden daher im Fadenkreuz potenzieller Angreifer. »Von allen Attacken, die wir registrieren«, sagt der Verfassungsschutz-Chef, »sind fünf Attacken am Tag auf so hohem Niveau, dass es sich nach unserer Ansicht nicht um Hackerbanden, sondern nur um andere ausländische Nachrichtendienste handeln kann. Zum Beispiel aus Russland oder China. Gerade diese Länder haben hohe Kapazitäten.«

Und was ist mit Amerika?

Nichts, kaum ein Wort dazu.

Nur so viel: »Unsere Aufgabe als Inlandsgeheimdienst ist es, dieses Land vor der Spionage ausländischer Geheimdienste zu schützen.«

Und … jetzt … die Amerikaner?

»Die Zusammenarbeit mit den USA verhindert, diese Information habe ich selbst von Keith Alexander bekommen, dem Chef der National Security Agency, drei bis vier Anschläge pro Woche.« Dazu gebe es Beweise. Die wolle Maaßen aber nicht nennen. Alles geheim und damit jeder Überprüfung entzogen.

Ich schüttle den Kopf. Alice schüttelt den Kopf. Ein Gerichtsverfahren ganz nach dem Geschmack einer Herzkönigin, denke ich.

Der Moderator fragt anschließend alle Teilnehmer: »Snowden – Held oder Verräter?«

André Schulz: Auf jeden Fall ein Held!
Moderator: Herr Bosbach, Sie als Politiker: Snowden – Held oder Verräter?

Wolfgang Bosbach: Das kann man so pauschal, auf zwei Begriffe reduziert, gar nicht beantworten. Ich sehe das wesentlich differenzierter.
Moderator: Und wie sehen Sie das?
Wolfgang Bosbach: Bei uns im Rheinland gucken die Nachbarn immer ganz genau, wenn die Polizei kommt. Da muss ja was dran sein, denken sie und gucken aus dem Fenster. Sonst würde ja nicht durchsucht.
Moderator: Herr Bosbach, bitte keine Kamellen aus der Heimat!
Wolfgang Bosbach: Ich bin zwar nicht ganz einverstanden mit dem Weg, wie ihn Herr Snowden geht und gegangen ist – aber es wird was dran sein an den Dingen, die er uns sagt. Davon gehe ich aus.
Moderator: Und Sie, Herr Maaßen: Snowden – Held oder Verräter?
Hans-Georg Maaßen: Eine schillernde Persönlichkeit.
Moderator: Das war nicht die Frage, Herr Maaßen. Ich wiederhole – Held oder Verräter?
Hans-Georg Maaßen: Eine schillernde Persönlichkeit.
Moderator: Also ist Snowden für Sie jedenfalls schon mal kein Held, ist das richtig?
Hans-Georg Maaßen: Man sollte sich vielleicht vor Augen führen, dass Herr Snowden mehr geheime und mit einem Sicherheitsrisiko verbundene Informationen geliefert hat als jeder russische Spion.

Am Eingang treffe ich Reiko Pinkert. »Hallo«, sage ich.

»Hallo«, antwortet er und steckt eine Hand in die Tasche. »Sie sind also der Buchautor.« Ich zeige ihm mein Namensschild, auf dem »Aufbau Verlag« steht, und nicke. »Ich denke schon!«

Pinkert: Wollen wir vielleicht ein Stück gehen?
Ich: Sehr gerne.
Pinkert: Hier sind ja doch viele Leute.
Ich: Ja. Ganz schön viele.

Pinkert: *(schiebt die Glastür auf, kalter Wind schlägt uns entgegen)*
Ich: Haben Sie eigentlich manchmal Angst?
Pinkert: Wovor?
Ich: Naja, Sie kennen Edward Snowden und viele weitere Leute, auf die vermutlich längst wie im Wilden Westen irgendein Kopfgeld ausgesetzt ist.
Pinkert: Warum sollte ich Angst haben? Es ist wichtig, dass wir das machen. Dass die das machen, was sie machen.
Ich: Sie werden mir sicher nicht sagen, wie Sie an Edward Snowden gekommen sind – ob mit dem Tor-Netzwerk, stimmt's?
Pinkert: Nein, darüber möchte ich nicht sprechen.
Ich: Sie werden mir auch nichts Brisantes erzählen, oder?
Pinkert: Nein, ich dachte nur, wir lernen uns mal kennen. Damit man ein Gesicht hat.
Ich: Muss man verschwiegen sein, wenn man mit dem Thema zu tun hat und abgehört wird?
Pinkert: Ja, das gehört dazu. Dass man darauf achtet, wem man was erzählt. Sie haben vorhin mit ein paar Beamten geredet, oder?
Ich: Sie haben mich gesehen?
Pinkert: Naja. Gesehen nicht, aber ich weiß jetzt ja, wer Sie sind. Sie müssen aufpassen bei dem Thema, die Beamten hier sind alle hochgradig psychologisch geschult. Die wissen schon, wie man jemandem etwas erzählt, damit er es glaubt. Das ist deren Job.
Ich: Nicht alle sind so.
Pinkert: Aber viele.
Ich: Ich wehre mich dagegen. Nicht alle sind schlecht und der Feind. Daran krankt diese ganze Diskussion.
Pinkert: Das sehe ich genauso, aber es wird sehr viel Politik gemacht bei diesem Thema. Es ist ein heißes Eisen, alles ist mitunter Politik. Einfach nur vorsichtig sein und so, meine ich.

Eine US-Studie der renommierten Stanford-Universität hat kürzlich herausgefunden, dass schon Metadaten intimste Geheimnisse der

Kommunikationspartner verraten: In einem Versuch mit etwa 5000 Smartphone-Nutzern, die über eine App freiwillig ihre Metadaten und Verbindungsdaten übersandten, die Daten, die auch bei der Vorratsdatenspeicherung gespeichert würden, stellten die Forscher fest, dass diese Daten offenbar bereits ziemlich umfassende Rückschlüsse auf die Personen zulassen – welche Krankheiten sie haben, ob sie geschieden oder verheiratet sind, und welche Drogen sie nehmen. Die Teilnehmer hätten mit den Anonymen Alkoholikern gesprochen sowie Gespräche mit Waffenhändlern, Gewerkschaften, Scheidungsrichtern, auf Sexualkrankheiten spezialisierten Kliniken oder etwa Strip-Clubs geführt. Dies sei aber nicht als »Horrorparade« zu verstehen, schrieben die Forscher, sondern als Abbild der Gesellschaft. Mit einem einfachen und schnellen Abgleich der Nummer mit Facebook oder weiteren Internetquellen, wie es jedem möglich wäre, sei es den Forschern gelungen, in 72 Prozent der Fälle die echten Namen hinter den Telefonnummern rauszubekommen. Aus den Verbindungsdaten entstehen so Muster, schreiben die Forscher: Jemand telefoniert mit einem Herzspezialisten, die Nummer wird über einen einfachen Telefonbucheintrag gefunden, ruft bei der Apotheke an, kontaktiert eine Hotline für Geräte, die kardiologische Störungen überwachen. Ein anderer spricht mit einer Hotline, die auf das Verkaufen von Maschinengewehren eingestellt ist (in den USA legal). Eine andere habe zwei Tage nach einem ausführlichen Telefonat mit ihrer Schwester mit einer Einrichtung für Elternplanung und Schwangerschaftsabbrüche telefoniert. Die Forscher kommen zu dem Schluss, dass bereits diese Metadaten »höchst sensibel« seien.

Daten sind Waffen. Meist in den Händen der anderen – und zwar nicht nur derjenigen mit legitimen Interessen wie auf einer Polizeibehörde, die vielleicht einen Mord aufklären oder einen Anschlag verhindern will. Wenn diese Daten da sind und gespeichert werden, können sie auch von denen abgegriffen werden, die sich nicht an die Regeln halten – und das sind nicht nur Geheimdienste. Das sind auch Kriminelle, die uns dann mit unseren Daten erpressen. Kriminelle Hacker mit schwarzen Hüten.

Die Herzkönigin hat diese Daten. Es macht sie machtvoll – und Macht fördert Willkür, wenn es zu wenige Regeln gibt. Daten haben nicht nur etwas mit abstrakter Freiheit zu tun. Daten können ganz real auch ein Gefängnis sein – das hat Christian Bahls mir gezeigt.

Die Geschworenen blicken alle unbeteiligt, nahezu entschuldigend auf die Königin. Es ist ihre Königin, warum sollten sie an ihr zweifeln – noch dazu, wenn es doch so unbequem ist.

»Alice konnte deutlich erkennen, dass alle Geschworenen ›dumme Dinger!‹ auf ihre Tafeln schrieben, und sie merkte auch, dass einer von ihnen nicht wusste, wie es geschrieben wird, und sich deshalb an seinen Nachbar wandte. ›Die Tafeln werden in einem schönen Zustand sein, wenn das Verhör vorüber ist!‹, dachte Alice. Einer der Geschworenen hatte einen Tafelstein, der quietschte. Alice hielt das nicht aus, sie ging auf die andere Seite des Saales, dicht hinter ihn und fand sehr bald eine Gelegenheit, ihm den Tafelstein zu entreißen. Sie war so schnell gewesen, dass der arme kleine Geschworene durchaus nicht begriff, wo sein Griffel hingekommen war; nachdem er ihn also überall gesucht hatte, blieb ihm nichts anderes übrig, als mit einem Finger zu schreiben, und das war von sehr geringem Nutzen, da es keine Spuren auf der Tafel zurückließ.«

Als Reiko durch die Tür tritt und zu seinem Fahrrad geht, ist das Verhör um uns herum längst aus den Fugen geraten. Die Geschworenen verstehen nichts mehr und der Herzkönig, der versucht, der Wut seiner Frau gerecht zu werden, indem er jetzt nur schnell irgendein Verbrechen feststellt, für das man mich und Alice verurteilen könnte, stellt nur wenige, dafür unsinnige Fragen:

»Wovon macht man kleine Kuchen?«

»Pfeffer, hauptsächlich«, sagte die Köchin.

»Sirup«, sagte eine schläfrige Stimme hinter ihr.

»Nehmt dieses Murmeltier fest!«, heulte die Königin. »Köpft dieses Murmeltier! Schafft dieses Murmeltier aus dem Saal! Unterdrückt es! Kneift es! Brennt ihm den Bart ab!«

Alice, den Kopf auf eine Hand gestützt, trommelt ungeduldig mit der anderen auf den Tisch. Währenddessen versucht der Herzkönig, irgendetwas aus unserem »alten Leben« an die Oberfläche zu bringen, was er uns anhängen kann. Plötzlich beginnt der Raum sich zu drehen und die Stimmen werden leiser und leiser und leiser. Bis sie verschwunden sind. Farben. Gefolgt von einem langanhaltenden Weiß.

»Alice?«

»Alice? Du musst aufwachen«, sagte die Frau mit dem komischen Hut und nahm ihr Geschichtsbuch vom Schoß. »Du hast nur geschlafen.«

Alice schreckte hoch, fuhr sich mit der Hand über die Augen und blinzelte in die Sonne. »Aber wo sind alle hin?«, fragte sie. »Was haben die Geschworenen gesagt?«

»Welche Geschworenen?«, fragte die Frau etwas verwirrt.

»Die Geschworenen, die gerade auf ihre Tafeln geschrieben haben«, fügte Alice hinzu und drehte sich verdutzt zu beiden Seiten. »Wo ist das Kaninchen?«

»Welches Kaninchen denn, Alice«, seufzte die Frau und reichte ihr die Hand zum Gehen. »Wir müssen los. Es wird dunkel, bis wir zu Hause sind«.

Alice schaute noch einmal links, einmal rechts, und rutschte dann von ihrem Ast, auf dem sie geschlafen hatte. Dann folgte sie der Frau nach Hause. Ab und an blickte sie sich noch um; aber da war nichts. Auch das Loch, durch das sie hinab geglitten war, schien verschwunden zu sein.

ALICE IST DIE KLÜGSTE

Warum wir im echten Leben die Tür hinter uns schließen

Das Tor-Projekt ist ein großes Anonymitätsnetzwerk, »used every day for a wide variety of purposes by normal people, the military, journalists, law enforcement officers, activists, and many others.« Es wurde ursprünglich von der US Navy entwickelt, um deren Kommunikation zu schützen. Heute dient das spendenfinanzierte Projekt »Journalisten, um sicherer mit Whistleblowern und Quellen zu reden«, »Aktivistengruppen wie die *Electronic Frontier Foundation* nutzen Tor, um Bürgerrechte frei im Internet auszuüben«, »Unternehmen nutzen es als Alternative zu traditionellen VPNs«, um sensible Informationen über Patente und Mitarbeiter auszutauschen, und »Strafverfolgungsbehörden nutzen Tor, um beim Besuchen einer Website keine IP zu hinterlassen, die auf Behörden zurückzuführen ist«. Das sagt Tor über sich.

Tor sagt auch: »Wir brauchen Software wie Tor, um uns vor der Analyse von Verbindungsdaten zu schützen, die einen genauen Rückschluss darauf zulässt, wer wir sind, mit wem wir reden und wie wir uns verhalten.« Wenn wir den Tor-Browser starten, uns in den Client einwählen, werden wir Teil des Netzwerks, das über drei Computer den Weg zur Endposition verschleiert: zu dem Punkt, an den wir möchten. Die Homepage, die wir öffnen, den Kontakt, den wir herstellen; keiner kann mehr sehen, wer wir sind und woher wir kommen. Wir können diese Anonymität aufgeben, wenn wir möchten. Müssen es aber nicht.

Tor wird zu 60 Prozent finanziert von der US-Regierung, dem Bureau of Democracy, Human Rights, and Labor. Auch Google war Sponsor. Alle Geldgeber veröffentlicht das Projekt jährlich auf seiner Homepage und in den Finanzberichten und Nutzerstatistiken. Zu diesen zählen auch diverse Aktivistengruppen, die sich für Bürgerrechte, Menschenrechte und Pressefreiheit einsetzen.

Tor eignet sich nicht so sehr für Datentransfer: Beim Öffnen von Daten werden wir enttarnt, Filme lassen sich nicht laden, weil Flash blockiert und das Netzwerk zu langsam ist. Dafür ist es sicher. So sicher, dass auch die Geheimdienste und Behörden es nutzen – und es kaum knacken können. Aber einen hundertprozentigen Schutz gibt es auch mit Tor nicht.

»Yes, we talk to law enforcement all the time. Name an agency anywhere in the western world and we've probably talked to them. It keeps the services from sending SWAT teams after relay operators. Instead, they send polite people to ask questions and rule out relay operators. It also lets them use Tor to do their jobs, because they need anonymity too. To protect themselves, their families, and grandkids from the criminals they are trying to investigate. There is anonymity for everyone. We're happy law enforcement uses Tor to do their job.« – **Andrew Lewman**, Tor-Projekt

Hidden services erlauben es dem Nutzer, schreibt das Team auf seiner Website, eine Homepage oder einen Server anzulegen und zu betreiben, ohne ihren Standort dafür verraten zu müssen.

»Tor gibt uns nur die Privatsphäre zurück«, sagt Andrew Lewman. »Wir haben es wieder in der Hand. Mehr nicht. Wir sollten damit keinen Unsinn machen, keine Straftaten begehen, sondern nur freier leben und reden können. Es soll uns schützen, wenn wir Schutz brauchen. Aber wie alles im Leben kann eine Technik auch ausgenutzt werden. Aber daran ist nicht die Technik, sondern der Mensch schuld, der sie bedient. Der die Straftat begeht und sie vermutlich auch so begangen hätte.«

»Das Tor-Netzwerk hat kein Problem mit Kinderpornografie. Pädophile nutzen Handys, Autos, Züge, E-Mails und Chats«, sagt Lewman. Ob Politik gemacht wird, damit das Netzwerk in einem schlechten Licht steht? »Kann schon sein«, sagt er. »Aber wir sind nicht so gerne Teil davon. Wir schreiben Codes, forschen und lassen die Welt den Rest machen.« Und natürlich gebe es auch mal Lücken, denn keine Software sei frei von Fehlern. »Aber wir beseitigen sie«, sagt Lewman. Und was ist mit den Geheimdiensten, gibt es vielleicht ähnliche Deals wie mit andern großen Unternehmen, die ihre Daten weitergeben? »Es gibt keine Backdoor in Tor. Für niemanden«, sagt Lewman. »Und es hat uns bisher auch keiner gefragt.« Für solche Anfragen stünden Rechtsanwälte bereit, erklärt er und fügt hinzu: »Die Geheimdienste sind sehr unglücklich, dass sie uns nicht knacken können. Das wiederum macht uns sehr glücklich.«

»Darknet is a dumb word in this context. The press just wants to further the idea to get more ads served and page views for their websites. There's nothing dark about it.« – **Andrew Lewman**, Tor-Projekt

»Die Sache mit den Kinderpornos ist doch die«, sagt Andrew Lewman. »Die Geheimdienste wie GCHQ und NSA versuchen, ihre weltweite Überwachung positiv dastehen zu lassen – weil sie damit zum Beispiel vermeintlich Terroranschläge verhindern. So dass die Leute dann sagen, das ist richtig so. Wir brauchen das für unsere Sicherheit. Das ist Quatsch. Weder ist das bewiesen noch hinreichend erforscht. Aber um sich selbst positiv erscheinen zu lassen, ist es zwingend notwendig, dass auch jemand der Böse ist – Terroristen zum Beispiel. Und weil sie uns nicht knacken können, kriegen wir das ab. Daher wird immer wieder gesagt und geschrieben, wir würden indirekt die Verbreitung von Kinderpornografie unterstützen, damit es am Schluss keiner mehr nutzt und es ausgetrocknet wird«, erklärt Lewman. »Und weil jeder Kinderpornografie sehr schlimm findet, funktioniert diese Taktik der Geheimdienste, uns immer wieder zu diskreditieren. Weil sie lauter sind. Aber wir finden Kinderpornografie im Übrigen mindestens genauso schlimm. Und wir finden auch Sachen wie *Freedom Hosting* ganz schlimm, damit wollen wir auch nichts zu tun haben.«

Und auch nach Attacken: Das Tor-Netzwerk verändert sich schnell. Software wird verbessert, Entwicklungen beobachtet die Kerngruppe, die in Island sitzt, genau. »Tor ist nicht kompromittiert«, sagt Lewman. »So viel ist sicher, sonst würden die Geheimdienste auch nicht so klagen.«

Gestartet wurde das Projekt 2001 von Roger Dingledine und Nick Mathewson – die Idee war, Nutzer vor lästigen Anzeigen und Werbungen zu schützen. 2002 veröffentlichte das Tor-Projekt seine erste Software, im Jahr 2012 hat Tor laut eigenen Angaben die 2000000 US-Dollar-Marke an Zuwendungen geknackt – über 80 Prozent des Geldes gehen laut Jahresbericht in Forschung, Entwicklung und Verbesserung der Software. Im Jahr 2012, aus dem die letzten Zahlen sind, nutzen rund 270000 Menschen in Deutschland das Tor-Netzwerk, weltweit sind es knapp drei Millionen Nutzer. Knapp 5000 *exit relays* existieren weltweit.

Im September 2013 schnellten die Nutzerzahlen gigantisch nach oben. Auch wenn ich dachte, es läge an der immensen Medienberichterstattung über *Silk Road* zu der Zeit: »Der Grund war nur ein riesiges Bot-Netz«, sagt Lewman.

Und wie steht es um den Konflikt, werden wir alle irgendwann anonym sein oder wird das einfach vorbeigehen? Andrew überlegt. Dann sagt er: »Erklären wir es mal so: Vor hundert Jahren hasste die Pferdewirtschaft auch die Automobilindustrie. Diejenigen Pferdebesitzer und Hersteller von Equipment, die klug waren, versuchten zu profitieren. Die anderen sagten: Autos sind bestimmt nur eine Laune dieser Welt. Und die wird sicher vorbeigehen.« Wir werden uns also, früher oder später, damit befassen müssen.

Monate sind vergangen. Wochen. Tage. Ich blicke kurz an die Decke, aber nur kurz – dann wende ich mich wieder meinem Notebook zu.

Auf dem Bildschirm verteilt: verwirrte Notizen aus einer verwirrten Zeit. Ausdrucke von Drogenseiten aller Art, medizinische Erklärungen dazu, eine seit Tagen kalte Kaffeetasse, Belege über Reisen, die ich gemacht hatte. Und ein Notizblock mit Namen. Ein Namensschild mit der Aufschrift »8. Berliner Sicherheitsgespräche.«

Tom hat sich gemeldet. Er will das Buch.

Silk Road ist mittlerweile wieder in die Schlagzeilen geraten – Hacker haben den Laden leergeräumt und so gut wie alle Bitcoins geklaut. *Silk Road*-User beraten sich darüber, ob man jetzt nicht vor Gericht klagen könne. Eine der größten Bitcoin-Börsen, *Mt. Gox*, steht vor dem Abgrund und ist pleite. Alle warten auf ihr Erspartes. Es heißt: Keiner bekommt es zurück. Dann taucht das Geld plötzlich wieder auf. Ob das eine Vertrauenskrise für die anonyme Währung bedeutet? Die nächste Attacke der Behörden – oder der Hacker – nach dem Prinzip: reingehen, Unruhe stiften, unerkannt abhauen? Oder vielleicht vom grünen Hulk? Wer weiß das schon.

Silk Road ist wieder in den Zeitungen: In der bayrischen Provinz hat das LKA einen 24-jährigen Dealer geschnappt, der unter dem Namen *Der Pfandleiher* von 2011 bis 2013 große Mengen Kokain, MDMA, Speed und andere Drogen auf *Silk Road* vertrieben hat. Er habe dabei, sagt das Landeskriminalamt Bayern, über fünf Millionen Euro umgesetzt. Ein dicker Fisch also. Die Ermittler waren eher zufällig auf Sascha F. aufmerksam geworden: Ein Paket eines anderen *Silk Road*-Dealers, das er an einen Kunden in Österreich geschickt hatte, war an der falschen Adresse gelandet. Die Behörden begannen im großen Stil zu ermitteln.

Es sind Nachrichten, die wie aus dem Nebel der Vergangenheit heraustreten. Ich drücke auf die kleine Zwiebel, sie wird wieder rot und der Tor-Browser verschwindet. Was bedeutet das alles nun für mich und mein Leben, lässt sich das so einfach sagen?

»Maybe it meant something. Maybe not, in the long run … but no explanation, no mix of words or music or memories can touch that sense of knowing that you were there and alive in that corner of time and the world. Whatever it meant. …« – **Hunter S. Thompson**, *Fear and Loathing in Las Vegas*

Hier jedenfalls endet nun diese Geschichte, irgendwann Anfang 2014. Wenn ich so über alles nachdenke, fühlt es sich an wie Fieber. Ein Traum. Oder vielleicht irgendetwas Merkwürdiges dazwischen.

Es ist ein abenteuerlicher Trip ins Wunderland geworden, denke ich noch, während ich das Dokument an die E-Mail anhänge. Ein Blick streift über die verschlüsselte E-Mail-Adresse. Dann drücke ich auf »Senden«.

Manchmal gibt es Dinge, vor denen man so lange die Augen verschließt, bis sie einen einholen. Das Tor-Netzwerk bedeutet sicher nicht die Weltrevolution. Es bedeutet nicht, dass wir unser Leben umstellen und von nun an verschlüsselt leben müssen. Es bedeutet auch nicht, dass eine Technik immer nur gut oder schlecht sein kann. Es bedeutet vor allem: Wir müssen uns mit diesen Dingen beschäftigen, wenn wir nicht möchten, dass uns das, was wir lange weggeschoben haben aus unserem Blick, weil es kompliziert und schwer zu verstehen ist, eines Tages einholt und übermannt. Wir müssen bei uns selbst anfangen und nicht an Geheimdienste denken – oder Edward Snowden. Wir müssen uns fragen, warum wir im echten Leben die Tür hinter uns schließen, wenn wir auf die Toilette gehen. Und warum wir das im Internet nicht tun. Wir müssen die Entscheidung treffen, was richtig und was falsch ist an dieser Sache.

Wir müssen uns fragen, warum wir im persönlichen Gespräch nicht von Mängeln und Schwächen erzählen, für die wir uns schämen, oder keinen wissen lassen, dass wir gerne mal zu tief ins Glas schauen. Wir müssen uns fragen, warum wir all diese Informationen im Netz mit jedem teilen, weil wir über das Ausmaß dieser Daten und darüber, wer sie mittlerweile alles hat, längst den Überblick verloren haben. Und wir dürfen gleichfalls nicht so tun, als wäre das Netz ein anonymer, freier und utopischer Ort – so wie der, an den man nur gelangt, wenn man den Zugang kennt und weiß, wo das Kaninchenloch zu finden ist.

Es wird Zeit, über das Wunderland zu sprechen. Und darüber, ob wir mit ein bisschen Fantasie nicht alle früher oder später dorthin gelangen werden. Das jedenfalls glaube ich. Die Nachricht verschwindet. Abgeschickt.

»Alice«, sage ich, schließe den Rechner und zünde mir eine Zigarette an. »Alice, denkst du manchmal eigentlich noch ans Wunderland zurück – oder ist das Quatsch?«, frage ich, blicke in den Raum und zum Fenster gegenüber, das Frank Puschin mir gezeigt hat.

Aber der Raum ist leer und das Fenster auch. Alice ist nach Hause zurückgekehrt.

DANKSAGUNG

Mein besonderer Dank gilt all jenen Menschen, ohne die dieses Buch nicht möglich gewesen wäre:

Steffen Rösemann (LKA Niedersachsen)
Frank Puschin (LKA Niedersachsen)
Ralf Buhmann (LKA Niedersachsen)
Arnd Hüneke
Frank Lange (Staatsanwaltschaft Verden)
Dieter Kochheim (Staatsanwaltschaft Hannover)
Christian Bahls (MOGiS e.V. – eine Stimme für Betroffene)
Florian Walther (www.walther-it-security.com)
Moritz Bartl (www.torservers.net)
Andrew Lewman (Tor-Projekt)
Daniel Domscheit-Berg
Reiko Pinkert (Büro Hans-Christian Ströbele, Bündnis 90/Die Grünen)
Stephan Urbach (www.herrurbach.de und Telecomix)
Bernd R. Fix (Wau Holland Stiftung)
Simon Döhner